VORAB-Exemplar
Nicht für den Weiterverkauf!

Rückfragen, Interviewwünsche etc. bitte an
Ganymed Edition, Deveser Straße 3,
D-30966 Hemmingen

Jost Merscher
Vulkane, Paradiese und andere Zumutungen
Die Abenteuer des Dr. Rochus Moje
I

Jost Merscher

Vulkane, Paradiese und andere Zumutungen

Roman

Die Abenteuer des Dr. Rochus Moje
I

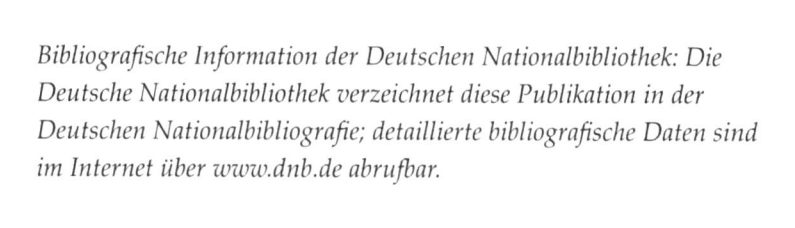

Bibliografische Information der Deutschen Nationalbibliothek: Die Deutsche Nationalbibliothek verzeichnet diese Publikation in der Deutschen Nationalbibliografie; detaillierte bibliografische Daten sind im Internet über www.dnb.de abrufbar.

Gedruckt auf FSC®-MIX TUEV-COC-000146 zertifiziertem Papier

Jost Merscher, ›Vulkane, Paradiese und andere Zumutungen‹
Originalausgabe
© 2024 Ganymed Edition (*www.ganymed-edition.de*)
Alle Rechte vorbehalten
Lektorat: Andreas Brandtner, Hemmingen
Titelabbildung: ›*Der blaue Salon*‹, Gemälde von Jost Merscher
Gestaltung und Verlag: Ganymed Edition, Hemmingen
ISBN 978-3-949815-00-3

Printed in Germany

1

Dearborn Ilion Wood and Horses Co., dreieinhalb Jahre nach dem Fort-Dearborn-Gefecht[1] vom listenreichen Jésus Homère d'Iliade mit einem Startkapital von neunhundert Dollar gegründet[2], wurde 1833[3] aus Wohllautsgründen in *Chiliwho (Chicago Ilion Wood and Horses) Inc.* umbenannt[4]. Ein schöner, ein wohlgeratener Name. Obwohl das Unternehmen schon einige Jahre vor der Notierung an der Chicagoer Aktienbörse 1848 nicht mehr allein mit Kantholz und Karren-, Kutsch- und Kavalleriepferden, sondern auch mit bernsteinsilbrigem Weizen und goldgelbem Mais handelte (*Corn is Life! Our Pride, Your Cereal!*), hatte kein verständiger *Chiliwho*-Shareholder je einen überzeu-

---

[1] Am 15. August 1812 waren vierundfünfzig Soldaten der *United States Army of the Northwest* und zwölf Milizionäre, die einen Evakuierungstreck von neun Frauen und achtzehn Kindern begleiteten, mit mehreren hundert Potawatomi-Kriegern nach dem Auszug aus dem nahe der Mündung des Flusses Chicago gelegenen Fort Dearborn in einen blutigen Kampf geraten, den die wendigen Potawatomi nach wenigen rauschenden Minuten gewonnen hatten. Die hellauf entsetzten United States nannten das blutige Scharmützel *massacre*, hatten die *barbaric Indians* ja nicht nur *brave American soldiers*, sondern auch *totally innocent women and children* getötet und *(It's not to imagine!)* das warme, vielleicht sogar noch leise halltönende Herz (*The heart, oh, the heart! Imagine, the heart!*) des jungen, adlermütigen, einer glänzenden Karriere entgegensehenden Captains William Wells, *the bravest of the brave*, aus der tödlich getroffenen Heldenbrust herausgeschnitten und *barbarically, downright inhumanly barbarically, with striking teeth*, roh verschlungen. Zwanzig Jahre nach dem Vorfall mussten die herdfeuerhütenden Potawatomi, die seit vierhundert Jahren in großen, weiträumigen Sommer- und kleineren, zusammengedrängteren Winterdörfern um die südlichen Great Lakes herum siedelten, zusammen mit anderen *First Nations* ihre angestammten Wohn- und Jagdgebiete verlassen und nach Westen in Reservate ziehen.

[2] Der überaus reich mit Witz begabte Enkel des flüsseerfahrenen, afrikanischstämmigen Siedlungsgründer Jean Baptiste Point du Sable und dessen ihm nach sowohl römischkatholischem als auch anishinabéischem Ritus feierlich angetrauter neshnabéischer Ehefrau Kitiwaha hatte die neunhundert Dollar an Thanksgiving 1815 beim Blackjack gewonnen.

[3] Noch flogen Schwärme von Abermillionen geselliger, zärtlich fürsorglicher *O-me-me-wog* wie blaue Meteore übers Land, *a solid blue mass from mountain to mountain*. Achtzig Jahre später war die Wandertaube ausgerottet.

[4] *Sound over sense*, wie auch das ein oder andere spätere *Work in progress*.

genden Grund gesehen, den bald landesweit bestens beleumundeten Firmennamen ein zweites Mal zu ändern. Nicht einmal, als während der Great Depression sämtliche Geschäftsfelder außer dem der Züchtung und des Handels von Saatgut veräußert worden waren. Schließlich hatte *Coca-Cola* seinen Namen nach dem Verzicht auf Kokain auch nicht geändert.

Am 2. Februar 2010 war Dr. iur. Rochus Ernst Moje mit der Lufthansa aus dem leisen Schneegeriesel Frankfurts über den kühlen Atlantik ins leise Schneegeriesel Chicagos geflogen, um die *Chiliwho* für die am westlichen Rand des Harzes ansässige *Teutobert Saat AG* zu akquirieren.[5]

Zehn Wochen später, am 13. April 2010, ließ sich Moje vom Nachtrezeptionisten seines Hotels, des vielstöckigen, vielzimmrigen *Brazen Head*, für den Abend des nächsten Tages den Rückflug nach Frankfurt buchen, nachdem er den von fast niemandem mehr für möglich gehaltenen erfolgreichen Abschluss der Akquiseoperation in einem lang ersehnten Anruf, der endlich, endlich die Übernahme *Chiliwhos* erzählte, nach Deutschland hatte melden können. Am Nachmittag des 15. April, dachte er, würde er wieder bei seiner ihn sehnsüchtig erwartenden Familie sein.

Chiliwhos stets tadellos italienisch-elegant gekleideter, gleichwohl texanisch-brachial auftretender[6] CEO Ned O. Lambert (kein einäugiger Kaufmann) hatte von *Teutoberts* erster Übernahmeofferte an zu einer widerlichen Mischung aus klotzgrob ledernackigen und hinterfotzig raffinierten Maßnahmen gegriffen, um den Preis für den *hostile takeover* so hoch wie möglich zu treiben.

---

[5] Im Jahr zuvor hatte *Chiliwho* der *Teutobert* mit empörend unfairen Mitteln Prof. Dr. Nemé Soâl-Hélène, die nobelpreisverdächtige Leiterin des Forschungslabors, ausgespannt.

[6] Selbst die launigen sporthistorischen Anekdoten, die er mit breit geschmiertem Grinsen zu erzählen pflegte (angeblich war er mütterlicherseits mit der Familie der *famous Irish cricketers Bob, Sep and Ham Lambert* verwandt (*Oh Rockabilly! Bob, Sep, Ham Lambert!*)), klangen aus seinem Mund wie Drohungen.

Trotz seiner Abscheu hatte sich Moje als das für alle fiskaljuristisch relevanten Belange verantwortliche Familienaufsichtsratsmitglied gezwungen gesehen, während des gesamten Akquisitionsprozesses, der sich mal zäh zog, mal chaotisch überstürzte, in der ihm von Woche zu Woche verhasster werdenden *Nightcity* mit ihren *women and mobsmen of ill fame* auszuharren, um jederzeit sofort auf Lamberts niederträchtige Finten und Finessen reagieren und persönlich ins täglich hässlicher werdende Geschehen eingreifen zu können.

Erst nach siebzig ihn mehr und mehr anwidernden Tagen, die seine anfänglich diffuse USA-Lustlosigkeit zu einer soliden Yankeeaversion hatten auswachsen lassen, war ihm mittels eines ebenso raffinierten wie gewagten Interesselosigkeitsanmutungsmanövers, das die um ihren ökonomisch wie moralisch so wohlverdienten Profit fürchtenden *Chiliwho*-Aktionäre in eine hübsche Panik versetzt hatte, die Übernahme geglückt. Die von der weder an jungfräulicher Scham noch puritanischem Gewissen leidenden Yellow Press (*Huns Steel Our Corn!*) als abstoßend unpatriotisch diffamierte Warnung der ebenso schönen wie intelligenten Freelancerin Cass Anderson in der spanischsprachigen *Gaceta Económía Ilinés*, dass das angebliche Desinteresse Mojes vorgetäuscht sei und auf keinen Fall für bare Münze genommen werden dürfe (*Advertimos sinceramente, ¡la retirada del Sr. Moje es una finta!*), war unerhört geblieben.

Chiliwho war genommen, der bös wirrende, verwirrend böse Krieg vorbei. Noch zwei Tage und er wäre wieder daheim bei seinem Gilbertchen mit den niedlichen Wangengrübchen, seiner Gerti mit dem schönen Bauchnabel, seinem Argot mit dem weichen Streichelfell. *Ob Argot mich wiedererkennen wird? Ich war lange weg.*

Doch aus dem vorgesehenen Heimflug wurde nichts. Auf Island war der Eyjafjallajökull ausgebrochen. Moje hatte von diesem während der letzten hundertneunzig Jahre verhalten schlummernden Vulkan zwar noch nichts gehört (seine Orogra-

phiekenntnisse waren bescheiden[7]), jetzt aber stand der zungenbrecherische Name des gerade ausgebrochenen Vulkans in riesigen rußschwarz, schwefelgelb und magmarot flammenden Lettern auf der ersten Seite aller Zeitungen und Magazine.
EYJAFJALLAJÖKULL
Am 20. März kurz vor Mitternacht[8] war zwischen dem Hauptkrater des Eyjafjallajökull und dem westlich von ihm sich breit hinziehenden, sechshundert Quadratkilometer großen, für die meisten Europäer etwas leichter aussprechbaren Plateaugletscher Mýrdalsjökull auf einem an der sonnenuntergangszugeneigten Flanke gelegenen Sattel des Eyjafjallajökull eine lange effusive Spalte aufgebrochen. Sie hatte den einzigen direkten, fünfundzwanzig Kilometer langen, durch leere, lebensfeindliche Ödnis und graues, höllenwüstes Geröll führenden asketischen Wanderweg zwischen dem an Islands Südküste gelegenen sechzig Meter hohen, fünfundzwanzig Meter breiten, als fotogener Hintergrund für cinemaskopisch orchestrierte Hollywoodküsse vorzüglich geeigneten Wasserfall Skógafoss (*Höchste Zeit zum Wiederküssen*) und dem nördlich gelegenen, bei moosfarnbirken-

---

[7] Zufällige Oberflächenstrukturen wie Flussläufe und Gebirgszüge zu memorieren, deren geografischer Verlauf außer von lokalem, bestenfalls von militärischem oder wirtschaftshistorischem Interesse war, hatte er schon in der Schule verweigert. Von den isländischen Vulkanen kannte er nur den Snaefellsjökull, durch dessen entsetzlich gähnenden Schlund Professor Otto Lidenbrock, der zu ergötzlichem Zorn reizbare Mineralogiedozent des Hamburger *Johanneums*, am Mittwoch, dem 1. Juli 1863, dem Tag der Aufhebung der Sklaverei in der niederländischen Kronkolonie Surinam, morgens um acht Uhr siebzehn seine Reise zum Mittelpunkt der wie immer unbeeindruckten Erde angetreten hatte. (Als Vierzehnjähriger hatte Moje sämtliche in Deutsch übersetzten Romane des von ihm bewunderten Metaphysikers Jules Verne gelesen, feierten er und der geistreiche französische Schriftsteller ja am selben Tag Geburtstag. (Aus dem gleichen Grund erwarb er nach dem ersten Staatsexamen ein Dutzend Gemälde und Zeichnungen Paula Modersohn-Beckers.))

[8] Die hundertzwanzigtausend Einwohner Reykjaviks hatten sich bei einer Luftfeuchtigkeit zwischen 62 und 83 % und einer im Lauf des Tages von 2 auf 7 °C gestiegenen, allerdings abends wieder auf 2 °C gesunkenen Temperatur einer unerwarteten Reihe nahezu niederschlagsfreier, angenehm schwachwindiger Stunden erfreut.

stockbegeisterten Touristen frenetisch beliebten Bergrücken Þórsmörk unpassierbar gemacht. Während dieser ersten, peripheren Aktivitätsphase auf der Hochebene Fimmvörðuháls waren zwar kirchturmhohe, glühend rotorange flackernde Lavafontänen aus dem klaffenden Riss emporgeschossen, doch hatten deren leuchtende Parabeln ($f(x) = ax^2 + bx + c$, ja ja) trotz nächtlicher Attraktivität fast nur auf jenem zwischen dem Packeis der Grönlandsee und den ungeheuren südlichen Wasserweiten des Atlantiks gelegenen Eiland größeres Interesse erregt. Da ihr kommerziellisierbarer Unterhaltungswert für gering erachtet worden war (*Auf Island schießt immer irgendwo Magma aus der Erde*), hatten nur wenige ausländische Medien ausführlicher berichtet.

Einige Tage nach den ersten, feuerwerksartigen Ausbrüchen hatte sich jedoch, aus der Gipfelcaldera des eisbedeckten Eyjafjallajökull gewaltig hervorbrechend, eine weitaus sensationellere, vulkanianische Eruption ereignet.

Ihre durch aufgestautes Gletscherschmelzwasser verstärkte phreatomagmatische Explosivität hatte eine auch tagsüber überaus prächtig anzusehende, neun Kilometer hohe Aschewolke aufsteigen lassen. Durch starke horizontale Luftströmungen war sie aber so weit Richtung Süden auseinandergezogen worden, dass die zuständigen nationalen und internationalen Sicherheitsbehörden vorsichtshalber beschlossen hatten (*to be on the safe side*), den Luftraum über dem nördlichen Nordatlantik für Flüge nach Instrumentenflugregeln zu sperren[9]. Kein verantwortungsvoller Ingenieur oder Werkstoffkundler hatte aus-

---

[9] Ob die Sonnenfinsternis, die genau zweitausendsechshundertfünfundsechzig Jahre zuvor die Hecht-, Karpfen-, Kabeljau-, Aal-, Stör-, Krebs- und Schildkrötenfischer des voralexandrinischen Rhakotis beunruhigt hatte, der zweihundertfünfundneunzigste Jahrestag des Karfreitagsmassakers von Pocotaligo, der achtundneunzigste Jahrestag des Untergangs der Titanic, der achtundneunzigste Geburtstag des Ewigen Präsidenten und Großen Führers Kim Il-sung, der zwölfte Todestag des Bruders Numero Eins Pol Pot oder die 2:3-Niederlage *Shandong Taishans* gegen *Sanfrecce Hiroshima* die Flugverbotsentscheidung beeinflusst haben, ist nicht bekannt.

schließen wollen, dass Cockpitscheiben erblinden, Sensoren verstopfen oder Triebwerke ausfallen könnten, und kein Meteorologe garantieren, dass Konzentration und Größe der Aschepartikel auf den nordatlantischen Flugrouten innerhalb des für Reisejets unbedenklichen Bereichs lägen.

Moje wollte gleichwohl so schnell wie möglich weg aus Chicago, dieser sumpfgeilen, düster phosphoreszierenden, ihm zutiefst unsympathischen *Windy City*. Der Kampf um *Chiliwho* war trotz des schließlichen Erfolgs durchgehend unerfreulich gewesen, ästhetisch wie ethisch. Nicht nur Lambert, auch die von *Chiliwho* angeheuerten, geldgiergetriebenen irischen Juristenhirne von *O'Molloy and O'Molloy LLP* hatten mit so hinterhältigen wie unanständigen Winkelzügen eine schnelle, freundliche Einigung hintertrieben.[10]

Der aus Ovids Lehrsatz *Exitus acta probat* ableitbare Ratschlag (was hatte sich Moje in der zwölften Klasse mit dem ersten Brief der *Heroides* des *Poetae docti* schwergetan), sich bei der Wahl von Vorgehensweisen durch nichts als ihre Erfolgsaussichten leiten zu lassen, schien ihm zwar unter Berücksichtigung des Kategorischen Imperativs[11] moralisch unhaltbar. Trotzdem hatte er sich gezwungen gesehen, zu Hütchenspielertricks und illusionistischen Gesten zu greifen, die er niemals hatte gebrauchen wollen und in seinem bisherigen, versuchungsfreien Berufsleben auch nicht hatte anwenden müssen, damit sich der ihn anekelnde Krieg nicht allzu sehr in die Länge zöge.

Doch auch die ihn mit rhythmischen, sanft wiegenden Hüftschwüngen unterstützenden, sich feinfühlig ihre empfindsamen

---

[10] Offenbar war immer noch wahr, was Moje als Dreizehnjähriger in einer blusenböhmischen, zu Beginn des surrealistischen zwanzigsten Jahrhunderts spielenden Auswandererbiografie gelesen hatte, die wie ein göttlich vollkommenes Uhrwerk in der perfekt organisierten, dem Spielzeugleben gewidmeten Theaterszene einer Stadt namens Oklahoma endete, dass Amerika voll von Schwindeldoktoren sei, man in Amerika nicht auf Mitleid hoffen dürfe, in Amerika nur die Glücklichen wahrhaft ihr Glück genössen.

[11] *Handle nur nach derjenigen Maxime, durch die du zugleich wollen kannst, dass sie ein allgemeines Gesetz werde.*

Fingerspitzen streichelnden amerikanischen Kollegen der Anwaltskanzlei *Best, Best and Best* waren ihm mit ihrer unablässigen Zitiererei angeblich analogiefähiger Rechtsfälle[12] nach und nach auf die Nerven gegangen und zuletzt geradezu unerträglich geworden.[13] Wann immer es ihm nicht offen unhöflich schien, hielt er sich von ihnen fern, selbst auf das Risiko hin, nicht zu wissen, was sie gerade taten.

Kurzum, Moje wollte weg. *Weg weg weg, bloß weg von hier!* Weg aus dem großkotzig marmornen *****Grand Hôtel* mit seinen Talmifreude strahlenden *pageboys, liftboys, hall porters, receptionists, night porters, doormen, concierges, stewards, bartenders, banquet managers, garcons, bunk waiters, housekeepers, waitresses* und *chambermaids*. Weg aus der frivolen Winetavern Street mit ihren obszönen Luxusboutiquen und verlumpten, unter alten Ausgaben der *Irish Times* nächtigenden Obdachlosen. Weg aus der schrill glitzernden *Nepptown* mit ihren jokercool grinsenden Finanzjongleuren und langsam verrottenden Junkies. Weg vom fiepsig quietschenden Sandstrand des unüberblickbaren Lake Michigan. Weg aus den *wide, green, beautiful* USA. Er hatte sein Amerika gesehen.

Die joviale Einladung Lamberts, der seine aktienbasierte *indemnification* zuletzt auf mehr als zehn Millionen zauberhaft grüne Dollars hatte steigern können, mit seinem laszivrosa lackierten *1949er Cadillac Sedanette* in die Lower Abbey Street zum *Malaparte* zu fahren, das wegen seiner in Goldfolie eingewickelten 700-$-Steaks berüchtigtste Restaurant der Stadt,

---

[12] *Illinois Staats-Zeitung* v. Boone (1855), *Chicago Mail* v. *Federation of Organized Trades and Labor Unions of the United States and Canad*a (1886), *American Railway Union* v. *Pullman Company* (1894), Crofton v. Hynes (1904), um nur einige zu nennen.

[13] Ihr aus vormodern evolutionsverleugnenden, evangelikal autoritätsrechtlichen Zeiten stammendes, pseudorationalistisches *Stare-decisis*-Rechtsverständnis glich keineswegs dem aufgeklärten, allein von wohlformulierten Begriffen und Sätzen ausgehenden, ausschließlich nach formaler Logik voranschreitenden Subsumptions- und Argumentationsalgorithmus, auf dessen hermeneutischer Eleganz die Schönheit der Jurisprudenz, ihr ewig hell leuchtendes Glücks- und Heilsversprechen, allein beruhte.

und danach in die Carinthian Avenue ins *Adolfine's*, die exklusivste American Bar in *uptown*, um Mojes *glorious victory* zu feiern, schlug Moje aus. Er müsse vor seinem Flug zurück nach Deutschland noch einige Papiere prüfen, *I am very very sorry*, werde aber beim nächsten Chicago-Aufenthalt, spätestens bei der Feier der finalen Firmenverschmelzung nach der für den 31. Mai geplanten Übertragung der letzten noch in fremden Händen befindlichen *Chiliwho*-Aktien an *Teutobert with great pleasure, with really great pleasure* ein Glas Brandy mit ihm trinken.

Es trieb Moje aber nicht nur aus Chicago weg, es zog ihn auch nachhaus.

Er sehnte sich danach, dem in seinem Gitterbettchen lauschenden Gilbertchen eine Gutenachtgeschichte vorzulesen, dem wuscheligen Argot das seidige Fell zu streicheln, von Gertis schneeweißen Armen und Beinen zärtlich umschlungen zu werden.[14] Er sehnte sich nach seinem beschaulich komfortablen Heim[15], seiner ruhig friedlichen Bibliothek, dem weiten, von hüfthohen karthagischen Hundsrosenhecken umhegten idyllischen Garten. Bald würden die Tulpen blühen (*Die Tulpen, die Tulpen, die Tulpen! Oh ihr manischen Rembrandt-, fetten Päonien-, fedrigen Papageientulpen!*) und die Hyazinthen, Rhododendren und Kirschbäume (*Oh ihr blütenkerzigen Hyazinthen, blütenquellenden Rhododendren, blütenüberstreuten Kirschbäum-*

---

[14] In den von ihm besuchten volkstümlichen Chicagoer Etablissements *The House of All Nations* am Custom House Quay, *The Sapphos* und *North Armorica* in der Tyrone Street, sogar im ruhmreichen *Everleigh Club* am Faithful Place mit seinen Tinies Atties Floeies Maimies Louies Hetties und Mollies. (*Wahrlich keine Unschuldslärvchen und keine Zehn-Dollar-Puffs. Flasche Champagner vierhundert Bucks. Lange keinen Champagner mehr getrunken*) hatte er sich, obwohl fernab von der neugierigen Heimat und trotz aller schäumig sämigen Lust, immer ein wenig unbehaglich gefühlt.

[15] Ein russischorthodoxer Architekt aus Brescia, Mitglied der *Accademia dei Dubbiosi*, bekannt für seine extravaganten Flugzeughangars und riesigen, einschüchternden Redner- und Ehrentribünen, hatte die Villa auf Vermittlung eines mit Wladimir Putin befreundeten hannoverschen Geschäftsfreunds so formstreng wie spielerisch in die liebliche Hügellandschaft hinein komponiert.

chen!), unschuldsweiß, sapphoviolett, glücksrosa, und duften, duften, duften (*Ach ach ach ach*).

Und, nicht zuletzt, sehnte er sich nach den wie Paradies schmeckenden gaumenschmeichelnden makedonischen Köstlichkeiten, die Euryklea, die stets gutgelaunte Haushälterin, *à la mode thessaloniquenne* unter ausgiebiger Beifügung verführerisch duftender Kräuter und Gewürze zubereitete, und nicht nur Dolma, Tarator und Pilafi, sondern auch Gerichte, die keinen populären Namen trugen. Die zephyrwarmen, melodiös sich reimenden, griechisch klingenden Worte, mit denen sie die Speisen servierte, blieben den ebenso amüsiert wie gebannt Zuhörenden zwar vollkommen unverständlich, versetzten sie aber in eine andächtig heitere Stimmung, die, wie sanft leuchtendes Kerzenlicht und gräserwiesenflüsternde Barockmusik, dem Genuss der stets erfreulich üppig aufgetragenen Speisen ausgesprochen förderlich war. Ihre Worte klängen, so seine Schwester Sophie einmal während eines wunderbar ausgedehnten Abendessens, mehr nach geheimen hogwartsschen Zaubersprüchen als gastronomischen Erläuterungen.

Jeder genoss, was er aß, jeder genoss genussfreudig das genussvolle Gericht, jeder genoss genussfreudig das genussreiche Sprechen über das genussvolle Gericht.

2

Als Moje am Tag der vorgesehenen Heimreise erwachte, fühlte er sich trotz aller Erleichterung aufgrund des glücklichen Endes der Chicagoer Mission immer noch angespannt, erschöpft, schwer.

Nachdem er nach einem späten *American Breakfast* auf der Dachterrasse des *Brazen Head* (die *Pancakes with Maple Syrup* hatten ihn nur wenig aufgemuntert) vom glattrasierten, schamanistisch lächelnden Hotelrezeptionisten mit sonor vibrierendem Tenor über die Annullierung des Flugs informiert worden war (*Your flight got cancelled, Sir; enjoy the day, it will be nice and warm!*), überzeugte ihn der zärtlich daherwehende rosige Gedanke, doch nicht so schnell wie möglich nach Hause zurückzukehren, daher unmittelbar. Er spürte, dass er mit zu vielen emotional ungenügend verarbeiteten Chicagoer Erinnerungen angefüllt war[16], um sicher sein zu können, seine so innig geliebte Familie nicht durch verstörende Aufmerksamkeitsabsonderlichkeiten in Sorge zu versetzen. Zweifellos würden einige halkyonische Tage die hässlichen Geister Chicagos vertreiben. Zurück in seinem Appartement in der dreiunddreißigsten Etage setzte er sich nach einem vierzig Kilometer weiten Blick über den unabsehbaren Lake Michigan[17] an seinen PC und suchte als Ersatz für den stornierten Flug nach einer komfortablen, nervenberuhigenden Schiffspassage, obwohl Flüge

---

[16] Die listig ausgelegten Fallen Lamberts, in die er linkisch hineingetappt war, die beschämenden Unfähigkeitsgefühle, die ihn manche Nacht schlecht hatten schlafen lassen, die phantastischen Sensationen des *Everleigh* (Mollys rege glatte Zunge, Tinys akrobatischer Poledance, die sich als Sissy entpuppende Ashley), von denen er niemandem erzählen konnte.

[17] Der vor zwölftausend Jahren von nach Norden sich zurückziehenden Gletschern mit eisigem Schmelzwasser geflutete See war von unzähligen Heckwasserlinien unzähliger Auto- und Eisenbahnfähren, Container- Öl- Fabrik- und Passagierschiffe, Motor- Renn- Luxusyachten, Fisch- Polizei- Zollkutter, Segel- Haus- Patrouillen- Falt- Jet- Ruder- Lotsen- Tragflächen- Vergnügungs- Flug- Feuerlöschboote, Trawler, Jollen, Raddampfer, Last- und Schleppkähne fröhlich durchfurcht.

nach Europa weiterhin angeboten wurden, sogar, nach Sichtflugregeln, wie bisher über den Nordatlantik.

Die Wasserwege waren frei und eine Gefährdung Schiffsreisender galt als ausgeschlossen, solange es nicht Felsblöcke oder Gift regnete oder die Pyroklasten des Eyjafjallajökull sich als undurchdringlicher Nebel übers weindunkle Meer legten.

Zudem sollten nordatlantische Seereisen gerade jetzt besonders attraktiv sein, würde es ja wegen der Streuung und Absorption des Sonnenlichts durch die vom Eyjafjallajökull ausgeworfenen, in der oberen Atmosphäre schwebenden kleinkörnigen Aerosole zu faszinierend farbintensiven Sonnenauf- und -untergängen kommen, wie sie Europa seit dem Ende der zweieinhalb koloristisch animierten Restaurationsjahrzehnte nach dem allerdings unvergleichlich sensationelleren Ausbruch des Tambora im Urburschenschafts-, Schweizer-Käse- und Waterloo-Jahr 1815 nicht mehr gesehen hatte.

Zwar stand nicht zu hoffen, dass der Ausbruch des isländischen Vulkans ein neues, radikalrevolutionäres Grundverständnis von Malerei oder eine neue Gattung atem-, nerven-, schlafraubender Literatur hervorbringen würde, wie es der des sumbawanischen getan hatte.

Das erkenntnisfördernde Neue, das durch die Veränderung der optischen Eigenschaften der Atmosphäre infolge des Auswurfs des Tambora, hundertsechzig Kubikkilometer Pyroklastika, mehr als das Tausendfache des Eyjafjallajökull, in die Aufmerksamkeit aufmerksamer Maler gerückt war: Unsere Augen schauen Licht, nicht Gegenstände, war ästhetisch bis in seine erkenntnistheoretischen Grundsätze hinein verstanden. Weitere gehaltvolle philosophische Erkenntnis war von noch so großen vulkanischen Aschewolken nicht zu erwarten.

Und auch die Auswirkungen aufs Wetter waren zu gering, um hübsche einundzwanzigjährige, spielsüchtige, in Schlafwandel promovierte Leibärzte und hübsche neunzehnjährige, kühne, mit die freie Liebe verfechtenden Dichtergenies liierte Frauenrechtlerinnentöchter (*Tandaradei, Tandaradei, Tandara-tan-*

dara-tandaradei) von sommerlich unschuldigheiteren Tanz-, Spiel- und Liebeleivergnügungen ab- und zur einsamen Lektüre herbstlich schauriger Geistergeschichten anzuhalten und in eine autoerotische Stimmung zu versetzen, die sie anregen und befähigen würde, mit jugendlich brausender, sorgloser Feder (*Oh Mary! Oh John! Electricity! Blood! Die prangende Pracht der Jugend!*) zwar nicht gänzlich Unerhörtes, aber doch neu Aufregendes wie *Frankenstein; or, The Modern Prometheus* oder *The Vampyre* zu kreieren. Ἄνδρα μοι ἔννεπε, Μοῦσα, πολύτροπον.

Dass die Eruption des Eyjafjallajökull das Weltbild der gebildeten Welt nicht grundstürzend revolutionieren würde (eine Folgenlosigkeit, die nur ideologisierte Neuigkeitsfanatiker als spießbürgerliche Ineffektivität bezeichnen würden), dämpfte Mojes kindlich-naive Lust auf eine Schiffsreise unter der Aschewolke des Eyjafjallajökull aber nicht.

Nach einer kurzen Internetrecherche hatte er schnell eine alteuropäische Ruhe und Erquickung versprechende Fahrt zusammengestellt. Zunächst, gleich am nächsten Morgen, mit *American Airlines* nach New York, danach mit der weitgereisten *Queen Mary II* nach London, zuletzt mit Fähre und Zug in den zur Halbmillionenstadt gewachsenen Wald-, Kauz-, Residenz- und Messeweiler Hannover, den seiner ländlichen Villa nächstgelegenen größeren menschlichen Siedlungsort mit ICE-Anschluss.

Von da war es nur noch eine Autostunde bis zu seinem behaglichen brescia-dessauischen Sanssouci, auf dessen südwestlicher, blauschiefergedeckter Sonnenterrasse er schon manches Mal den feierabendlich freien, kontemplativ schweifenden Blick über die sanft fallende Flur der fruchtbaren, sommerlich summenden Äcker und Felder genossen hatte, die sich zwischen dem buchenbestandenen, vor lärmig grimmen borealen und apheliotischen Winden schützenden dunklen Rücken des von Nordwest nach Südost gemächlich abfallenden Ith und dem lieblichen Ufer der im Westen weich dahingleitenden, das Himmelslicht wie ein Messer silbern spiegelnden Weser spannt, an deren anmutig geneigtem, kühlem, grünem Strand so beschaulich Barbe, Hecht und der nur mit List zu fangende Zander zu fischen sind.

Am Gestade dieses deutschesten aller Ströme[18] waren sich die selbstbewusst zupackende Gerti und Moje zum ersten Mal begegnet, im Porzellanmuseum des seit drei Jahrzehnten nicht mehr rauchenden Schlosses Fürstenberg, vor Jean Jacques Desoches' berühmter hintersinniger *Kaffeegesellschaft*, die, auf einer ovalen, strandsandbraun und küchenkoalinweiß schachbrettgemusterten, rocaillenverzierten Plinthe platziert, so wunderbar leichthändig ein zauberisch spielerisches Mutter-Kind-Paradies und eine neckische erotische Rokokoschäkerei ohne Kind zu einer herzwärmenden Venus-gereatrix-Szene zusammenbindet.

You gotta make calls, if ya wanta get results.

Moje hatte die Sommersemesterabschlussveranstaltung seines Corps, eine Kanutour mit obligater Guinness- und Kilkenny-Begleitung von Bad Karlshafen nach Höxter den gemächlich dahingleitenden, auch mit anderthalb Promille noch rudernd bewältigbaren Fluss hinab, zur Erholung vom Stress der Vorbereitung aufs zweite Staatsexamen genutzt, Gerti für ihre Dissertation *Welsche Porzellanbossierer in Diensten Preußens, Sachsens und Braunschweig-Wolfenbüttels im achtzehnten Jahrhundert* recherchiert.

Obwohl hanseatisch leger gekleidet und unmissverständlich spöttisch über seine Couleur lächelnd (Band, Mütze, Zipfelbund türkis-weiß-schwarz), hatte sie ihn unmittelbar an das im grandiosen neapolitanischen *Museo nazionale di Capodimonte* hängende, vor dem *Sacco di Roma* in Rom, vielleicht auch danach in Parma vom lange Frauenhälse liebenden Parmigianino gemalte kühnfeministische, mystisch-zauberische, lächelnde Porträt der in ihrer betörenden Jugend ob ihrer staunenerregenden Biegsamkeit schwärmerisch verehrten römischen Kurti-

---

[18] *Hier hab' ich so manches liebe Mal mit meiner Laute gesessen, hinunterblickend ins weite Tal, mein selbst und der Welt vergessen.*

sane Antea[19] erinnert, sodass er sich auf der Stelle in sie verliebte[20].

Schon in seiner zwei Wochen nach seinem vierzehnten Geburtstag, den er wenige Tage darauf gründlich vergaß, nächtlich ruckartig einsetzenden, vier gemütswirre Jahre sich hinziehenden Pubertät hatten ihn Menschen, die er für intelligent, eigenständig und sprachfähig hielt, zu faszinieren begonnen.[21]

Trotz aller Faszinationsbeglückung aber wurde er, wenn er sich in eine Frau, die ihm intelligent, selbstbewusst und eigen-

---

[19] Wenn es nicht die Tochter, Geliebte oder Dienstmagd Parmigianinos, möglicherweise auch Pellegrina Rossi di San Secondo oder eine andere kontorsionistisch begabte parmesische Adlige war. Moje hielt wegen des sowohl skeptisch forschenden als auch selbstkritisch selbstsicheren, melancholisch heiteren Gesichtsausdrucks der Porträtierten (die großen, rehbraunen Augen, der neugierig sinnende Blick, die phönizisch lange, schmale Nase, der vielversprechende kleine Mund (*Oho oho oho!*), die dezent abstehenden Ohren, die hohe, freidenkerische Stirn, das kleine Grübchen über dem souveränen Kinn) die Dienstmagdhypothese für die plausibelste. Und ja, Antea lächelt nicht jedem Betrachter (anders als Henri-Robert-Marcel *Eros-c'est-la-vie* Duchamps schnurrbärtige, hinternhitzige *LGBTQIA*-LHOOQ-Gioconda* lächelt sie mit dem Mund, nicht mit den Augen), aber Moje hatte sie als freundlich lächelnd in Erinnerung.

[20] Für alle, die jemals von einer enigmatischen Schönheit uniomystisch affiziert worden sind und nicht Verstand, Gedächtnis und Libido verloren haben, unmittelbar verständlich. *Oh oh oh, mein Schöner, meine Schöne, mein Engel, meine Muse, mein Fisch, meine Angel, mein Feuer, meine Welle, mein Leib, meine Seele. Ζωή μου, σὰς ἀγαπῶ. Mein ewig, dein ewig, uns ewig, ewig ewig ewig uns! Oh Liebeswonne, Liebeslust!*

[21] Der aus Strasbourg kommende schwule Geschichtslehrer, der die vitale Neuheitsoffenheit, Freiheit und Originalität der Künste und Wissenschaften im Deutschen Reich und der Habsburger k.u.k.-Monarchie während der zwei geiserotisch einzigartig vitalen Jahrzehnte vor den TNT-Stahl-Gas-Gewittern des ersten Weltkriegs, des Weltfestes des Todes, begeistert pries. Die nicht nur Multäschle, Schupfnudle und Knepfle, sondern auch anarchistische, nach fröhlicher schwarz-roter Revolution schmeckende Wahrheiten auftischende Großmutter eines im benachbarten, für eine 1461 ingeniös erdachte (*Da stelle ma uns mal janz dumm*), unaufgeregt ausgeführte (*Is schließlich kei Dampfmaschin*), gewissermaßen schuldlose (*Ich bin so gut gelaunt heut*) Hinrichtungsart berühmten Meersburg wohnenden Schulfreunds. Die schöne und kluge, Philosophie und Theologie lesende, selbstbewusste und herzliche (*Ich geb euch auch keine Hausaufgabe auf*) Klassensprecherin Marie (*Marie, Marie, ach halt mich fest!*).

ständig zu sein schien, unsterblich verliebte[22], regelmäßig von einer Art nervöser Ängstlichkeit befallen, ihren Erwartungen[23] nicht zu genügen: *Sicher fühle ich mich nur bei Unzulänglichen, aber die langweilen mich.*[24]

Vielleicht neigte er deswegen dazu, kleine Nebenbemerkungen ins Gespräch einzuflechten, die der ihn erregenden jungen, schönen Frau suggerierten[25], dass er über bestimmte attraktive Kenntnisse und Fähigkeiten verfüge[26], die ihm aber nur in bescheidenem Maß eigneten[27], jedenfalls nicht als Erkenntnisse und Fertigkeiten, die ihm jederzeit ohne Weiteres zur Verfügung standen, weshalb er auch jedes Mal fürchtete, als feiler Angeber entlarvt und bloßgestellt zu werden.

Wenig erstaunlich, dass er von dieser ihm erbärmlich dünkenden Neigung, sich rhetorisch aufzuputzen, gerne losgekommen wäre. Obwohl es ihm mehrmals gelungen war, geistreiche, aber verantwortungslose Formulierungen, die ihn in zu günstiges Licht gestellt hätten, für sich zu behalten, hatte er bald aufgehört, sich Gewalt anzutun.

---

[22] Es reichte, wie er noch in seiner zwielichtigen römischen Transitionszeit wohl nur halb ironisch feststellte, weibliches Geschlecht, hübsche Larve und Jugendlichkeit. *Ich würde sterben für dich. – Und dann?*

[23] Erwartungen, die gewiss nur allzu berechtigt waren, wie er es seinem ältesten Freund Christian während eines hochsommerlichen Spaziergangs von Harvestehude nach Rotherbaum die arglos blinkernde westliche Hamburger Außenalster entlang ein wenig geschraubt gestand.

[24] Seine sprachliche Schwerfälligkeit war natürlich nicht verwunderlich, war ihm Deutsch, obwohl Muttersprache seiner Mutter, ja eigentlich eine Fremdsprache. Selbst, wenn er aus irgendeinem unerfindlichen Grund frei und gelöst war (so frei und gelöst jedenfalls, wie er überhaupt sein konnte (*Yippee yippee yippee yeah, Wiener Wiener Wiener Schmäh. Arrggh! Aaaarrrggghhh! Aaaa-aaaargh! Got it?*)), sprach er nicht ohne die Korrekturhinweise eines unaufhörlich wie ein Idiot vor sich hin schwätzenden inneren Dämons.

[25] *Schön muss eine Frau sein, dann stimmt auch der Rest*, hatte ihm seine Mutter von klein auf gepredigt.

[26] Argentinische Weine, japanischer Farbholzdruck, Geschichte des expressionistischen Films, Fremdsprachen, Leichtathletik, Klavierspiel.

[27] Ein vielleicht weltweit verbreitetes Phänomen, und nicht nur bei Weißen, und nicht nur bei Männern.

Die Selbstdisziplinierungen hatten, ohne dass er etwas hätte dagegen tun können, geradewegs zu glucksendem Stottern und peinlichen Wortfindungsstörungen geführt, sodass er ihre Folgen in den nach der Heirat mit Gerti erfreulicherweise selten gewordenen Imponiergehabekonstellationen mit erotischem Hintergrund bald mehr fürchtete als das Risiko, als Scharlatan entlarvt zu werden.[28]

Die Angst, für beschränkt gehalten zu werden, war ihm im Augenblick der Entscheidung für oder wider Posing gewöhnlich weit weniger erträglich als die Befürchtung, als sprücheklopfender Schaumschläger dazustehen, zumal es nie zu einer Enttarnung kam, die ihn mehr als kurz beschämt hätte.[29]

»Ich bin mir«, gestand er einmal gegen Ende eines nächtlichen, dithyrambischen Gesprächs[30] seinem Freund aus Kinder-

---

[28] Einmal hatte ihn diese Angst sogar dazu gebracht, eine weit fortgeschrittene Annäherung brüsk abzubrechen, sodass ihn, wann immer er sich an diese Schandtat erinnerte (er hatte sich bei der für die Frau völlig unerwartbaren Aufkündigung der Beziehung als oberflächlicher Snob dargestellt, dem nur an Äußerlichkeiten gelegen sei (*Ich bin schon ein wenig gebildet, aber eigentlich interessiert mich all das Theoriegeschwätz nicht. Ein toller Anzug ist viel geiler*)), tief verwirrende Schamgefühle überschwemmten. Deren Stärke irritierte ihn allerdings nur, weil es ihm dank seiner opportunistischen Juristendenkweise gelungen war, sich davon zu überzeugen, dass er sich allein deshalb als Kanaille dargestellt habe, um der Frau, die ihm wenige Tage zuvor am Ende eines wunderbaren Briefs, den sie ihm aus einem Urlaub mit ihrer besten Freundin geschickt hatte, ihre Liebe gestanden hatte (*Ich liebe dich, Rochus*), die Trennung zu erleichtern, er eigentlich also keine Schuldgefühle haben müsse.

[29] Es musste erst eine Schändlichkeit begehen, über die er sein Gewissen nicht beruhigen konnte (jene wortreiche, groteske Lüge, mit der er sich bei seinem vereisenden Zenmeister, mit dem er am Tsukubai eines kleinen Roji-Gartens am Fuß des Fuji zur Teezeremonie verabredet gewesen war (*Achte der Klarheit des wunschlosen Wassers, der Schönheit des wunschlosen Steins, der Reinheit der wünschereichen Seele*), für seine dreistündige Verspätung entschuldigte), um aufzuhören, sich gute Gründe für alles, was er getan und gelassen hatte, selbstbetrügerisch zu erklügeln (*Es war geradezu meine Pflicht*) und die Feigheit, Gemeinheit, Niedertracht, Sünde, die in dieser Exkulpierungsmethode stecken, zu erkennen. *Du hast gelogen, sagte der rote Hering voller Dornen. Jede Lüge ist eine Lüge, gell?*

[30] Auf dem *Electrola*-Plattenspieler drehte sich Frank Sinatras menschlich-allzumenschliches *My Way*, lichtsammelnde Regentropfen wanderten apollinisch die schattenschwarzen Fensterscheiben hinab.

gartentagen Christian nach mehreren Flaschen goldenen Rieslings[31], die ihn jenseits von Gut und Böse weich, sentimental und mitteilsam gestimmt hatten, »nie auch nur halbwegs sicher, richtig zu verstehen, was eine Frau will, selbst wenn sie ihre Wünsche in Worte fasst und ihre Worte unzweideutig scheinen. Ich bin unfähig, den Sinn verbaler Äußerungen von Frauen zu dechiffrieren. Mir fehlt der Schlüssel fürs Frauen-ADFGX[32]. Aber vielleicht gibt's für Wünsche sowieso keine eindeutigen Worte. Außer in banalen Fällen. Und Verstehen ist keine Sache des Dechiffrierens, sondern des Überrumpelns, des sich Bemächtigens, des sich Aneignens. Nur wenn ich gewissermaßen spontan, ohne Nachdenken, überzeugt bin, dass etwas, was mir zufällig vors Auge geraten ist, gefallen könnte, gelingt's mir, damit einer Frau eine Freude zu bereiten, und selbst dann nicht immer[33]. Aber es ist nicht nur das fehlende Verstehen. Ich krieg's so gut wie nie hin, eine auch nur einigermaßen befriedigende Gesprächssituation herbeizuführen. Meine mir eingefleischte Gaucherie. Was für ein komisches Wort! Wie oft weiß ich nicht, was die anderen interessiert, stottere und erzähle Unfug. Bis irgendjemand sich erbarmt und das Thema, das keins war, wechselt.«

Vielleicht findet sich eine Erklärung für Mojes Überzeugung, Frauen nicht verstehen zu können, in den tief verstörenden Beleidigungen, die, vollkommen unvorhersehbar, mehrmals jähr-

---

[31] Christian, der einem moselfränkisch gewitzten Winzer seit Studienbeginn in Wingert und Keller beim Herbsten und Keltern half (*Das müssteste auch mal mache! Morgens vorm Rausfahrn e Aufgesetzte. Grüne Walnuss. Mich schüttelt's, wenn ich dran denk, aber es hat was. Dann im Wingert die Ruh. De Blick über die nebelverschleierte Mosel. Die Zufriedeheit der Leserinnen. Das Trester-Trete. Die Schlachteplatte. De tiefe Schlaf, de unglaublich tiefe Schlaf*) und sich seine Hilfe in Wein auszahlen ließ (*Es gibt nix Bessres als Wei, um e klare Kopp zu behalte. Uffgefangner Sonneschei*), hatte anlässlich des hundertvierundfünfzigsten Geburtstags des nicht immer fröhlich hämmernden Friedrich Nietzsche seine dionysischsten Weine aus dem Keller geholt: *Un hier, Verdächtiger, Ürziger Würzgarte Beere- un Trockebeereausles, reines Denke, ma glaubt's kaum.*

[32] Christian witzelte, dass Frauen keine Konklusionen seien und eine Fieberkurve reichen würde, doch Moje verstand die Anspielungen nicht.

[33] *Ja ja, die Klage Mollys,* warf Christian grinsend ein.

lich aus seiner von ihm ängstlich geliebten, gewöhnlich klug und überlegt sich äußernden Mutter herausbrachen, ohne dass jemals irgendwer gewusst hätte[34], was diese vollkommen unverhältnismäßigen Zornesbekundungen hätte ausgelöst haben können, die auch auf den verschreckten Seelen der Geschwister Mojes lasteten, zumal Mutter es verstanden hatte, niemals über sie zu sprechen.

Das Kritisierbarste an dem, was sie in ihren Exzessen so maßlos tadelte, die gelegentlich sogar in körperliche Attacken mündeten[35], war, wenn es überhaupt als Verfehlung begriffen werden konnte, ausnahmslos zu lächerlich, als dass es von jemandem, der Verstand, Vernunft und Sinne beisammen hatte und nichts Böses im Schilde führte, auch nur mit einer ironischen Bemerkung bedacht worden wäre.

Auch Gerti hatte im Schlossmuseum dank sintflutartiger Dopaminausschüttung auf der Stelle flammend lodernde erotische Impulse verspürt, wollte allerdings, so zu ihren Freundinnen beim Junggesellinnenabschied in *Zirze's Belladonna-Bar* auf der Hamburger Reeperbahn drei Tage vor der Hochzeit beschwipst kichernd, nicht gänzlich ausschließen, dass sie sich aufgrund der ungeheuren Liebessehnsucht, die das so anregend turtelnde Porzellanliebespaar der *Fürstenberger Kaffeegesellschaft* in ihr entfacht hatte, und weil sie gerade solo gewesen sei, in jeden nächstbesten gut aussehenden Mann verliebt hätte.

»Ich hatte dasselbe Gefühl wie beim Hören von *O Maritana wildwood flower, Zwei Augen dunkel glänzend, Love's old sweet song, Là ci darem la mano*. Ach Mädels, wenn ich an die Songs denke, wird mir sofort heiß. *The winds that waft my sighs to thee*. Ach Mädels, *In Grünau ist der Himmel blau, so blau, so blau*. Außerdem stand ich kurz vor dem Eisprung. Da hab ich mir dann sofort

---

[34] Und sein armer, verstörter, hilfloser Vater schon gar nicht, den er ob Mutters disruptiven Verhaltens mehrmals bleich wie der aufgehende Mond am frühsommerlichen Spätnachmittagshimmel gesehen hatte.
[35] *Someone's in the kitchen with her, strumming the old banjo, fee fi fiddley aye, fee fi fiddley aye, fee fi fiddley aye, strumming the old banjo!*

vorstellen müssen, dass dieser athletisch schlanke, persisch duftende Corpsstudent, der da plötzlich neben mir an der Vitrine aufgetaucht war ... Joop Homme! Wer parfümiert sich mit Joop Homme? Eigentlich überhaupt nicht mein Fall! Aber immerhin hat's seine Bierfahne überdeckt ..., dass mir dieser Mann nicht nur einen galanten Antrag à la rococo machen würde, so einen mit ganz vielen Komplimenten, sondern mich auch französisch galant ... Ach, die Franzosen. Ihr kennt doch den Film *Gefährliche Liebschaften*, den mit John Malkovich, also genau so wie Valmont das junge Ding ... Cécile, ist aber auch egal ..., dass mich also dieser verführerisch aussehende Mann in eine duftende Fliederlaube führen, mir hübsche kleine Frivolitäten ins Ohr flüstern, mich über eine Gartenbank biegen, mir den Rock heben und gefühlvoll, aber kräftig ...«

Die letzten Worte gingen im Gejauchze der Freundinnen unter.

Wer den kleinen Bericht über den Ausbruch des Eyjafjallajökull nicht mit Unlust gelesen, eine tiefere Beschäftigung mit vulkanologischen Fragen aber noch nicht erwogen hat, wird möglicherweise durch eine zweite, energetischere Schilderung eines bedeutenden vulkanischen Ereignisses, dessen Beschreibung an dieser Stelle, wie umgehend ersichtlich wird, sich nachgerade aufdrängt, ein brennenderes Interesse an Vulkanologie entwickeln.

Auf den Tag exakt elf Jahre vor der ersten Begegnung Gertis und Mojes[36] und gleichfalls ein Samstag, am 15. Juni 1991[37], hatte der auf der größten und bevölkerungsreichsten philippi-

---

[36] Beide besuchten die achte Klasse, sie die altsprachliche Gelehrtenschule des *Johanneums* in Hamburg-Winterhude, er die pädagogische Provinz des *Internats Schloss Salem*, sie war Klassenbeste und besuchte jeden Sonntag den evangelisch-lutherischen Gottesdienst in der *Matthäuskirche*, er erlitt seit knapp vier Monaten erste, noch unverstandene nächtliche Ejakulationen (spontane Erektionen sine qua non, reine, juvenile, unbeherrschte Leidenschaft, sünd- und lasterfrei (*Gloria Gloria Gloria! Keine drei Vaterunser, keine drei Ave-Maria, kein Rosenkranz*)) und stand im Begriff, seinen Kinderglauben zu verlieren.

[37] Tag des bei Toll- und Serpentinentanzwut als Nothelfer anzurufenden, von Engeln aus siedendem Öl geretteten diokletianischen Märtyrers Vitus.

nischen Insel Luzon gelegene, von den Aeta[38] bewohnte, zur
Zambales-Bergkette gehörige andesitischdazitische Schichtvulkan Pinatubo, seit Menschengedenken vom vierhundert Kilometer entfernten Stratovulkan Mayon an feuriger Regsamkeit und malerischer Schönheit in den Schatten gestellt, mit einer grandiosen, theatralisch inszenierten plinianischen Eruption die Nebenaufmerksamkeit der Weltöffentlichkeit, die er zweieinhalb Monate lang durch spektakuläre Aktionen immer wieder neu auf sich gezogen hatte, schlagartig zu einem gewaltigen Hauptaufmerksamkeitsdom aufwachsen lassen.[39]

Obwohl der Ausbruch nicht von der kolossalen Größe menschlicher Intelligenz, der unermesslichen Raffinesse menschlicher Technik oder dem großartigen Genie menschli-

---

[38] Nachkommen der in oberhauptlosen Kleingruppen lebenden, veränderungsaversen, vor den unnachgiebig christianisierenden spanischen Eroberern, die sie in kleinstädtisch übersichtliche Reducciones hatten pferchen wollen, wo sie dominikanisch gewissenhaft überwacht und zu gläubigen Kirchgängern und gehorsamen Steuerzahlern hätten erzogen werden sollen, in den Dschungel geflohenen luzonischen Ureinwohner. Mit Pfeil und Bogen schwarze Wildschweine jagende, grauweiß gebänderte Muscheln und gelblichen Honig sammelnde, Bitt- und Danktänze tanzende, schmalhüftige, lockenhaarige, braunäugige, schmalnasige, Buckelgong schlagende, Bambusflöte Maultrommel Gitarre Röhrenzither spielende, zambalische Sprachen sprechende, sich Geschichten erzählende, Wickelröcke, Baumrindenkleider, Genitalschnüre, Hanf- und Rattanhalsbänder sowie Halsketten aus Samenkörnern, Knochen und Perlen tragende, Palmblattregenmäntel schneidernde, sich Arme Hände Beine Brust Bauch Rücken sakrifizierende und Zähne feilende, animistische Anschauungen pflegende, über einen ungewöhnlich scharfen Geruchssinn und außerordentliche pflanzenheilkundliche Kenntnisse verfügende Nomaden mit gleichwohl sehr kurzer Lebenserwartung (Beschreibung *à l'européenne par délicatesse*).

[39] Sein Name hatte gut vierunddreißig Jahre zuvor schon einmal mit einer philippinischen Katastrophe in Zusammenhang gestanden, dem Absturz der *Douglas C-47 Skytrain Mt. Pinatubo* der *Philippine Air Force* am 17. März 1957 (fünfundneunzigster Geburtstag Johann Silvio Gesells), Regierungsflugzeug des bei der philippinischen Bevölkerung außergewöhnlich beliebten philippinischen Präsidenten Ramon Magsaysay, der bei dieser nächtlichen Tragödie am Mount Manunggal, der höchsten Erhebung Cebus, der achtgrößten Insel der Philippinen, zusammen mit vierundzwanzig weiteren Passagieren starb. Zum Staatsbegräbnis am 22. März 1957 (einhundertfünfundzwanzigster Todestag Johann Wolfgang von Goethes) erschienen nach Schätzungen philippinischer Beobachter über zwei Millionen trauernde Trauernde.

cher Gestaltungsfähigkeit kündete (*Gewaltig ist vieles, doch nichts ist gewaltiger als der Mensch*), führte er nicht nur bei jenen, die ihn als gerechte Zornestat einer feurig brennenden Gottheit oder als natürliches Wunder verstanden, zu erregend erbaulichen Erhabenheitsschauern.

Der vor dem Ausbruch im Jahr 1991 eintausendsiebenhundertfünfundvierzig Meter hohe Schichtvulkan wurde von den an seinen Hängen lebenden Ureinwohnern nicht nur als Sitz des höchsten und mächtigsten Gottes Apo Namalyari und Heimstatt der Seelen der verstorbenen, entrückten Ahnen verehrt[40], sondern war auch für erloschen und ungefährlich gehalten worden, wenn man überhaupt noch wusste, dass der Berg eine vulkanische Vergangenheit hatte. *On a vu souvent rejaillir le feu de l'ancien volcan, qu'on croyait trop vieux, et l'oublie à nouveau.*

Der in der gigantischen Caldera des vor fünfunddreißigtausend Jahren explodierten Ur-Pinatubo entstandene Nachfolge-Pinatubo, dessen äußere Gestalt sich infolge von mindestens fünf gewaltigen Eruptionen vor siebzehntausend, neuntausend, fünftausendfünfhundert, dreitausendeinhundert und fünfhundertfünfzig Jahren immer wieder verändert hatte, war nach der letzten fünfeinhalbhundertjährigen Ruhe, die lediglich von wenigen unscheinbaren, kaum zur Kenntnis genommenen Eruptionen unterbrochen worden war, am 2. April 1991[41] wieder weithin sichtbar tätig geworden. Am Nordosthang in der Nähe des Gipfels war eine eineinhalb Kilometer lange leuchtende Spalte aufgebrochen, aus deren Tiefen phreatische Eruptionen wolkenhoch himmelwärts schossen. Vom 13. Mai an wurde Tag für Tag ein höherer Schwefeldioxidausstoß gemessen, der aller-

---

[40] Die Ältesten der Aeta versicherten, dass der Pinatubo auf Geheiß des ob des illegalen Holzeinschlags an den Hängen und der frevlerischen Bohrungen in die Flanken seines Bergs durch die nach geothermischer Wärme gierende *Philippine National Oil Company* (*Mammon Mammon Mammon Mammon*) zutiefst erzürnten Apo Namalyari, Herrn der Geschichte und der Erde, ausgebrochen sei.

[41] Hundertster Geburtstag Max Ernsts. *Bayern München* verliert zuhause 0:1 gegen *Fortuna Düsseldorf*.

dings am 29. Mai[42] ohne erkennbare Ursache innerhalb weniger Stunden erheblich absank.

Am 3. Juni[43] ereignete sich eine erste Magmaeruption, am 7. Juni[44] eine erste vulkanianische Explosion. Ein Lavaausbruch am Hauptgipfel türmte einen zweihundert Meter breiten, vierzig Meter hohen Lavadom auf. Die angriffslustige Aschewolke, *Rauch wie des Schmelzofens Rauch*, stieg sieben Kilometer hoch, bis zur Mitte der Troposphäre.

Vom 12. bis zum 14. Juni erfolgten vier größere paroxysmale Ausbrüche mit bis zu vierundzwanzig Kilometer hohen, weit in die Stratosphäre reichenden Eruptionssäulen. Pyroklastische Ströme, Pranken alles zerstörender Lava, rasten bis zu acht Kilometer weit durch die Täler der Flüsse Abacan, Ashley, Bucao, Kileng, Maloma, Pasig-Potrero, Santa Lucia, Santo Tomas, Tanguay und Tarlac in die den Berg umgebenden Ebenen. *Riverman riverman run the river! Riverrun riverrun riverrun. Styxstyxstyxstyx. Run riverman run!*

Am 15. Juni[45] kam es von dreizehn Uhr zweiundvierzig Ortszeit (PHT) an zu einem Schwarm Hunderter starker Erdbeben und jener dreistündigen, weltaufmerksamkeitserregenden Eruptionsphase, während der zehn Kubikkilometer Tephra gefördert wurden[46] und sich eine vierunddreißig Kilometer hohe, die blutgetränkte Erde unter sich verfinsternde Aschewolke, eine ungeheuerliche, aus sich selbst herausquellende, einem Atompilz über einem pazifischen Atoll gleichende filzige Rauchmasse über eine mehr als hunderttausend Quadratkilometer große Fläche breitete. Gewaltige, alles mitreißende, bis zu sechzehn

---

[42] Hundertelfter Geburtstag Oswald Spenglers. Der *VFL Wolfsburg* verliert zuhause 0:1 gegen den *SC Göttingen 05*.
[43] Fünfundachtzigster Geburtstag Josephine Bakers. *Neuseeland* verliert zuhause 0:1 gegen *England*.
[44] Zweihundertdreizehnter Geburtstag Beau Brummells. *Südkorea* und *Ägypten* trennen sich unentschieden 0:0.
[45] Fünfhundertzwölfter Geburtstag Lisa del Giocondos. *Borussia Dortmund* schlägt den *FC St. Pauli* zuhause 5:2.
[46] Siebzigmal so viel wie 2010 beim Ausbruch des Eyjafjallajökull.

Kilometer weit ins Land rasende pyroklastische Ströme, weltuntergangsdonnernd hinabpolternde Lahare und Megatonnen niederwirbelnder Asche verwüsteten einhundertfünfzig Quadratkilometer fruchtbares Acker- und Weideland im Wert von mindestens 125 Millionen Philippinischen Pesos, zerstörten und beschädigten Zehntausende Gebäude (darunter die *US Naval Base Subic Bay* und die *Clark Air Base* (was nicht von jedem bedauert wurde)) und töteten ungezählte Wild- und etwa achthunderttausend Nutztiere sowie mindestens achthundertfünfundsiebzig Menschen. Fast eine Million Luzoner, etwa 1,5 % der philippinischen Gesamtbevölkerung, wurden obdachlos. In den eilig errichteten, nicht immer hygienischen provisorischen Flüchtlingsunterkünften starben Hunderte von Menschen an hämorrhagischem Dengue-Fieber, Chikungunya-Fieber, Malaria, Masern und anderen Infektionskrankheiten.

Das in die Stratosphäre ausgestoßene Schwefeldioxid SO_2 reagierte zu Sulfaten SO_4^{2-}, die sich als Aerosole binnen weniger Monate rund um die gesamte Erde verteilten, sodass die globale Durchschnittstemperatur in dem der Eruption folgenden Jahr um 0,4 bis 0,5 K unter derjenigen lag, die laut Klimatologen ohne den Ausbruch zu erwarten gewesen wäre.[47]

Chemische Reaktionen führten zur Verringerung der Ozonschicht über den mittleren Breiten der Erde und zur Vergrößerung des Ozonlochs über der Antarktis. Nachdem der Pinatubo sich wieder beruhigt hatte, ragte der Kamm seines neuen, im Durchmesser zweieinhalb Kilometer großen Kraters bis in eine Höhe von eintausendvierhundertsechsundachtzig Meter über dem Meeresspiegel, so hoch hinauf wie der Gmundner Hochkogelgipfel, der allerdings wegen seiner größeren Entfernung vom Äquator der sich um sich selbst drehenden, rotationsellipsoiden Erde näher am Erdmittelpunkt liegt.

---

[47] Listige Geoingenieure ermittelten auf Basis der gewonnenen Daten, dass durch eine jährliche Anreicherung der Stratosphäre mit zehn Millionen Tonnen Schwefeldioxid die globale Erwärmung dauerhaft um 2 K würde gesenkt werden können.

3

Die erhaben blaugeschwänzte *Boeing 737* der mit der *US-Airways* in Fusionsgesprächen stehenden *United Airlines* von *Chicago O'Hare* nach *New York LaGuardia* war ausgebucht. Sogar die Jumpseats waren besetzt. Vermutlich hatten, der Einschränkungen, Unbequemlichkeiten und Unsicherheiten im transatlantischen Flugverkehr halber, auch andere Europareisende ersatzweise Schiffspassagen ab New York gebucht.

Möglicherweise hatte bei dem ein oder anderen aber auch die Vorhersage sonnigen Wetters auf den infrage kommenden Routen die Entscheidung befördert, mit dem Schiff zu reisen. Wer schon stellt sich eine Seefahrt bei strahlendem Sonnenschein[48] über den für Europa so geschichtsträchtigen Ozean[49] nicht als köstlich begehrenswert vor? Weinfarben das gleißende Wasser, weinfarben der gleißende Himmel, weinfarben der gleißende Horizont, weinfarben das gleißende Gemüt, weinfarben weinfarben weinfarben weinfarben, überall dasselbe faszinierendblitzende weinfarbene Gleißen.

In New York jedoch die nächste Überraschung. Der in eine tadellos scharf gebügelte, totenhemdsauberweiße Offiziersuniform mit imperialgoldenen Knöpfen, imperialblauen Epauletten und imperialgoldenen Ärmelstreifen gekleidete Check-In-Steward der *Queen Mary* bedauerte, keine Reservierung auf

---

[48] Die in der Atmosphäre verteilten Auswürfe des Eyjafjallajökull sollten die Sonnenstrahlungsintensität nicht merklich mindern. (*Physik, Physik, Physik! Diaphanität, Adiaphanität!*)

[49] Wie anders hätte sich Europa entwickelt, wenn es Amerika nicht gäbe und Kolumbus auf seiner Indienfahrt statt auf die karibischen Bahamas auf eine zu Asien gehörige Inselgruppe gestoßen wäre; weder wäre es zur transatlantischen Verschleppung afrikanischer Sklaven gekommen (die Maafa des arabo-muslimischen Sklavenhandels freilich hätte weiterhin stattgefunden) noch zur Bezeichnung Alter Kontinent für Europa noch zum Anbau von Kartoffel (keine Kartoffelfäule in Irland), Tomate (keine Pizza pomodoro) oder Paprika (kein Ungarn) noch zur Blüte des Geigenbaus in Cremona oder zum Dreißigjährigen Krieg (der peruanische Huaynaputina wäre weder am 19. Februar 1600 noch zu einem anderen Zeitpunkt ausgebrochen); es gäbe keine Amerikaner in Paris.

Moje oder Rochus vorliegen zu haben. Nachdem Moje jedoch darauf beharrt hatte, dass er reserviert habe, bestätigte der Gardemaß-Steward nach ein paar Clicks auf seinem PC zwar, dass Mojes Reservierungsvorgang vom Buchungssystem registriert, aber vor der endgültigen Bestätigung abgebrochen worden sei. Möglicherweise habe Mr Moje die für die *confirmation necessarily needed* Zweitbestätigung (*Necessarily, was heißt schon necessarily needed!*) durch Wiederholung seines Kreditkartenpassworts versäumt. Bedauerlicherweise sei der *ocean liner* (*Ouschn Leiner, Ouschn Leiner, Ouschn Leiner*) mittlerweile fully booked. Es gebe eine überlange Warteliste, so dass Moje leider nicht damit rechnen könne, noch einen Platz zu bekommen. Sogar die Kabinen, die sonst für Not- und Sonderfälle freigehalten würden, seien vergeben (*You know, the Eyjafjallajökull* (vermutlich war der Steward Harvardabsolvent, so flüssig sprach er den Namen des isländischen Vulkans aus)), weshalb er empfehle, sich nach einer Alternative umzusehen.

Im *Gefängnistagebuch*, das Moje[50] etwa vier Jahre später in seiner Isolationszelle im südafrikanischen *Malmesbury Correctional Centre* zu schreiben begann, stellte er sich die Frage, ob er damals in Chicago *zweifelsfrei, vollkommen zweifelsfrei, tatsächlich vollkommen zweifelsfrei* davon überzeugt gewesen sei, dass die Onlinebuchung risikolos, gewissermaßen idiotensicher sei, schließlich habe er vorher noch nie etwas online gekauft oder gehandelt. *Irgendwann wird's natürlich auch für einen Löli wie mich problemlos sein, bargeldlos zu zahlen. Wo hab ich bloß das Wort Löli her?* Oder habe ihn schon damals, *nach all den Jahrzehnten der Fremdbestimmung*, dass freilich ihm noch nicht zum Begriff gediehene Verlangen, sein Leben nach eigenen, wenn auch vielleicht vagen Vorstellungen selbst zu gestalten, dazu verleitet,

---

[50] Obwohl er sich nicht mehr Rochus Moje nannte (weder Rochus noch Moje) und schon lange einen anderen Namen mit allerdings denselben Initialen RM trug (*Change your name, stranger, tschäinsch it, tschäinsch it, tschäinsch it, sträinscher! It's so sträinsch to tschäinsch the näim*), soll es, da es allein auf die eindeutige Personen- und nicht die ja immer kontingente (und damit bloß interessante) Namensnennung ankommt, bei seinem Taufnamen bleiben.

einfach so drauflos, allein, selbstständig, ohne Hilfe, den Buchungsvorgang durchzuführen?

Leider findet sich in keiner seiner uns vorliegenden Aufzeichnungen auch nur ein andeutender, sei's auch alberner, enigmatischer oder irrwitziger Antwortansatz, weder im *Diarium carcereum* noch in dem 2015/16 im *Polidor*, einer neben einem ritzgroßen pakistanischen Waschsalon sich befindenden Crémerie in einer unterirdischen Passage des im Yoshiwara-Viertel Tokios gelegenen Hotels *Okura*, unter dem Heteronym *Rosy Goshawk-Goldfinch* verfassten Weblog *Carnivoriphil*, in dem er fast alle Themen seines stellenweise dadaistischen *Gefängnistagebuchs* aufgegriffen hat. Mit Gewissheit kann nur festgestellt werden, dass er es zur Zeit der Niederschrift seiner südafrikanischen Motivationserforschung für möglich gehalten hat, dass ihm schon in Chicago Selbstständigkeitsdrang ein relevantes Handlungsmoment hat gewesen sein können. Insbesondere darüber, ob er es schon *vor* 2014[51] für möglich gehalten hat, dass bei jener Reisebuchung eine frühe, nicht bewusste Selbstständigkeitsanwandlung im Spiel gewesen ist, könnte beim vorliegenden Kenntnisstand nur spekuliert werden. Bei so zufälligen Geschehnissen wie Gedankenemanationen[52] darf es aber nicht auch nur die geringste Andeutung geben, dass, bei keinerlei expliziter Erklärung des Denkenden selbst, nicht einmal einer

---

[51] Zum Beispiel in Salt Lake City im Winter 2012 während jenes ihn aufwühlenden, nachtlangen, bis in die Morgendämmerung hinein dauernden Gesprächs über Freiheit, Anarchie, Hoffnung und Sinn des Lebens mit den beiden streitbaren Mormonen Joe O. Morris und Pat O. Erie. *Freedom is not an ornament, anarchy not a phantasm, hope not a pipe dream, sense not nonsense.* Oder im Frühjahr 2013 im puertoricanischen San Juan, wo er sich in jenem schmuddeligen Blue-Movie-Cinema, in dem ihm sein Sitznachbar, jener etwa gleichaltrige, nach Lavendel, Minze und Vanille (*Le Male* von Jean Paul Gaultier) duftende Warrant Officer der US-Navy erst zwanzig, dann fünfzig, schließlich hundert Dollar bot, wenn er ihm einen blasen dürfe, Wim Wenders *Wings of Desire* ansah. (Es war weder das erste noch das letzte Mal, dass ein schwuler Mann ihn mit Tierblick begehrlich anschaute und unmissverständlich seine Lust auf ihn äußerte.)

[52] Nicht einmal Wahrscheinlichkeiten wie in der Quantenphysik lassen sich ermitteln.

dunklen⁵³, eine der auf diese Frage logisch möglichen Antworten wahrscheinlicher sei als die anderen.

Lebenserfahrene Politiker, Philosophen, Künstler wissen, dass winzigste Gemütsaberrationen gewaltige, geradezu revolutionäre Stimmungsänderungen hervorrufen können. Das im Unbewussten wirkende Letztbewegende kann aber nur erkennen, dessen Bewusstsein unmittelbar oder über eine irgendwie verfolgbare Verknüpfungskette von jenem Letztbewegenden affiziert wurde. Die Motive und Motivmomente, die im Unbewussten wirken, im Bewusstsein aber keine unmittelbar deutbaren Spuren hinterlassen, müssen aber sowohl dem sich introspektiv Prüfenden wie dem extrospektiv Forschenden so lange zweifelhaft und dunkel bleiben, wie er von der Rechensprache des Unbewussten, der *kom mpj us chenellän gwi tschoff ðea nnk o nns che-s*, so gut wie nichts weiß.

Schon der so berechtigter- wie albernerweise rassistischen Denkens geziehene Immanuel Kant wusste, dass uns unsere tieferen Motive gewöhnlich verborgen sind und es über unsere tiefsten Motive, die vernünftigen wie auch die *modulationes irrationalitatis*, nicht einmal begründbare Vermutungen gibt. Selbst bei gewissenhafter, sogar intellektuell redlicher Prüfung können wir niemals sicher sein, dass die, an die wir hinanreichen, die letztlich uns bewegenden sind. Oder, wie es irgendwo heißt: *Dunkelheit ist in unsren Seelen, Finsternis in unsrer Herzen Herzen. Nichts Interessantes ereignet sich im Hellen. Die wirkliche Geschichte eines Menschen, ein Wunder in der naturwissenschaftlich fassbaren Erscheinungswelt, ist niemandem bekannt, auch nicht dem Menschen, in dessen Innerem das Gewebe seines Tuns und Handelns gewoben wird. Selbst Winzigstes, das man tut oder getan hat, vollkommen zu verstehen versuchen, und man wird ein ganzes Leben zu tun haben und am Ende zu keinem Ende gekommen sein.*

---

⁵³ Die in unserem Fall auch in Zukunft nicht erwartet werden kann. (*Unerklärliches ist unerklärlich (unexplainable is unexplainable), unerklärlich Unerklärliches ist unerklärlich unerklärlich (unexplainably unexplainable is unexplainably unexplainable)*.)

Abgesehen davon: Was alles tun wir ohne Motiv!
Heiliger Pyrrhon, wieviel man über sich nicht weiß!
Oh Bardo Bardo, Bardo Bardo, Bardo Baaardo. (Nach einer unbekannten Melodie zu singen.)
In ewigen Verwandlungen begrüßt uns des Gesanges geheime Macht hienieden.
Zerbrechen Sie sich ja nicht den Kopf über Motive!
Was aber, wenn man sich doch voll und ganz durchschauen könnte?
Ob Moje auch ein anderes Schiff zu nehmen bereit sei? Natürlich kein so luxuriöses wie die *Queen Mary*, auch nicht so schnell und nicht nach London, *I am dreadfully sorry!*, aber immerhin nach *good old Europe*, nach *Lisbon, the capital of Portugal*. (Der Steward war ganz sicher Harvardabsolvent.) Auf der *Nausikaa*, einem *beauteous oldfashioned Greek cruiser*, sei, wie ihm gerade erst gemeldet worden, eines akuten Krankheitsfalls wegen eine Suite der höchsten Kategorie frei, *a Penthouse Grand Suite, not really palatial, neither American spacious nor British posh*, die er ihm dennoch, falls gewünscht, gerne reserviere. In neuneinhalb Tagen wäre er *safely* in Lissabon.
Snobistische Attitüden waren Moje trotz seiner kastalischen Schulzeit in *Schloss Salem* fremd, weshalb er den Steward bat, ihm die Kabine zu buchen. Er hatte zwar nicht ganz so lange unterwegs sein wollen, aber auf die zwei drei Tage mehr kam es jetzt auch nicht mehr an, zumal einige Zeitungen spekulierten, dass die Sperrung des Luftraums möglicherweise mehrere Wochen dauern werde. Er fuhr mit dem vom Steward herbeigewinkten Hafentaxi 18-10088 vom Liegeplatz der stolzen *Queen Mary* zu dem der schönen *Nausikaa* (Ja, ein schönes Schiff, zarte Flanken. Όμορφο πλοίο. *Pulchra navis*), bestätigte bei der schönen Check-In-Stewardess der schönen *Nausikaa* die telefonische Reservierung des *Queen-Mary*-Stewards, zahlte ohne Eingabe der PIN mit der Kreditkarte und ließ seine Koffer in seine Suite bringen. Planmäßige Abfahrt der schönen *Nausikaa* war in sieben Stunden und zweiundvierzig Minuten, Zeit, die

Moje, unerwartet beschwingt[54], für einen ausgiebigen Besuch des *Museum of the City of New York* nutzen wollte.[55] Doch schon im ersten Saal der *Costume&Textiles*-Abteilung des in der Fifth Avenue[56] gelegenen Museums musste er mehrmals laut niesen (*King Arthur is pregnant*), hatte aber keines seiner weißen, rot gepunkteten Taschentücher dabei, weshalb er mehrmals die Nase hochziehen musste, was ihm vor dem in der Nähe stehenden, freundlich Gesundheit wünschenden Museumswärter ärgerlicherweise unangenehm war (*Don't sneeze, Rose Sélavy!*).

Hinter dem fliegenden rechten Auge fing es an, dumpf pochend zu schmerzen, und er begann zu ahnen, dass er wohl doch kein genuines Interesse an Kleidungsmode und Stoffen[57] hatte, nicht einmal an den Homologien von Mode und Kunst.

---

[54] Die mittelmeerisch charmante, vielleicht sechsundzwanzigjährige Check-In-Stewardess hatte, nachdem sie seinen Pass gesehen hatte, von Vermonter Englisch auf Wiener Deutsch gewechselt und mit ihm geschäkert.

[55] Seitdem er von Gerti während eines sexuell außergewöhnlich munteren Hamburg-Besuchs im *Museum für Kunst und Gewerbe* auf gestalterische Analogien von Mode und Kunst aufmerksam gemacht worden war, hatte er sich zwar nicht systematisch und intensiv, aber doch immer wieder und mehr als nur carlylesch flickschneidernd mit Modegeschichte beschäftigt und war bei seinen Lektüren über die US-amerikanische Haute Couture (*Fast ein Oxymoron*) mehrmals auf das New Yorker Stadtmuseum gestoßen, sodass dessen Name sich ihm eingeprägt hatte. (Verliebte übernehmen, meist freilich nur kurz, die Interessen der Geliebten, und fast immer instinktiv. Nur wenige täuschen ihr Interesse vor.)

[56] Als das Taxi in diese teuerste Straße der Welt bog und er das prangende Straßenschild Fifth Ave las (*Wie Vater uns zuflüsterte, Das ist die teuerste Straße der Welt, vergesst das nicht. Das war krass. Krasse Kresse*), fiel ihm nicht nur ein, dass in dieser Straße *J. L. Motts Iron Works*, der Hersteller des von Marcel Duchamp zur Ehre der Kunstaltäre erhobenen hygienisch weißen *Scribbledehobble-Urinals*, seinen Firmensitz gehabt hatte, sondern auch das Empire State Building stand, das er als Siebenjähriger zusammen mit seinen Eltern besucht hatte. Dessen hoher, mit langen, weit nach innen gebogenen Spitzen bewehrter Sicherheitszaun um die Aussichtsplattform des sechsundachtzigsten Stockwerks herum, der potentielle Selbstmörder vom Dreihundertzwanzig-Metersprung (*So hoch!*) abhalten sollte, hatte ihn viele Jahre lang bis in seine Träume hinein verfolgt. Er fühlte auch jetzt sofort Beklommenheit, als er an das martialische Gitter dachte.

[57] Wenn er es recht bedachte, hatte noch nie ein Outfit oder sonst ein Kleidungsaccessoire Macht über ihn gehabt.

Er fühlte sich plötzlich so unwohl, dass er das neogeorgianisch erbaute, bei historischer Betrachtung (es war ein Jahr vor dem Empire State Building fertiggestellt worden) seltsam anachronistisch wirkende Gebäude mit seiner verdrießlichen, spiegelsymmetrischen Fassade schon nach einer knappen halben Stunde wieder verließ, fast rennend, ohne sich umzusehen, und mit einem *Yellow Cab* zurück zum Hafen fuhr.

Dessen junger, so überdrehter wie übermüdeter Fahrer hatte das ununterdrückbare Bedürfnis, zu erzählen, dass er in Gibraltar aufgewachsen sei[58], weshalb er sich in New York absolut heimisch fühle, absolut heimisch, wirklich absolut heimisch, *and not only during thunderstorms when it flashes, not only during thunderstorms.*

There is no difference between Gibraltar and New York, Sir, no difference, no difference! Here as there the stone opens ist mouth, here as there the same strange straw in the same strange ice-cream, here as there the same frightful suicide rocks and casemates and galleries and caves!

Erschöpft aber froh, niemandem Rechenschaft über die so schnelle Rückkehr aus der City leisten zu müssen, passierte Moje vier Mann der *US Coast Guard*, die, salutierend, eben von Bord der schönen *Nausikaa* gegangen waren, und die immer noch neben dem hoch aufragenden, schiefen Schild[59] an der Gangway stehende schöne Stewardess, die ihm eine gute Reise

---

[58] Er müsse, müsse, müsse erzählen (*I must, Sir, I must, I must*), dass er in Gibraltar aufgewachsen sei, denn es brenne in seinem Gemüt, denn er habe, dass er in Gibraltar aufgewachsen sei, noch nicht aus- und fertigerzählt, er sei noch weit entfernt davon, aus- und fertigerzählt zu haben, dass er in Gibraltar aufgewachsen sei, noch sehr weit, sehr sehr weit entfernt davon, aus- und fertigerzählt zu haben, dass er in Gibraltar aufgewachsen sei, in Gibraltar (*It is pronounced xiʒral'tar, in Spanish it is pronounced xiʒral'tar, not dʒɪ'brɔːltər, xiʒral'tar, xiʒral'tar!*), beim *giant, glaring rock* der schnatternden, bösartigen, räuberischen, fressgierigen *Barbary apes. You don't imagine, Sir, you don't imagine! Monkeys that look like their trees! Like their trees, Sir, like their trees!*

[59] YOU ARE LEAVING THE AMERICAN SECTOR – ВЫ ВЫЕЖАЕТЕ ИЗ АМЕРИКАНСКОГО СЕКТОРА – VOUS SORTEZ DU SECTEUR AMERICAIN – ΦΕΥΓΕΤΕ ΑΠΟ ΤΟΝ ΑΜΕΡΙΚΑΝΙΚΟ ΤΟΜΕΑ – SIE VERLASSEN DEN AMERIKANISCHEN SEKTOR

wünschte (*I wish you a pleasant journey! Pfiat di Gott!*), und ließ sich von einem freundlichen, griechisch schweigsamen Steward zu seiner Kabine führen.

Auf dem Balkon der steuerbords gelegenen Suite atmete er tief durch.

Chiliwho goodbye, Chiliwho goodbye, Chiliwho goodbye, Chiliwho goodbye.

Die Luft strich samten, 71 °F.

Möwen kreisten über dem Hafenbecken, schrien, jagten sich.

Es duftete nach Meer.

Seeluft.

Sauberer, säubernder Hauch des Ozeans, des schäumenden, dem die Menschheit entstieg.

Salzluft.

Frei wird der Hals aber auch im Gebirge.

Entdeckerluft.

Santa Maria.

Freiheitsluft.

Quand on a le temps on a la liberté.

Lustluft.

Aloha.

Kapitalistenluft.

Quand on a l'argent on a le temps.

4

Zwischenziel der vor hundert Tagen in Athen zur Weltumrundung gestarteten schönen *Nausikaa*[60] würden auf ihrer vorletzten Etappe die entzückenden Azoren sein, eine Kette bezaubernder Vulkane, die sich an den letzten Grenzen Europas inmitten endlos blauer Meeresflächen erhebt.

Nach sechseinhalb Tagen unvergesslichen Amüsements und sensationeller Kurzweil beim Entertainment-Programm in privatem Rahmen auf höchstem Niveau[61] war ein zwölfstündiger Stopp im betörenden Ponta Delgada geplant, der faszinierenden Hauptstadt der größten Azoreninsel São Miguel, der Azoren überhaupt.

Anders als der alkoholkranke, an schweren, zuletzt unerträglichen Depressionen leidende US-amerikanische Schriftsteller David Foster Wallace, der, gleichfalls im Alter von dreiunddreißig Jahren, vom 11. bis zum 18. März 1995 (etwa dreizehneinhalb Jahre vor seinem Suizid) freiwillig und gegen Bezahlung eine siebentägige Karibik-Kreuzfahrt auf der *Zenith*, einem

---

[60] 198,52 m lang, 24,00 m breit (bei 20 °C), 6,3 m maximaler Tiefgang, vier *Wärtsilä*-Dieselmotoren à 1400 kW, 21 kn Höchstgeschwindigkeit, zweihundertfünfundsiebzig *charmante* Frauen und Männer Besatzung, zweihundertvier *nobel ausgestattete* Kabinen und Suiten für bis zu vierhundertacht Passagiere auf sieben *atemberaubenden* Decks, vier *exklusive* Spezialitätenrestaurants, sechs *stimmungsvolle* Tages-, Nacht- und Tanzbars, ein *verführerischer* Spa-, mehrere *aufregende* Spiel- und Fitnessbereiche, zwei *einladend ägäisblau schimmernde* Schwimmbäder (ein Innen-, ein Außenpool), *exquisite* Beauty-Salons, *luxuriöse* Schmuck-, Mode-, Kosmetik-, Blumengeschäfte, eine *feine* Bibliothek *mit berühmten Klassikern, fesselnden Krimis und angesagten Bestsellern*, ein *spektakulärer* Kino- und Theatersaal, ein *nach neuesten wissenschaftlichen Erkenntnissen ausgestattetes Medical Unit* inklusive *professionell ausgestatteter* chirurgischer Abteilung.

[61] *Gänsehautmomente mit feinster klassischer Musik, groovigem Jazz & Soul, tanzbarem Swing, exklusiven Events und Formaten, bei denen Spitzenköche und akrobatische Zirkuskunst die verwöhntesten Sinne begeistern, hochkarätiger Comedy, hinreißenden Lesungen und atemberaubendem Theater.* Moje hielt es für unwahrscheinlich, dass Homers *Odyssee*, Scheherazades *Sindbad* oder Wagners *Fliegender Holländer* zum Repertoire gehörten. *Schiff auf Bühne auf Schiff, doppelt deplatziert. Geisterschiff oder nicht, ist gleich.*

47.255-Tonnen-Schiff der *Celebrity Cruises Inc.*, einer von über zwanzig Kreuzfahrtlinien, die von Südflorida aus operieren, begleitet hatte, damit er, wie die Kreuzfahrtgesellschaft erwartet hatte, wie neunzig Jahre zuvor Hanns Heinz Ewers die Schifffahrtsgesellschaft positiv in seinen Romanen erwähnte oder eine hübsch harmlose Story über die Fahrt schriebe (was er selbstverständlich nicht tat), anders als Wallace hielt sich Moje von den lockend bunt beworbenen Vergnügungen an Bord aber fern.

Für ihn hieß die Reise ruhen und lesen, auf dem korinthisch üppigen Bett im Schlafzimmer, der attisch klassischen Kline im Salon oder einem der kretisch dick gepolsterten Balkonliegestühle, vormittags (nach dem späten Πρωινό) *The Life and Opinions of Tristram Shandy, Gentleman*, nachmittags (nach dem leichten Μεσημεριανό) *El ingenioso hidalgo Don Quixote de la Mancha*, abends (nach dem mehrgängigen Βραδινό) bis tief in die schmuckreiche ozeanische Nacht hinein *La vie très horrificque du grand Gargantua, père de Pantagruel*.[62]

Schiffslektüre.

Wäre er geflogen, hätte er *Finnegans Wake* gelesen, *das realistischste Buch, das je geschrieben wurde,* um sich von seiner Flugangst abzulenken.

Seine fast an Enthusiasmus reichende Begeisterung für Weltliteratur[63] hatte ihm Dr. Matthias Arnold geweckt, sein schülerfreundlicher, nerdig-sympathischer Mathematiklehrer in der Sekundarstufe II. *Bringen Sie Präzision, Ordnung, Symmetrie, Schönheit in Ihr Leben! Niemand ist eine Insel! Für einen mathematischen Satz darf man seine Nasenspitze riskieren!*

Direktor des *Schloss Salemer Internats*, hatte es der kleine, lebendig-wendige Mann in keiner seiner knapp zehnminütigen

---

[62] Er genoss natürlich auch die bitzelnde Wärme der feuerstrahlenden Sonne und den willenauflösenden Anblick der gleichmäßig unter dem smalteblauen Himmel wogenden tausenderlei blaugrüngrauen Meeresoberfläche. (Allerdings ohne über die Physik des Sonnenlichts, der Himmelsfarbe oder der Oberflächenbewegung des Meeres nachzusinnen.)

[63] Er las sie allerdings nicht mit reiner philosophischer Begeisterung, aber wer tut das schon.

Schulentlassungsreden versäumt, den Abiturienten dringend zu empfehlen, sich mit den großen Texten der Weltliteratur zu befassen, *wie es, ach, leider nicht allzu viele tun, wenn sie die Schule hinter sich gelassen. Lesen Sie! Lesen Sie die Großen! Nur in den Großen finden Sie das Beste, was je gedacht und schrieben! Alle Texte zwar äußern Gedanken vergangener Zeiten, große Texte aber Gedanken mit unvergänglicher Gegenwart!*

Der unweigerlich sich anschließende Induktionsbeweis, dass es potentiell unendlich viele große Texte für uns Menschen gebe[64] (*Also, wie leicht ersichtlich, für Gott, den einzig immer und ewig Gegenwärtigen, aktuell unendlich viele*), wie auch die sich anschließende, von besonders dramatischen Armschwüngen begleitete Ausführung, dass dieser Beweis demonstriere, dass es denkbar und damit möglich sei, dass das Paradies des wahren, des transzendentalistischen Intellektuellen, anders als das notwendig endliche des phänomenalistischen Materialisten, ewig sei[65], hatte Moje nicht verstanden, obwohl er Arnolds aus-

---

[64] Moje erinnerte sich vergnügt an die weit ausholenden, eindrucksvolle lawrence-sternesche Figuren zeichnenden Armschwünge, mit denen Arnold seine emotionalen Ansprachen begleitete, mit weit weniger Vergnügen allerdings an die Jahr für Jahr vorgetragene Begründung für jene Unendlichkeitsbehauptung, dass es nämlich in Jorge Luis Borges' babelscher Bibliothek jedes Buch unendlich oft gebe, was der blinde argentinische Bibliotheksdirektor in seiner Erzählung allerdings nur ironisch angedeutet habe, ganz bei seiner Theorie bleibend, erst der Leser treibe die Förderschächte, aus denen die tief im Unterbewussten zu Gedankendiamanten geschmiedeten Ahndungsvorstellungen, das Edelste des Unterbewussten, ans brennende Licht des lebendig heißen, des bewussten Bewusstseins gehoben werden, in die Texte, weshalb vielleicht die wesentlichste Aufgabe eines verantwortungsvollen Schriftstellers darin bestehe, die Stellen, wo es sich nach dessen Meinung besonders lohne zu graben (*Nach der Meinung des Schriftstellers, wohlgemerkt!*), so unauffällig wie möglich zu gestalten (*Keine Andeutung, nicht einmal eine camouflierende!*), denn der Leser solle ja Neues (*Ja, ja, Neues, Neues!*), dem Autor Unbekanntes aus dem Texte bergen. *Make it new! Create your own system!*

[65] *Eine Erkenntnis, die unser großer Metaphysikreformer, ja was sage ich, unser Metaphysikrevolutionär, Metaphysikneudenker, Metaphysikerdenker, unser unsterblicher Immanuel Kant – Unfug die Behauptung, dass die philosophische Tradition Europas allein aus einer Reihe von Fußnoten zu Platon bestehe! – leider versäumt hat zu beweisen, leider leider leider, wäre er ja, hätte er den Beweis geführt, nicht so empörend als Alleszermalmer missverstanden worden!*

schweifende, inszenatorisch immer wieder gleiche Beweisführung sechsmal, das erste Mal Ende der achten Klasse, das letzte Mal bei der eigenen Abiturfeier, hatte verfolgen dürfen.

Die meiste Zeit an Bord der schönen *Nausikaa* blieb Moje in seiner Suite und las. Nur für die Mahlzeiten und täglich zwei, drei ruhige Spaziergänge übers Sonnendeck und ein, zwei besinnliche Flaniergänge durch die Gesellschafts- und Spielräume verließ er sein Apartment, ohne jedoch den vergnügungsaufgeschlosseneren Passagieren aus dem Weg zu gehen, mit denen er gelegentlich wenn auch zwar nur kurze, unverbindliche, aber gleichwohl freundliche Gespräche führte, an deren Schluss sie ihm den Besuch irgendeiner zauberhaften, köstlichen Unterhaltungsveranstaltung an Bord mit begeisterten Worten dringend empfahlen, voll heftigen, freudigen, frischen Entzückens, das zu erinnern und mitzuteilen sie nicht müde wurden.

Da er außerhalb seiner Profession nicht nur die witzige Analogie und die schlagfertige Metalepse, sondern auch die tollkühne Assoziation schätzte, welche scheinbar Entferntestes, Unzusammengehörigstes sinnlistig aneinander reibt, dass es zünde und Funken schlage[66], hatte er sich als Kriterium für seine Lektürezeiten die Übereinstimmung der literarhistorisch beglaubigten psychischen Charakterzüge der berühmten Romanprotagonisten mit den psychischen Grundstimmungen gewählt, die psychologisch während der drei großen Zeitabschnitte, die einen Erdentag in mittleren Breiten strukturieren[67], erwartbar waren, wenn das Wetter über dem Atlantik während der Überfahrt so werden würde, wie es im Internet vorhergesagt worden war und auch der meteorologische Dienst der schönen *Nausikaa* unter der Überschrift *Spring in pictures – Lyrical weather ahead!* im Abendbulletin des 15. Aprils 2010 angekündigt hatte: *We expect mostly cloudless skies and pleasantly mild temperatures during the entire crossing to Good Old Europe.*

---

[66] Was wäre er selbst gern witzig, schlagfertig und tollkühn gewesen!
[67] *Morgens sein, mittags mein, abends nein. In the morning there is beaming, after midday there is meaning, in the evening there is feeling.*

Frisch leuchtende Morgensonne bei sanft schmeichelnder Temperatur hat nun aber immer etwas unschuldig Belebendes, zumal im übermütig vorspielblauen Frühling (*Wie der Puls der Natur itzt so jugendlich klopft, es wachsen die Tage!*). Sie harmoniert mit der *sorglosen, artigen, unsinnvollen, gutgelaunten und allen Herzen und Köpfen der Leser (vorausgesetzt, sie verstehen das Buch) guttuenden Umständlichkeit* des bezopften Gentlemans, den Laurence Sterne, *lebenslustigster, witzigster, freiester Schriftsteller*, der ökonomisch wie religiös verwirrten, aufmunterungsbedürftigen Welt, in die jeder mit zwanzig Händen hineinzufahren versucht, geschenkt hat.

Die nach und nach geschwinder abschwingende, bernsteinäugige Nachmittagssonne dagegen hebt die Melancholie ins Bewusstsein, die erdenmüde, duftigdunkle Verschattung des Denkens (*Wenn sich stille der Tag neigt, ist ein Gutes und Böses bereitet*), den Gemütsaffekt, der auch den geistvoll herumirrenden manchesischen Ritter des in Alcalá de Henares geborenen zweiten Sohns und vierten Kinds des andalusischen Baders Rodrigo de Cervantes und dessen ihm an Geschäftstüchtigkeit überlegenen kastilischen Ehefrau Leonor de Cortinas umspielt, den in edler Verehrung entzückten, edle Âventiuren ersehnenden, von edlen Ermahnungen geleiteten edlen Junker des jüdischstämmigen, bärtigen, einhändigen, selbstbewussten Theologen, Hidalgos, Abenteurers, Veintiuno-Spielers, Duellanten, Flüchtlings, Kammerdieners, Seeschlacht-von-Lepanto-Teilnehmers, Sklaven, Ehemanns, Liebhabers, Vaters, Steuereintreibers, Bankdirektors, Sekretärs, Pensionärs, Bankrotteurs, Exilanten, Exkommunizierten, Marineverwaltungsversorgungskommissars, Untersuchungshäftlings, Bruders des *Ordo Franciscanus Sæcularis*, Typ-II-Diabetikers, Dramatikers, Lyrikers, Novellen-, Märchen- und Romanschriftstellers, am 22. April 1616 verarmt gestorbenen, am 23. April[68] im Madrider Literaturviertel auf dem Gelände

---

[68] Gedenktag des Heiligen Georg, Nothelfer gegen Versuchung (heiratete Georg die von ihm vor dem Drachen gerettete wunderschöne jungfräuliche Königstochter ja nicht).

des *Convento de las Trinitarias Descalzas de San Ildefonso* bestatteten Miguel de Cervantes Saavedra.

Trotz großer Sympathie für Mojes Rubrizierung des *Don Quixote* unter die Schwermutsliteratur möchten wir allerdings ergänzen, dass die schillernde Melancolia des obwohl nicht eindeutig pikaresken, so doch stellenweise vergnüglich kurzweiligen Doppelromans unter eminenten Cervantesphilologen und -philologinnen durchaus kontrovers diskutiert wird.

Ist der Ritter von der traurigen Gestalt ein melancholischer Art-déco-Ritter (eine komplizierte, vielbödige Hypothese), oder löst die Absurdität seiner Reflexionen und Abenteuer lediglich Wehmutsgefühle bei Lesern und Leserinnen aus, die für Melancholie prädisponiert sind (deren Grundzustand Melancholie ist (die glauben, ihr Grundzustand sei Melancholie))?

Erzeugen die Gespräche, die Don Quixote und Sancho Panza führen, oder aber die Abenteuer, die der Roman schildert (einst gab es noch Abenteuer), oder sogar erst die Sprache (eine Sprache, die niemals lügt, nicht einmal, wenn es notwendig wäre) die kontrollierte Melancholie, die die Verständigen beim Lesen ergreift?

Wollte schon Cide Hamete Benengeli melancholisieren (der arabische Historiograph, der die ihm erzählten Berichte der bezwingenden Heldentaten Don Quixotes auf Arabisch aufgezeichnet hat), oder hat erst der unbenamte Moriske, *dieser Windhund von Übersetzer*, die melancholische Stimmung beim Rückübertragen ins Spanische in den Text hinein komponiert, oder gar erst Cervantes beim Lektorieren (wenn er denn lektoriert hat)? Oder floss die Melancholie, *horribile dictu*, gar absichtslos ins Buch?

Wenn aber die drei Sprach- und Schriftkundigen (der unzuverlässige Benengeli, der sprachbegabte Moriske, der pedantische Cervantes) melancholische Gefühle auslösen wollten: Warum und zu welchem Zweck? Aus einer Artistenlaune heraus? Weil sie es konnten? Versehentlich? Weil sie schon gleich zu Beginn, in der Vorrede, ohne Argwohn zu einem ihnen unschuldig scheinenden Konjunktiv griffen, dessen Zweifelston sie dann nicht mehr loswurden? Oder weil ihnen anderes als melancholisierendes Schreiben nicht zur Verfügung stand? (Weil sie selbst Melancholiker waren? *In the midst of writing there is melancholy.* Astheniker war allerdings keiner von ihnen.)

Ist die Melancholie des Don Quixote männliche Melancholie? (Eine pathogene Melancholie?)

Wäre die Melancholie eine andere, wenn Cervantes, Benengeli, der übersetzende Moriske, Quixote oder der Schildknapp Frauen gewesen wären? Wäre sie enigmatischer, mysteriöser, empathischer, caritativer?

Wie oft habe ich dir schon gesagt, Sancha, sagte Donna Quixote, du bist eine unverbesserliche Schwätzerin, und so stumpf dein Verstand auch ist, immer willst du den Witz auf die Spitze treiben. Aber damit du siehst, wie arm du und wie reich ich an Geist bin, will ich dir eine kurze Geschichte erzählen.

Hätte, um ein wenig auszuschweifen, in solchem Fall Alphonse Daudet eine wackere unerschrockene unvergleichliche Tarte aus Tarasconne auf Löwinnensafari (allerdings: *Cage no lioness!*) nach Afrika ziehen lassen?

Oder ist die Melancholie des Don Quixote eine erotische Melancholie?[69]

Wollten Benengeli, der Moriske, Cervantes ihre Leser und Leserinnen erfreuen, aufregen, beruhigen? Oder wollten sie ihnen zu einer neuen szientifisch-theoretischen oder moralisch-praktischen Erkenntnis verhelfen?

Und wenn erfreuen: Hielten sie (der Moriske lachend, der Araber ingeniös, der Hispanier philanthropisch) Melancholie für einen Glückszustand (*La melancolía no es siempre un mal sentimiento*)?

Für den edelsten Glückszustand?

---

[69] Immerhin trug Henry Spencer Ashbee alias Pisanus Fraxi, Liebhaber und Großsammler erotischer Literatur in sexuell angeblich dürftiger, victorianischer Zeit, die zum Zeitpunkt seines Todes weltweit umfangreichste Sammlung Cervantesiana zusammen.

Widerlegt ihr *Don Quixote* die protestantische These, Melancholie sei des Teufels?[70] Oder gedachten die drei, die Lesenden durchs dunkle Tal der universalen Karsamstagsmelancholie hindurch zu kathartisch befreiendem Osterlachen zu führen? (Wenigstens Benengeli und Cervantes werden ihren Aristoteles gelesen haben.)

Wenn aber Lachen das Ziel war: Hielten unsere vier einzigartigen Denker[71] Aristoteles (Adept eines rabbinischen Philosophen ungewissen Namens), Benengeli (Sohn des Evangeliums), Cervantes (Marrane) und der wendigen Moriske[72] ein Lachen für möglich, das nicht traurig macht, nicht einmal einen starblinden, eifernden Seher wie Jorge von Burgos, selbst dann nicht, wenn der Lachende darüber nachdenkt, weshalb er lacht?

Die beiden hyperbolischen gallischen Lüstlinge des frohgemut rochierenden Arztes und Leichensezierers François Rabelais hingegen konfligieren mit ihren geblödelten, geturtelten, geschmatzten, gelatzten, gefickten, geriebenen, gesabbelten, geschliffenen, gefinkelten, gekotzten, gerammelten, gespritzten, gesauten, geschrubbten, gebrunzten, geknallten, geballten, geprusteten, gesalzenen, gebumsten, gereiherten, gepfefferten,

---

[70] Martin Luthers Leib- und Bildbiograf Lukas Cranach hatte sie dem Rechtgläubigen so frappant wie ästhetisch schlüssig bewiesen, als er ihn staunend hatte erkennen lassen, dass der gottverlassene Engel auf dem 1532 gefertigten Gemälde *Melancholie* die Negation des jesuskindverzückten, gambespielenden Engels des *Isenheimer Altars* Matthias Grünewalds ist. (Der stumpfe, geistesabwesende Blick, die wie zum Saitenspiel einer Beingeige gespreizten Finger der linken Hand (*Ich bin im Begriff, unglücklich zu sein*), das zum Körper hingezogene römische Schnitzmesser mit Horngriff (ein Fiedelbogen ohne Haare, der an Zahnschmerzen erinnert).)

[71] Ein exemplarischer Fall von Figurenvermehrung während der allmählichen Verfertigung der Gedanken beim Schreiben, und wir können sagen, wir sind dabei gewesen. (Ein Fall von mehr, der mehr ist als mehr.)

[72] Der trocken humoristische Dolmetscher hatte sich ausgerechnet im Kreuzgang der Kathedrale von Toledo für acht Metzen Rosinen und zwei Scheffel Weizen (kein eigentlicher Hungerlohn, gewiss, aber auch nicht mehr als die heutzutage Übersetzerinnen zugestandene karge Löhnung (lang wird es sie freilich nicht mehr geben)) dazu bereit erklärt, alle Hefte, die von Don Quixote handelten, in weiches, geschmeidiges Kastilisch zu übertragen, *getreulich, ohne Gefährde und in kürzester Zeit.*

geschäkerten, gefaselten, geschissenen, gebürsteten, gepimperten, geschnippten, geschüttelten, gerüttelten, gespickten, gefuchsten, geschnalzten, getrommelten, gejohlten, geschäumten, gelumpten, geschleckten, gegiggelten, gewalkten, gestopften, geklapperten, gewitzelten, gepuderten, geflunkerten, gesprudelten, gekasperten, geschmetterten, geschrappten, gejökelten, geblasenen, gewieherten, gepissten, gefeudelten, gebolzten, geholzten, gespuckten, gevögelten, getuteten, gefluteten, gemuhten, geknatterten, geschabten, gepoppten, gestrudelten, gefeilten, gepolterten, gefoppten, gestülpten, genagelten, gegaggerten, gesülzten, gedröhnten, gespitzten, gepfropften, geamselten, geblökten, gekübelten, gesaugten, gelaugten, gelockten, gedroschenen, geschunkelten, geschnackselten, geschwänzten, gequakten, gekackten, gefurzten, gealberten, gelaberten, gebabelten, gebebelten, gebibelten, genialen, gemütsaufhellenden, göttlichen Späßen, die so herzerfrischend wenig Rücksicht auf kirchhoffriedliche bürgerliche Etikette nehmen, aufs Belebendste mit der menschlichen Sterbegewissheit, jenem sublunaren, rätselhaften Schatten, der dem schweifend Fühldenkenden gen Abend begegnet und die dunklen Stunden des Tags grundiert.

Dem unschuldig Lesenden, der ob des unbekümmerten Zugriffs Gargantuas und Pantagruels auf jeden noch so derben sinnlichen Genuss befreit auflacht, verlieren die hässlich geflügelten Ungeheuer der Finsternis den bösen, angstauslösenden Schrecken. Und der erholsame Schlaf, der sich der späten Lektüre anschließt, gebiert ohn' Weh noch Leid liebevoll kuschlige Grottennymphchen (freuderfüllte, munter ausgelassene Schwestern Echos), süßreizende Quellnixlein, neckisch-schelmische Himmelssylphchen, leidenschaftsfeurige Blitzhexlein. Verirrten, auf der rasenden Erde Herumschweifenden bereitet aber nicht nur späte Lektüre schrillbunte Träume.

Wie vom gebildeten *Queen-Mary*-Steward vorausgesagt, fühlte sich Moje nach sechs Tagen auf ruhiger, weindunkler See spürbar erholt. Kurz nach dem an diesem Abend besonders zukunftsschwangeren Sonnenuntergang gedachte er nicht nur des vor einundsechzig Jahren gestorbenen Sep Lambert[73], sondern spürte auch einen gemütserhebenden Schub herzenswarmer Sympathie für die handfest dionysischen Lust- und Freiheitsvorstellungen der beiden lebenslustigen Dipsodenfürsten. Er bestellte sich im *Strenos*, dem elegantesten Restaurant der schönen *Nausikaa*, ein gewaltiges Haufwerk martialisch gepanzerter, unbändig purpurroter Meeresfrüchte (Hummer, Garnelen, Langusten), das ihm der offensichtlich tiefbeeindruckte Kellner[74] auf einer verschwenderisch beladenen dreistöckigen Etagere servierte.

Einen Moment lang dachte Moje an Scheiterhaufen und Völkermord (bei einem Deutschen nicht sonderlich überraschend[75]), aber der Gedanke hielt sich, ebenfalls nicht überraschend, nur kurz in seinem Bewusstsein, sodass er mit einer der Feier der Schlemmerei angemessenen, von deplacierter moralischer Schwermütelei unangekränkelten Lust beherzt zugreifen konnte.

Die kaiserlich gefärbten Meeresfrüchte und die zu ihrer leichteren Verdauung gereichten zwei auf aromaoptimierte 13 °C

---

[73] Ned Lambert hatte mehrmals die Lebensdaten von Bob, Sep und Ham Lambert erwähnt: *Bob July 18th 1874 until March 24th 1956, Sep August 3rd 1876 until April 21st 1959, Ham June 5th 1910 until October 10th 2006, all were born and died in Ireland.*

[74] Ein mittelmeerisch mittelgroßer, athletischer, schwarzhaariger, tief sonngebräunter, dreiundzwanzigjähriger, ottomanisch-griechisch traditionell (griechischer als die Griechen) gekleideter Athener namens Pheidippides: schwanenweiße Fustanella, schwanenweiße Hose, zugeknöpfte persischblaue Knopfweste, champagnerfarbene Schärpe, naphthaschwarze Pumps, mattgoldfarbene männliche Strumpfbänder, marineblaue Wollgamaschen, quastenloser ottomanischroter Fes, dünner, eng anliegender, bis über die kräftigen Wangen hinaus schwingender, olympisches Aussehen verleihender Zwirbelbart.

[75] Natürlich hätte Moje als Kenner der Großen Kunst Europas auch an flämische Prunkstillleben des siebzehnten Jahrhunderts denken können.

gekühlten Flaschen Chablis[76], die Krustentiere und der Wein mundeten Moje denn auch pantagruel-gargantuesque enorm, lagen zuletzt aber trotz des das Essen abrundenden Genusses einer *Arturo Fuente Chateau Opus X Reserva D'Chateau Churchill*[77] und einem halben Dutzend zügiger post-prandialer Runden auf dem angenehm matt beleuchteten Joggingpfad des Sportdecks um das gesamte Schiff herum schwer im Magen unseres gewöhnlich maßvollen Essers und Trinkers, der auch als aktiver Corpsstudent keinen Hang zu Fress-, nicht einmal zu Saufexzessen gezeigt hatte.[78]

Zwar verschwand das peinigende Völlegefühl noch vor dem Einschlafen, die Träume der Nacht waren gleichwohl unerquicklich. Aus dem letzten erwachte Moje zitternd, verschwitzt.

---

[76] *Les Clos Grand Cru 2002, Domaine William Fèvre*: Belebende Farbe (blassgelb (strohgelb) mit goldenen Reflexen (Jeaune brillante)), reiche Nase (weiße Blüten (Orange Jasmin Lilien Weißklee Heckenkirsche), Akazie Orangenschale, Kamille, Mineralien (Stein), Meer, Austernschalen, Pilze (Georgsritterling), Erde, Wildleder, Unterholz, Brioche, reifer Apfel, Melone, Vanille, exotisch florale Momente), voller, komplexer, ausgeglichener Gaumen (getrocknete Früchte, tropische Früchte (grüne Mangos), Steinfrüchte (Pfirsich, Quitte, Aprikose), weiße Früchte, Gartenfrüchte (grüner Apfel), Grapefruit, Nektar, Haselnuss, Hafermehl, Honig, Butter, Zitronenöl, Zitronenschale, Zitronencreme, Ananas, Karamell, Buttertoffee, Kalk, Schiefer, strahlende Säure, frisch, knusprig, würzig, kräftig, delikat, salzig, nahezu saftig, ölig, cremiger Abgang).

[77] *Würzig mit zartsüßen Vanillenoten, nussigeichenen Aromen, perfektem Zugwiderstand, kühlstem Zug und makellosem Abbrand, edelberuhigend, die einzige Zigarre, die ein solch prächtiges, königliches Mahl beschließen dürfe*, wie die Barkeeperin, eine Meisterin des Fumoirs und wahre Aficionada, explizierte, als sie ihm das wohlgeformte Rauchwerk in einem eleganten Kästchen aus Westindischer Zedrele vorlegte.

[78] Niedersachse mit sachsen-anhaltinischen und pommerschen Wurzeln, war er in seinen ersten dreiunddreißig Jahren in Lust- und Orgiendingen überhaupt zurückhaltend und dezent: kein Unmaß, keine Schrankenlosigkeit, kein Abgrund (und ein Abgründe gründender Abgrund schon gar nicht), nirgends, nirgendwo, niemalen, höchstens in Gedanken, aber selbst da nur nachlässig, oberflächlich (oberflächlich oberflächlich, oberflächlichst), emotionslos, unfasziniert. Nie hat man ihn mit unsicherem Flügelschlag an den Stadtmauern entlangtorkeln oder komatös auf einer Parkbank oder Verkehrsinsel liegen sehen. (Vermutlich beruhte seine zurückhaltende Sinnlichkeit auch auf Selbsteinsicht, wie eine Bemerkung gegenüber Christian nahelegt, der ihn gern das ein oder andere Mal zu einem lukullischen Bratwürstl- oder venerischen Stubenmädelexzess mitgenommen hätte: *Meine Leibeskräfte reichen nur bis zu einer gewissen Grenze.*)

5

... die roten kastilischen rosen die die weiße eingangstür umranken
ich genieße die süßen aromen
bin entspannt
glücklich
entriegele die tür die sich langsam öffnet
über die terrakottafliesen kommt mir gerti entgegen
aufreizend lachend grell geschminkt goldflechten im haar
barfuß
nichts an als einen knöchellangen paprikaroten wickelrock
nolde begegnung am strand
bin ich die kleine der der wind unters kleid fährt
unters kleid fährt
unters kleid
links über gertis busen ein tattoo
ein tattoo
hat sie sich über tattoos nicht immer lustig gemacht
ein tattoo
ein tattoo
sklavin sklavin sklavin
ein tattoo
fühle mich unbehaglich
reiße mich zusammen
das tattoo
kurzer lotrechter strich
von drei kürzeren gleichlangen waagrechten strichen symmetrisch in vier gleichlange abschnitte unterteilt
das mal bietet immerhin die möglichkeit für eine unverfängliche frage
lächerlich so zu tun als sei alles wie immer
gleichwohl scheue ich mich sie auf ihre schminke ihre bekleidung anzusprechen

sie antwortet aus schildlausrot angemalten
schildlausrot glänzenden schildlausroten glitzernden schild-
lausrot dünstenden
lippen
antwortet laut
zu laut
viel zu laut
es handle sich um ein phönizisches schriftzeichen
ein semk um genau zu sein du möchtest es ja immer genau
wissen
vorläufer des hebräischen samechs ein buchstabe der dem aktuellen
stand der wissenschaftlichen forschung nach wahrscheinlich eine
stilisierte wirbelsäule darstelle
ob ich wisse ob die phönizier beim schreiben erst den längsstrich
oder erst die drei querstriche gestichelt hätten
ich wüsste sonst ja auch immer alles
doch möge ich eintreten
grinst sie breit schwingt einladend die freigebigen weißen dick-
lichen arme
obwohl sie natürlich sehe dass es mir ein hochgefühl bereite nach all
den jahren wieder auf der schwelle des hauses zu stehen das ich
einst als kräftiger mann
damals waren wir noch jung rochus
geplant und gebaut hätte
wie redet sie was sind das für worte was redet sie da
warum ist sie so distanziert warum umarmt sie mich nicht
warum gibt sie mir keinen kuss warum nimmt sie mich nicht
in den arm was meint sie mit
nach all den jahren
und
einst gebaut
was meint sie was meint sie was meint sie
sie dreht sich um ich erstarre
ein arschgeweih
ein breites arschgeweih

ein fettes breites arschgeweih
sie wendet schelmisch lächelnd ihren kopf
gefällt dir mein pareo schatz
eine fleischige wolke schweren parfüms kamelie moschus weihrauch
kamelie moschus weihrauch legt sich mir ölig auf die zunge
nimmt mir fast den atem
mir wird schwummrig
mir ist schwummrig
die eingangshalle erkenne ich kaum wieder
die dilettantistischen sessel das ultraistische kanapee die fragmentaristischen beistelltische die impertinentistische liege die taktilistische vitrine das vortizistische porzellan der antiphilosophistische schaukelstuhl die manifestantistische bücherwand die adampetonistischen bücher die zenitistische bücherleiter die rayonistische leselampe die amorphistische deckenleuchte die trompetistische standuhr das primitivistische weinregal die euphoristischen bodenvasen der kinematistische teppich der produktivistische sekretär der heroinistische humidor das neoplastizistische telefon die odoristischen collagen der artifizialistische spiegel die instantaneistischen kerzenständer die proletaristischen skulpturen
alles weg
an der wand gegenüber ein ausladender vulgär gekurvter bartresen mit hunderten in die front eingelassene bunte lämpchen
zinkener platte
bronzegoldglitzernder reling
hohen dreibeinigen metallhockern
kreisrunden obszönrot schimmernden kunstledersitzen
auf elektrischblau leuchtenden gläsernen regalböden vor deckenhohen hellklaren spiegeln eine gewaltige armada whisky-gin-wodkaflaschen
ein riesiger spiegelnder star-spangled-banner-of-old-glory verzierter vintage-french-door-general-electric-kühlschrank
an den anderen wänden
eine glosende wurlitzer-jukebox 1015 bubbler
von grellen deckenspots angestrahlte vulgäre marine-pin-ups

*ein schrill goldpinkviolett blinkender die zusammengedrückte
melodie der us-amerikanischen nationalhymne trompetender
bugs-bunny-flipper
eine blaurotweiße lichtblitze stiebende mit tiefer yankeestimme
zum nächsten spiel auffordernde dartscheibe
dart is funny double is money double is money dart is funny dart
is funny double is money
in der mitte
ein pompöser poolbillard
zwei kreisrunde an je drei messingketten hängende sämisch-
braune fransenhängelampen
zwei einander überschneidende tabakrauchdurchzogene kegel-
stümpfe aus weißem waberndem licht
auf dem puderblauen billardflies
zwei queues und fünf kugeln
die halbgelbe 9 die blaue 4 die halbbraune 15 die orange 5 die rote 3
wo ist die weiße spielkugel
die schwarze 8
im salon stockt mir das herz
das gesamte management
das gesamte management der teutobert
das gesamte obere und mittlere management der teutobert
alle wirklich alle
keiner fehlt
nicht einmal weber wagner becker
keiner
beide weber beide wagner beide becker
alle
wirklich alle
haben sich um stehtische versammelt
um mit bairischblauweißkarierten hussen überzogene stehtische
enorme glaskrüge voll schaumbehaubten biers
riesige porzellanschüsseln voll praller fetter weißwürste
mächtige holzplatten voll spiralig aufgeschnittenen radis
an den wänden elchschaufeln hirschgeweihe rehgehörn*

behängt mit hüten
braunen grünen roten schinderhannes- seppel- trachtenhüten
die frauen
in bunten tief ausgeschnittenen grellbunten tief tief tief ausgeschnittenen seidendirndln
die männer
in reich bestickten reich reich reich bestickten allgäuer kniebundlederhosen schweren schweren charivaris grünrot-grauen jankern
kunstvoll geschnitzte kunstvoll filigran geschnitzte hirschhornknöpfe
die frauen die männer
wiegen sich auf zehenspitzen
dirigieren mit großen gesten
schmettern
italienische bajazzi
oktoberfestschlager
nur wer die spreesucht kennt
die lustbürsch von mallow
la columna è un vermicelli
old jo robdson
die lustbürsch die lustbürsch
rauchen
kringel in die luft blasend
dicke zigarren
romeo y julieta fideler hamburger hoyo de monterrey henry clay
kurvige brissagos aus länglichen lederetuis die frauen
unterhalten sich schmatzend
der yen schwächelt
mais entwickelt sich nach plan
morgen lunch ich mit dem landwirtschaftsminister
brüllen bravo kreischen hallo
klopfen sich jovial auf die schultern
kol nidre kol nidre
lassen ihre brüste springen

*hast dös g'hört hast dös g'hört
geben sich cool
kommt ja gar nicht infrage kommt überhaupt nicht infrage
überhaupt nicht gar nicht
selbstbewusste kraftstrotzende sich gegenseitig verachtende
alphatiere
schlagringboys highheelgirls
darauf aus einander umzubringen
sehen fabelhaft aus
bestes frauen- bestes herrenalter
bestes wirklich bestes frauen- bestes wirklich bestes herrenalter
frage gerti nach argot
wie geht's argot
gerti lacht schallend
hunde zu halten sei schon lange verboten
unreine tiere
sie selbst habe den süßen kleinen wuschel
dass du dich noch an ihn erinnerst
mit einem kräftigen spatenhieb in den hades befördert wo er
jetzt gewiss auf ewig liebkost und geherzt werde zusammen-
gerollt auf einem knöchernen unternehmerheldenschoß
und auf anraten dr. müllers der nach meinem verschwinden
die stelle des firmensyndikus übernommen habe ein sprechendes
perlhuhn angeschafft
ein helmperlhuhn aus der südafrikanischen savanne
schlauer und wohlriechender als der blöde vorn und hinten
stinkende köter der unentwegt die gäste angekläfft
sich einmal sogar in dr. müllers hosenbein verbissen habe
da nähern sich ihr grinsend Meier vom einkauf finanzschneider
personalerin fischer
streicheln ihr das haar den rücken die rundweißen arme das haar
den rücken die rundweißen arme
hält mais-schmidt ein flaches zedernholzkästchen in die höhe
löst die vergoldete schließe öffnet den deckel
zieht eine tätowiernadel hervor*

grinst
ein weiterer buchstabe ist fällig
grinst er gerti an
votziputzi fickerimännli
Er empfehle das qof
ein schlankes zeichen das auch auf einem labium majus platz finde
wo es einen affen mit hängendem schwanz symbolisierend in anbetracht des seit zehn jahren verschwundenen ehegatten seiner meinung nach auch hingehöre
qof
labium majus
ja sieht mich dieser kerl denn nicht
und wo hat dieser widerling dieser zwar gewiss für seine
beschränkte aufgabe brauchbare aber völlig illiterate techniknerd
nur den anatomischen fachbegriff und die phönizischkenntnisse her
ekle mich ekle mich ekle mich
ekelhaft angeekelt
trete einen schritt zurück
öffne die tür zur bibliothek
trete ein
papiergeruch
obwohl es in den mit pumps gefüllten wandregalen keine bücher
kein einziges buch mehr gibt
die tür schließt sich
aus einem alten billigen kofferradio auf dem boden ertönt leise das
letzte interludium valse aus paul hindemiths ludus tonalis
drrr rrr rrr d d d drrr rrr rrr d d d drrr rrr rrr d d d
drrr rrr rrr d d d drrr rrr rrr d d d drrr rrr rrr d d d
drrr rrr rrr d d d drrr rrr rrr d d d drrr rrr rrr d d d
auf dem mit heu bestreuten boden steht neben einem toten katzenkletterbaum ein großer grauer gedrungener vogel mit kleinem kopf
dreht sich zu mir
schaut mich an
sieht mir in die augen
das helmperlhuhn

das helmperlhuhn
verkündet mit fistelstimme
dass es gefiederte geschuppte pelzige worte kenne
dass seine blättrigen schweifigen lanzettigen gedanken flirrend
seien wie der flügelschlag eines kolibris
dass zweihunderttausend männer und frauen ihm zujubelten
bewegt sein köpfchen nach jedem satz, nach jedem punkt, nach
jedem komma vor und zurück
morgen ist wieder ein tag
und übermorgen
auch.
die zeit ist ein dampfendes bügeleisen,
der raum
eine schattenlose
dreifaltige orangenschale.
wenn es zeit ist für hesperidien,
ist's umgekehrt.
hinter karl mays troja liegen
die rocky mountains und
der jangtsekiang, der mit gemarterten
dschunken
schiffbar ist bis
hinauf zum brausepulvergefüllten bauchnabel
des jungen günter
grass.
In die mysterien der isis und osiris
eingeweihte
indianer
leben länger.
ob in faden chinesischen tee getunkte
madeleines
helfen, die schöpfungsgeschichte
zu begreifen, wird die ethnologische
akaziengesellschaft
rousseau oder der schützenswerte wilde e.v.

frühestens in sechstausenddreizehn
jahren sieben monaten geklärt haben.
alternative juwelenfunde könnten
der kränkelnden klassikbranche
aufhelfen,
vorausgesetzt, die azorische erdbeerernte
fällt
in diesem jahr
besser aus als die ostpreußische
heidelbeerernte
im jahr 1781.
nietzsche ist wie caesar
und der preußenkönig friedrich I.
kurz vor,
hitler und dante sind
kurz nach
ihrem sechsundfünfzigsten
geburtstag
gestorben.
jeder der fünf
männer
wurde auf dieselbe weise
geboren,
hat sein leben aber auf andere art
beendet.
nietzsche und hitler waren
elf jahre, vier monate und fünf tage lang
zeitgenossen.
caesar hat von 100 bis 44
vor,
nietzsche von 1844 bis 1900
nach
christi geburt gelebt.
1321 1657 1889 sind primzahlen,
1265 1713 1945 nicht.

auch plinius der ältere,
der caesar
die schnittige kaisergeburt andichtete,
ist
im sechsundfünfzigsten
lebensjahr
gestorben,
während des ausbruchs
des vesuv am 25. august 79.
friedrich schlegel,
georg christoph lichtenberg
und könig georg VI.
starben
sechsundfünfzigjährig,
wilhelmine henriette friederike marie
schröder-devrient und
emily elizabeth dickinson
im sechsundfünfzigsten
lebensjahr
im bett.
ludwig van beethoven
vollendete sein letztes streichquartett
wenige wochen vor,
césar franck sein einziges klavierquintett
einige monate nach dem
sechsundfünfzigsten geburtstag.
symmetrie ist ein hohes gut.
die welt sähe heute
vielleicht
anders aus,
wenn alle am 20. april 1889
im innviertel oberösterreichs geborenen buben
1919
psychiatrisch begutachtet worden
oder

im mai 1889
gestorben wären.
im mai 1889
wurde der eiffelturm eröffnet,
schlüpften in tennessee
nach siebzehn jahren
krabbelruhe
massenhaft zikaden.
nicht jeder kann ruhig schlafen, wenn
in seinem garten
eine zikade zirpt.
zwischen der country music
nashvilles und chicago
liegen vierhundertdreißig meilen,
zwischen chicago und der dynamischen zukunft
zions
siebenundvierzig.
eiserne türme und ungetröstete
zikaden
interessieren sich weder für
heroinen
noch für
massenmörder
noch für
die torschützen des endspiels der
fußballweltmeisterschaft
1954.
1889 wurde millicent bloom geboren.
millicents substanziellem vater leopold bloom
fehlten
nach anwendung des säuretests
fünftausendvierhundertsiebenundzwanzig
after- achsel- brust- und schamhaare.
$e^{i\pi}+1=0$.
identität, ästhetik, kosmetik

gehören
in die umkleidekabine.
heinrich heine hätte sich,
wenn er nicht jahreszahlen
historischer begebenheiten
parat gehabt hätte,
nicht
in berlin zurechtgefunden.
am 8. februar 1804
ging kant
das letzte mal
zu bett.
er starb
vier Tage später
um elf uhr,
am ende der stunde der schlange,
zu beginn der stunde des pferdes.
der entschwindende,
schwindelerregende himmel
war rein und klar.
wo ist mein gilbertchen, mein liebes kleines gilbertchen, mein
über alles über alles geliebtes kind, mein über alles über alles
über alles geliebter sohn?

6

Dass Moje den Morgen nach den spasmisch zuckenden, harzig klebrigen, enigmatisch verstörenden Traumgesichten nicht mit der Fortsetzung der Lektüre des *Tristram Shandy* beginnen wollte, dessen verquickte, von mannigfachen Lichtern durchbrochene Weise ihm in ihrer diamantenen, kaleidoskophaften Klarheit zu frivol war[79], scheint nachgerade intuitiv nachvollziehbar.

Zumal die schöne *Nausikaa*, nachdem sie wie geplant sechseinhalb Tage lang in wunderbar beharrlicher Gleichförmigkeit mit herrlicher, niemals verminderter Geschwindigkeit dahingezogen war, bereits im Hafen Ponta Delgadas angelegt hatte, der 14°19' nördlich des Wendekreises des Krebses[80] gelegenen Hauptstadt der Azoren, von welchen Moje bis zu seiner *Nausikaa*-Reise nur gewusst hatte, dass sie eine Inselgruppe im Atlantik sind und nach dem Zweiten Weltkrieg bei Transatlantikflügen als Zwischenstopp zum Tanken gedient hatten.

Das Städtchen zu durchstreifen hatte er zwar schon vor seinem gestrigen maritimen Mordsessen erwogen, aus Neugiergründen, ein ausgiebiger Landgang mit exotisch ablenkenden Eindrücken würde aber auch die schamlosen Irritationen der bösen bösen bösen letzten Nacht vertreiben.

Doch konnte er sich auf nichts, was er sah, konzentrieren. Er bekam während seiner ziellos schweifenden Wanderung keinerlei Interesse an den Menschen, der Kultur oder den architektonischen Schönheiten der 1499 auf Anordnung des glücklichen Königs Dom Manuel I. gegründeten portugiesischen Niederlassung, die nach der Zerstörung des bisherigen Hauptorts Vila Franca do Campo am 22. Oktober 1522 Sitz des Lehnsherrn

---

[79] Tags zuvor war er ans Ende des elften Kapitels des dritten Buches gelangt: EXCOMMUNICATIO: ... – *et insurgat adversus illum cœlum cum omnibus virtutibus quæ in eo moventur ad damnandum eum, nisi penituerit et ad satisfactionem venerit. Amen. Fiat, fiat. Amen.*

[80] Etwa auf der gleichen Höhe wie Catania in Osten Siziliens, Urmia im Nordwesten Irans, Seoul im Nordwesten Südkoreas und San Francisco im Westen sowie Richmond im Osten der USA.

São Miguels geworden war und am 2. April 1546 vom frommkolonialistischen Dom João III. die Stadtrechte erhalten hatte. Von der azorischen Hauptstadt behielt er nicht mehr im Gedächtnis als das, was er schon von den kleinen, bunten Fotos aus dem hauptsächlich Naturschönheiten abbildenden Azorenführer kannte, den ihm der umsichtige Kabinensteward zusammen mit einem Englisch-Portugiesisch-Taschenwörterbuch am ersten Tag der Reise auf den Schreibtisch gelegt hatte: Die mächtigen Mauern des Piraten abwehrenden *Forte de São Brás*, den im Geburtsjahr Kants erbauten Belfried der *Càmara Minicipal* mit der von Dom João III. gestifteten Glocke, das manuelinische Hauptportal der aus Dankbarkeit für das Ende einer achtjährigen Pestepidemie erbauten *Igreja Matriz de São Sebastião*, die Touristenattraktionen, *the sights*.

Ponta Delgada wäre, wenn es einmal vollständig zerstört[81] und sein Standort nur noch an weißen Rauch-, grauen Asche- und schwarzen Feuerspuren zu erkennen wäre, aus Mojes Erinnerungsfetzen nicht rekonstruierbar. Nicht einmal das metaphysische Ponta Delgada.

Nach dreistündigem, ziel- und ereignislosem Gehen[82] durch die ihn weder inspirierenden noch ennuyierenden Avenuen, Promenaden, Straßen, Gassen, Plätze der Stadt[83] mit ihren Laternen Gullideckeln Bürgersteigen, FischGummibärenKäsegeschäften FinanzVersicherungsImmobilienmaklerbüros PolizeiPostFeuerwehrstationen DiscosBarsBistros PfarrPfandArmenhäusern TelekommunikationsLogistikConsultingunternehmen FriseurBlu-

---

[81] *Polizei Polizei, Feuerwehr Feuerwehr, Polizei Polizei! Ponta Delgada brennt, Ponta Delgada steht in Flammen, Ponta Delgada brennt! Feuer Feuer Feuer! Feuer, Feuer, alles in Flammen, alles in Flammen! Zu spät, zu spät, Ponta Delgada existiert nicht mehr! Zu spät, zu spät!*

[82] Ein bloßes Gehen, Gehen, Gehen, kaum Schlendern, Bummeln, Flanieren zu nennen. Ein Gehen in die Richtung, in die sein Gesicht zufällig wies.

[83] Nirgends, nicht einmal in dunklen Hauseingängen, rankten sich lüsterne Leiber lustvollstöhnend umeinander, boten junge verdorbene Bonbonverkäuferinnen junge süße Süße, hielten zornige, tonsurierte, schwarz bekuttete Mönche zornige Predigten. Nichts Unheiliges faszinierte, nichts Natürliches hypnotisierte, nichts Gestaltetes euphorisierte.

menEineuroläden SpielSportLagerhallen Ehevermittlungs-
SchiffshandelsMaklerbüros InkassoAbrissEntsorgungsfirmen
UniversitätsMarktforschungsWahrsageinstituten LoggienArka-
denKolonnaden StraßenschildernAmpelnFußgängerüberwegen
FürsorgestellenTrinkerheilanstaltenGottesgnadenasylen Eisen-
KorbKolonialwarenhandlungen BauTankTaxihaltestellen Leih-
arbeitsRüstungsStrohfirmen RestaurantsCafésKutscherkneipen
ObstKohlenFolterkellern ParkAuktionsHerrenhäusern Waffen-
TabakEineweltläden SozialRundfunkFernsehstationen Wein-
BuchMusikalienhandlungen DelikatessSpirituosenAntiquitä-
tenläden PassagenPasserelenBrücken GroßraumFrauenAbge-
ordnetenbüros StiefelSanitätsMöbelgeschäften PorzellanAnden-
kenSouvenirläden LottoannahmeKartenvorverkaufsDrogenbe-
ratungsstellen BrunnenMagdalenenAquarienhäusern Gerich-
tenDetekteienGefängnissen BusStraßenbahnBahnstationen Dro-
gerienApothekenFotolaboren FahrradLeihVerbindungshäusern
ImportExportMineralölunternehmen BrauereienAutovermie-
tungenHörgeräteakustikern ArchitektenIngenieurParteibüros
SoftwareÜberwachungsPharmafirmen AusländerEichDenkmal-
sämtern SteuerberatungsAnwaltsAbmahnkanzleien Boutiquen-
BäckereienBibliotheken SecondhandSchreibSchmuggelwaren-
handlungen WirtschaftsRhetorikBestattungsinstituten Ord-
nungsZollSozialämtern ModearztpraxenSchwulensaunenPedi-
küren MedienBergbauBiotechnologieunternehmen Konsula-
tenTheaternKinos FotoFitnessNagelstudios LeichtathletikLei-
chenLagerhallen KünstlerateliersSchuhmachereienTöpfereien
MetzgereienTierasylenDruckereien ReiseKrankenKorrespon-
denzbüros KindergärtenSchulenKunstgalerien PilzFamilien-
Eheberatungsstellen UhrenVideoSpielzeugläden HundeWasch-
Massagesalons HafenForstSeewetterämtern PferdeställenImke-
reienTaubenschlägen WaisenFindelFrauenhäusern SportHoch-
zeitsLampiongeschäften OptikernTischlereienMuseen Witwen-
BadeKaufhäusern SeniorenStudentenErziehungsheimen Juwe-
lierenKonditoreienFlickschneidereien LagerRatZeitungshäus-
ern GeldZigarettenKondomautomaten WasserElektrizitätsAb-

spannwerken TeeFixerWechselstuben MarktAufbahrungsAusstellungshallen MütterSchuldnerSuizidberatungsstellen StadtverwaltungsTourismusFundbüros NaturfreundeAdelsBettenhäusern AsylantenObdachlosenHundeheimen SchifffahrtsSchulAlmosenämtern FischerKöhlerHundehütten KioskenKirchenKlöstern EinwohnerKriminalMünzämtern PonyGerichtsKontakthöfen MusikerBräunungsTattoostudios SämereienHotelsAbsteigen GemeindeGewerbeGrundbuchämtern EisFußballLeichtathletikstadien WeihnachtsHeiligenSchachfigurenwerkstätten GeisterLandeUntergrundbahnen BuchbindereienBankenBordellen FinanzHeeresPostämtern SeemannsKatzenKinderheimen ImbissSchnapsQuasselbuden PatentStandesKatasterämtern MieterRuderHausbesitzervereinen KasernenPissoirsAbdeckereien GipsZiegelZementfabriken AntiquariatenSternwartenSchwimmbädern HaushaltswarenSchallplattenPornoläden StierkampfBaseballZirkusarenen HinrichtungsKultAutowerkstätten TennisGolfPoloplätzen TropenNarrentoleranzBethäusern WolkenkuckucksBlindenPflegeheimen MännerbedürfnisanstaltenBleigießereienDichterakademien KasinosBarackenFließbandhallen BadeBesserungsNervenheilanstalten SynagogenTempelnMoscheen KrebsAbtreibungsSchönheitskliniken, nach einer dreistündigen Wanderung durch die Symphonie einer Kleinstadt, an nichtssagenden, eingeschlummerten Statuen endlich vergessener Eroberer, unverständlichen Denkmälern, ungepflegten Litfaßsäulen vorbei, deren halb abgerissene Werbeplakate und Ankündigungen er las[84] (*Unsere tägliche Tablette Poesie gib uns heute*), aber stracks wieder vergaß, obwohl sie lauthals, kolossal, immens, spektakulär, lauthals lauthals lauthals lärmten, lockten ihn am frühen Nachmittag in der Rua da Trindade die in kreischenden, hemmungslos nach vulgärem Fotografiertwerden brüllenden Farben lackierten Tische und

---

[84] *Smoke Coca-Cola Cigarettes!!! Chew Wrigley's Spearmint Beer!!! Venda de Verão. See me, read me, keep me! Uma casa sem carne enlatada é um fardo para os nervos. O Massacre de Circleville, Conferência, Centro de Educação de Adultos, 66 Rua Mormon, 21 de Abril, 18 Horas. É proibido colar cartazes.*

Stühle vor dem *Románico*, dem, so behauptete es eine rostige ovale Blechplakette neben der Eingangstür, ältesten Café brasileiro der Azoren.

Einige Meter vor dem Café saßen unter einem schweren, von einer hölzernen Krücke gestützten Ast eines hohen, weit ausladenden, dicht belaubten Eisenholzbaums vier hager-knochige Mailänder Seemänner in schwerem Seemannszeug[85] breitbeinig auf Holzstühlen an einem quadratischen Tischchen. Sie hatten ihre Angeln und Käscher an den dicksten der vier Stämme des Baums gelehnt, schoben sich englischrote Pferdewurstscheiben zwischen die Zähne, tranken ohne zu schlucken mit weit geöffneten Mündern violetten Rotwein aus weichen, schweinsledernen Odres, die sie an ihren Riemen über die Rückenlehnen ihrer Stühle hängten, rauchten qualmenden Tabak in kurzen klobigen Shagpfeifen (einer kaute gleichzeitig auf einem Zahnstocher) und spielten mit Pokermiene *Trionfi* mit einem *Michelino Deck*.

Moje aber war's im Freien mit 15 °C zu kalt zum Sitzen, außerdem hatte es zu regnen begonnen, idiotischer Aprilregen, eintönig, kalt, grau, ungemütlich, weshalb er ins Café hineinging und an einem Tisch an der hinteren Wand Platz nahm.

Wenigstens das Tagespensum *Don Quixote*, der ihm mit seinem Traum verwandt zu sein schien[86], wollte er schaffen.

Er kam mit dem Lesen aber nicht weit, las auch unkonzentriert, unstet. Sein Geist schweifte zwar nicht flatterhaft umher, ließ sich aber von jedem etwas hervorstechenderen Geräusch, jeder auffälligeren Bewegung, jedem Luftzug, jedem neuen Geruch ablenken.

Jemand fragte den Wirt nach dem Weg, wollte ein Glas Chablis oder wenigstens Pouilly, bestellte enttäuscht eine *Bica* (*No, no Arinto. No Verdelho or Terrantez either. Then rather a coffee*), rich-

---

[85] Laskarenjacke und -hose aus imprägniertem indischen Kattun, kniehohe Gummistiefel.
[86] *Oder ist's der Gargantua? Mir träumte etwas Gigantisches.* Er war sich unsicher.

tete Grüße aus, ließ die Eingangstür, die keinen selbsttätigen Schließer hatte, offenstehen.

Die Espressomaschine schnarrte, die Tür zur Toilette, ebenfalls ohne selbsttätigen Schließer, schlug beim Zuschlagen mit einem Schnalzer zu oder blieb offen, einer der Trionfi-Spieler vor dem Café, der gerade die Matto-Karte erhalten hatte, klopfte sich seine Pfeife an der Stiefelsohle aus. *Ceci n'est pas un conte.*

Ein junges Backpackerpaar mit einem ungeöffneten roten Taschenregenschirm (*Haben vergessen, den Parapluie aufzuspannen. Love me, love me, love me, forget the umbrella!*) schaute, glücklich eng aneinandergedrückt, durchs Fenster, besprach sich, kicherte, sah noch einmal hinein, drehte wieder ab.

Die ein Meter achtzig große Serviererin (schwarzes Minikleid, weiße Bluse, schwarze Ballerinas) wurde von einer Glocke reifen Erdbeerdufts umflutet.

Ein an ein lugubres Reh erinnernder eichhörnchengrauer dreibeiniger Windhund (*Oh Bambi Bambi Bambi, oh Bambi*) federte mit hängenden Ohren vor den Fenstern des Cafés vorbei.

Von irgendwoher tönte eine schrille Polizeisirene, *euiii euiii euiii euiii*, erlosch wieder.

Aus zwei kleinen teakhölzernen Lautsprechern, die über der Theke an in die Holzdecke geschraubten schimmernden Fleischerhaken hingen (*Plötzensee*), flossen brasilianische Gassenhauer, João Gilbertos *Chega de Saudade*, Antonio Carlos Jobims & Vinicius de Moraes' *Garota de Ipanema*, Chico Buarques *Construção*.

Nachdem er eine Weile gesessen, zwei *Bicas* getrunken, ein Stück *Torta de amêndao* gegessen und dem Treiben im und vor dem Café zugesehen hatte (*Sitting at a cafe. Buntes Treiben. Warum bunt?*), glitt Mojes Gemüt, von keinem bestimmteren Gefühl mehr in Anspruch genommen, träumerisch von Zufälligem zu Zufälligem, gewissermaßen ohne nachzudenken, gedankenlos, begriffslos. Nur während einer viertelstündigen, von gleichmäßig leisem Geschirrklappern und Sun Ras' *Atlantis* grundierten Ereignisstillephase zwischen den *Bica*-Bestellungen eines sich laut mit seinem Smartphone unterhaltenden studentischen US-Amerikaners und dreier junger, kichernder, Selfies schießender Chinesinnen dachte er ein wenig nach. Ihm waren die beiden Begriffe Ab- und Ausschweifung in den Sinn gekommen, ohne dass er wusste woher. Sie schienen ihm zwei Verhaltens- und Bewusstseinsweisen zu bezeichnen, die ihm sehr unterschiedlich zu sein und gleichwohl darin übereinzustimmen schienen, dass, einerlei, welcher man sich überlässt, anfängliche, ursprüngliche Zweck- und Maßziele nach einiger, nicht allzu langer Zeit zwangsläufig aus dem Blick, dem Denken, dem Interesse geraten.

Über diese etwas triviale Einsicht kam sein Nachsinnen allerdings nicht hinaus.

7

Als er am späteren Nachmittag nach insgesamt drei *Bicas*, zwei Fläschchen *Kima Maracujá*, zwei *Tortas de amêndao* und einer Reihe weiterer Stücke von Sun Ra and His Astro Infinity Arkestra[87] zur schönen *Nausikaa* zurückschlenderte[88], bemerkte er Richtung Süden eine den lichter gewordenen Wolkenhimmel tintig trübende meteorische Erscheinung, die ihm morgens, als er das Schiff verlassen hatte und ins Städtchen gegangen war, nicht aufgefallen war.

Hatte sich ein abtrünniger Schweif der Eyjafjallajökull-Aschewolke über den Hafen gelegt?

---

[87] *Chicago Southside, Springtime in Chicago, West End Side of Magic City, Halloween in Harlem, The Shadow World, Circe, The Myth, Bimini, The World of Africa, A Bird's Eye-View of Man's World, Paradise, Rumpelstiltskin, Rocket Number Nine, Solar Ship, Medicine for a Nightmare, Somewhere Else, Nebulae, Discipline #2, Spontaneous Simplicity, We Travel the Spaceway, Purple Night Blues, Quiet Ecstasy, Next Stop Mars, Calling Planet Earth, The Voice of Pan, Enlightenment, Celestial Realms, Along the Tiber, Nameless One No. 3.*

[88] Der Regen hatte aufgehört, kaum, dass es noch nieselte.

Bei der schönen *Nausikaa* angekommen, standen Hunderte *Nausikaa*-Passagiere und Einheimische auf der Pier, unterhielten sich lebhaft und schauten zum Schiff hinüber. Ein Sturm Möwen saß in lockerer Reihe auf der obersten Reling des Kreuzfahrers und sah mit wachsam bösen, schwarz blitzenden Funkelaugen nach unten auf die sich wie die Moleküle einer Flüssigkeit unberechenbar bewegende Menge hinab.[89]

Ein älteres, die gegenüberliegende Posh-Suite bewohnendes Belfaster Paar, dem Moje schon mehrmals auf dem breiten, mit einem tiefen Teppich belegten Gang, der ihre Appartements trennte, begegnet war[90], klärten ihn auf. Ein Motor des Kreuzfahrers habe gebrannt. *It doesn't seem to have been a torpedo attack, not even a war movie. Perhaps it was her name.* Weder Gäste noch Besatzungsmitglieder seien zu Schaden gekommen, *not even a stoker*. Wie schwer der *property damage* sei und wie lange die Reparatur dauern werde, sei zwar nicht bekannt, es sei aber unwahrscheinlich, *if one could speak of probability here at all*, dass die Reise wie geplant fortgesetzt werden könne. *Better safe than sorry.*

»Handel's *Music for the Royal Fireworks* would fit«, ergänzte die Frau, nachdem ihr Mann gesprochen hatte, »especially since the music was given the first time on a twenty first of April.«

»Yes, Handel, I love his music. Or Italy's *Fratelli d'Italia*, today is Rome's birthday after all. Love and war etcetera. God be with old times. The battle of Mylae. The corvus. Carthage. Crucifixion. Burning. Deletion. There is some venturing in refusing to believe nonsense. The question does not come before there is a quotation«, fügte der Mayor hinzu, und, mit einem kleinen Bastkörb-

---

[89] *Something is there, something something is there, something something something something.*
[90] Mr Taylor, pensionierter Counter Admiral (hatte 1982 als Commander der Royal-Marines am Falklandkrieg teilgenommen (*Not really a necessary war*)) und Ms Tupper, die vor einem Jahr wegen des seit zehn Jahren währenden, unheilbaren Dauerkränkelns der Klassikbranche ihre von ihrem Vater geerbte Konzertagentur verkauft hatte, fragten ihn bei jedem Treffen nach dem Datum: *It's so confusing travelling around the world. We are never sure about the date.*

chen voller reifer Erdbeeren zu Moje gewandt, mit einer knappen Verbeugung, wie sie nur militärisch Geschulte glaubwürdig zustandebringen: »May I offer you a strawberry? They are extraordinarily delicious this year. They did not grow in Perpignan. Strawberries from Perpignan are more vexed than citrons.«

Unmittelbar darauf gab der Erste Offizier[91], während Stewards Hunderte von Koffern von Bord der schönen *Nausikaa* auf den Kai trugen, per Megaphon bekannt, dass das *thank God* zu keiner Zeit gefährliche Feuer nicht nur einen kleinen, schnell behebbaren Schaden im Maschinenraum verursacht, sondern leider auch eine größere *indoor-smoke-cloud* erzeugt habe, die *unfortunately* in die Gänge der Kabinentrakte gezogen und noch nicht vollständig wieder abgezogen sei.

Kapitän Kolaios, der auf dem Schiff unabkömmlich sei und sich daher im Augenblick nicht persönlich bei den *esteemed passengers* für die entstandenen Unannehmlichkeiten entschuldigen könne[92], habe nach Rücksprache mit der Reederei, die sich ebenfalls mit dem allergrößten Bedauern entschuldige, daher *precautionally* beschlossen, die *esteemed passengers* für die kommende Nacht an Land unterzubringen, in Ponta Delgada, diesem so überaus charmanten Städtchen, wie sich die verehrten Passagiere sicherlich schon selbst hätten überzeugen können. Die zuständigen Stewards hätten, was an Kleidung, Kosmetik, Medikamenten und Schmuck für eine freundliche Nacht und den kommenden schönen Tag nötig sei, in den Kabinen *meticulously* zusammengetragen und in Koffer gepackt, die auf den Kai gebracht und in der Ordnung der Kabinennummern aufgestellt würden. Wer etwas vermisse, brauche nur Bescheid zu geben. Das Benötigte werde *immediately* geholt. Natürlich könne, was vielleicht doch übersehen worden sei und

---

[91] Gut sechs Fuß groß (perpendikular), hagere, eckige Gestalt, vorstehende Schultern, schwitziges, altersfaltiges, verwittertes, knochiges Gesicht von der Farbe nassen Sands.
[92] Er bedaure diesen Umstand sehr, sei absolut untröstlich und lasse die allerherzlichsten Grüße ausrichten.

fehle, auch in einem der überaus hübschen kleinen Läden in Ponta Delgada gekauft werden. Die Reederei werde *of course* sämtliche anfallenden Ausgaben, die durch die unvorhergesehene Übernachtung an Land entständen, übernehmen. Alle Geschäfte, Taxiunternehmen, Bars und Restaurants der Stadt seien entsprechend informiert und würden direkt mit der Reederei abrechnen. Niemand müsse Bargeld mitnehmen.

Man habe für die Nacht die schönsten Hotelzimmer und Ferienwohnungen reserviert. Die Stewards und Hostessen neben den Koffern würden zu den Quartieren begleiten und ständen bereit, *every help* zu leisten und *every wish* zu erfüllen.

Von der Reling der schönen *Nausikaa* stieß sich eine riesige Möwe ab, schrie kurz aggressiv, ohne dass die wenigen auf der Pier sie Beobachtenden den Schrei, dem nichts antwortete, hätten deuten können[93], schlug dreimal kräftig mit den Flügeln und segelte ruhig einen vollkommenen Halbkreis über dem allmählich zahlreicher werdenden Publikum. Nach einem unauffälligen Blick nach unten ließ sie sich in einen steilen Clippersturzflug hinabfallen und stahl im tiefsten Punkt der akrobatisch-artistischen Sturz-Abfangphase einem wenige Meter von Moje entfernt stehenden, dunkelbraunlockigen, vielleicht achtjährigen Mädchen das Heringsbrötchen, das sein Vater einem durch die Menge streifenden Bauchladen-Fischbrötchenverkäufer[94] abgekauft hatte, aus der Hand. Unter dem schadenfrohen Gelächter der sitzen gebliebenen Möwen, die das Manöver mit misanthropischem Interesse verfolgt hatten, schwang sie sich in rasantem, geradezu vollkommenem Griechischem Bogen mit der ansehnlichen Beute wieder hoch und zurück auf das oberste Deck der schönen *Nausikaa*, allerdings weit genug von ihren neidgierigen Vogelgenossen entfernt, um im Fall

---

[93] Der Vogel warf keinen aufmerksamkeitsheischenden Flugschatten, der die nicht nach oben Schauenden hätte aufmerksam werden und aufblicken lassen können.
[94] *Matjes com pepino em conserva, kippers, salmão fumado, arinca fumada, peixes mistos comuns.*

eines räuberischen Angriffs auf ihr heroisch geraubtes Eigentum sich davonmachen und das nahr- und schmackhafte Hab und Gut (knackiges Brötchen und saftiger Hering, die saure Gurke war leider zwischen die gaffenden Leute gefallen) gegen solch verbrecherischen Wiederdiebstahl zu sichern.

Gar nicht so dumm, die Emma. Kennt ihre Artgenossen. Von wegen Freiheit.

Moje wurde zusammen mit weiteren zwanzig Passagieren der schönen *Nausikaa* von zwei außerordentlich langbeinigen, l'oréalschimmerblonden, ungewöhnlich korrektes Oxfordenglisch mit sächsischem Akzent sprechenden, einander sich zum Verwechseln ähnlich sehenden Hostessen mit beinahe lichtweiß strahlenden Augen zum *Ogygia* geführt, einem Ende der tanzenden zwanziger Jahre des zwanzigsten Jahrhunderts im Artdéco-Stil erbauten mattweißen Hotel mit zwölf Gästezimmern auf drei Etagen in der von hermelinweiß blühenden Myrtenheiden träumenden Estrada Prússia. Die Koffer und zwei sich angeregt unterhaltende, gegenseitig fröhlich sich ins Wort fallende ältere Damen aus der Schweiz, die den halbstündigen Weg nicht gehen wollten, wurden mit Wagen vorausgefahren.

Moje erhielt im zweiten Stock den *Quarto de Princesa* mit Blick nach Süden auf den Hotelgarten. Neben seinem Zimmer befand sich der *Quarto de Magravina*, in den die beiden Schweizerinnen einquartiert wurden. In die auf die träumende Straße hinabblickenden *Quartos da Baronesa* und *da Rainha* auf der gegenüberliegenden Gangseite zogen zwei lesbische, pariserisch gekleidete iranische Paare (Badri und Mansureh, Boschra und Hoda), die Moje bei seinem täglichen Nachmittagsgang durch die schöne *Nausikaa* mehrmals Whist hatte spielen sehen, den dicken Banknotenbündeln auf dem Tisch nach um hohe Geldbeträge.

Hundert Meter entfernt wies die riesige Krone einer uralten, schütter blühenden Steineiche auf das Schieferblau des hinter ihr sich unermesslich weit breitenden, in der Ferne vom Chiaroscuro eines hellen Dunsts verschleierten, vor zweihundert Millionen Jahren beim sintflutlichen Auseinanderbrechen Pangaeas entstandenen, von Myriaden fremden, namenlosen, unverständlichen Perzeptionen, Sinnesvorstellungen, Gedanken und Gefühlen angefüllten Ozeans.

8

Das *Ogygia* gehörte der Familie Gruta, den Eheleuten Atlas und Plione Gruta und ihrer Tochter Cela.

Cela ...

Wenn Moje Cela nicht begegnet wäre (ja ja, wenn wenn), hätte er den bisherigen, großbürgerlich geebneten Vorsehungsweg familiär vorbestimmter Verselbstung durch Identitätsidentifikation zweifellos fortgesetzt (*Identify identify identify yourself!*), beruflich geschätzt (*Be comfortable in step with your surroundings!*), finanziell erfolgreich (*Your life shall be a clean orderly sane responsible affair!*), gesellschaftlich anerkannt (*Be a good citizen husband father!*).

Er hätte aufgrund seiner Meriten um die deutsch-amerikanische Freundschaft das Große Verdienstkreuz der Bundesrepublik Deutschland erhalten[95], wäre wie sein unternehmerischer Großvater, sein unternehmerischer Vater und seine unternehmerischen Halbgeschwister Rotarier, Konsul eines kleineren afrikanischen oder pazifischen Staats und ein zweites Mal Vater geworden, hätte bei Geschäftsreisen zur Ergänzung seines ehelich eher monotonen Sexuallebens die Dienste langbeiniger High-Class-Escorts genutzt, hätte Bauhauslampen, -geschirr, -teppiche, -möbel und -nippes gesammelt, für die er ein von einem berühmten Schweizer Architekturbüro entworfenes klei-

---

[95] Schon Ende 2013 wurde *Teutoberts* Übernahme *Chiliwhos* von der Chicagoer *Chamber of Commerce* als Gewinn für ganz Illinois gefeiert (*We always knew that this merger of American innovation and German thoroughness would be a complete success*), war ja nicht nur der Name *Chiliwho* beibehalten, sondern auch der Chicagoer Personalbestand um 27,1828 % abgeschmolzen sowie der Umsatz um 16,1803 % und der Gewinn um 31,4159 % gesteigert worden.

nes Museum hätte bauen lassen, und hätte, zusammen mit Gerti, eine gemeinnützige Stiftung gegründet, die an junge bildende Künstler und Künstlerinnen aus Japan Residenzstipendien in einem von der Firmenholding zur Verfügung gestellten, stilvoll renovierten alten Fürstenberger Fachwerkhaus vergeben hätte: *A very very nice merry-go-round.*

Dabei entflammte er keineswegs auf der Stelle für Cela[96], als er sie das erste Mal sah, aus immerhin nicht mehr als fünf sechs Metern Entfernung durch eine offen stehende Tür hinter dem geschwungenen Rezeptionstresen hindurch, an dem die Eltern den Gästen die Anmeldeformulare und handgeschmiedeten Buntbartzimmerschlüssel aushändigten, sitzend in einem winzigen Büro auf einem Kontorstuhl vor einem alten Computer an einem schwarz gebeizten, gewaltigen Art-déco-Schreibpult, dessen feinlederne Schreibplatte, durch einen kathedralförmigen Aufsatz mit hunderteins Ablagefächern in mehreren Größen halb verbaut, gleichwohl nicht tief genug für den riesigen Rechner war, dessen portugiesische Tastatur einige Zentimeter über den vorderen Rand des Sekretärs hinwegragte.

Zu Mojes Rechtfertigung[97] müssen wir allerdings anführen, dass Cela nicht nur einen unauffälligen, figurverhüllenden, beigen Unisex-Oversizepullover trug, sondern auch ihr zauberhaftes goldblondes Haar (*God's Gold, oh, God's Gold, God's Gold!*) zu einem kompakten Chignon zusammengesteckt und unter einem mattblau wollenen Paisleyschal verborgen hatte.

Außerdem war er in Anspruch genommen durch einen seine gesamte Aufmerksamkeit erfordernden quecksilbrigen Gedan-

---

[96] Ihr Charme wurde allerdings auch von keinem anderen Gestrandeten der schönen *Nausikaa* im aufgeregten Gedränge der überfüllten Lobby bemerkt, obwohl sie zwar mehrmals, aber zügigen, lautlosen Schritts und ohne am Tresen zu verweilen, nach vorn an die Rezeption kam, um sich neu ausgefüllte Anmeldezettel zu holen.

[97] Wir teilen das ein wenig widerstrebend mit, hätten wir ihn ja gern als sensiblen Ästheten beschrieben, der Aschenputtels Schönheit noch erkennte, wenn sie in einer ausgebeulten baumwollgrauen Jogginghose und einem knallroten Nylonblouson mit riesigem Firmenlogo daherkäme.

kenaustausch mit zwei aus dem ägyptischen Alexandria stammenden, in feinste, selbst für *Nausikaa*-Verhältnisse ungewöhnlich elegante Dubliner Maßanzüge aus feinstem Dubliner Staatstuch und feinste Dubliner Maßschuhe aus feinstem Dubliner Pferdeleder[98] gekleideten Herren.

Schon auf dem die atlantischen Wogen graziös spaltenden Schiff waren sie ihm aufgefallen, beim *Dîner* im französisierenden Hauptrestaurant, zu dem sie in immer gleicher zeremonieller Kleidung erschienen waren, der ältere, wohl auch Erfahrenere, vierzig Zentimeter Größere, in einem japanisch klassischen, indigoblauen Kimono mit *Haori*, *Hakama*, fliederweißen *Tabi* und *Zori*, der Jüngere in einem indisch anmutenden, wolkig von taubengrau bis lapislazuliblau changierenden Kaschmirseidenanzug, einem perlweißen Seidenhemd mit TAB-Kragen und aquamarinblau schimmerndem Seidenschlips sowie amethystblauen Doppelschnallenmonks.

Über die sinnige Bemerkung des Größeren, dass die meisten Menschen überrascht seien, wenn Unvorhergesehenes passiere, statt sich zu wundern, wenn ein Vorhaben wie geplant oder ein Geschehen wie erwartet ablaufe, waren sie in eine angeregt mehrstimmige, Moje geradezu elektrisierende Erörterung darüber geraten, ob es zum vollgültigen Menschsein gehöre, sich jederzeit bewusst zu halten, dass man nichts sicher wisse außer dem, was man im jeweiligen Augenblick innerlich in sich, also vollkommen wisse, oder ob im kindlichen Unwissen[99], das nicht ahne, dass es kein sicheres Wissen gebe außer dem im Augenblick innerlich präsenten, also vollkommenen, die Seligkeit liege. Moje war von dem Gespräch mit den beiden erstaun-

---

[98] *George Robert Mesias*, 5 Eden Quay, 4.400 € der Anzug (inklusive Interkontinentalversand). *Kearney & Kearney*, Ormond Quay, 2.300 € das Paar.
[99] Der Kleinere, Jüngere hatte noch angemerkt, dass das ruhige Glück des von seinem Nichtwissen nichts wissenden Kindes vielleicht darin liege, dass es nicht einmal einen Begriff von Nichtwissen habe. Wie bei *The Game* könne man, wenn man erst einmal ins Nachdenken über den Sinn des eigenen Lebens geraten sei, nur verlieren.

lichen Herren[100], Moje war von dem so hinreißend lässig aufgeworfenen, von keiner sophistischen Spitzfindigkeit verdorbenen philosophischen Problem derart absorbiert, dass er Cela während des Eincheckens möglicherweise nicht einmal dann als außergewöhnliche, geschweige denn göttliche Erscheinung wahrgenommen hätte (*Gott oh Gott, eine Göttin! Eine Göttin, eine Göttin, eine Göttin! Oh Gott, eine Göttin!*), wenn ihre Eltern sie den im Vestibül versammelten Gästen umständlich vorgestellt hätten.

Philosophieren, müssen wir mit leichtem Bedauern feststellen, macht nicht immer sehend. Gelegentlich macht es blind.

Moje hätte den Abend gern mit seinen neuen ägyptischen Bekannten verbracht, aber die beiden Herren zogen sich in ihren *Quarto de Arquiduquesa* im dritten Stock zurück. Sie seien mit einer alten Freundin aus Studienzeiten, einer eminenten, in die USA, das älteste Land des rasenden zwanzigsten Jahrhunderts, emigrierten Kaliningrader Kantexpertin, zum Skypen

---

[100] Ihre ihm mit altjapanischer Courtoisie überreichten Visitenkarten wiesen sie als *Jude Marshall, M.-Eng., Mausoleen en Pyramiden* und *Dr. med. vet. Patrice Erhard, Reptiles et Serpents, part. Crocodiles et Pythons* aus, Namen, an die sich Moje noch oft erinnern sollte, traf er Männer und Frauen mit anagrammatisch, phonetisch oder etymologisch verwandten Namen ja noch mehrmals auf seiner ungeheuren, erschütternden, erregenden, allerdings nicht durchgehend von cherubinischem Enthusiasmus beflügelten, gelegentlich luziferisch chaotisch-irrwirren Lust-Läuterungs-Lehr-Luxus-Liebes-Lebensreise ins unbekannte Unbekannte, die weite weite weite weite Welt.
Diese Reise darf allerdings nicht als eine zusammenhängende, tatsächlich zusammenhängend zusammenhängende Reise, eine Reise mit unter einem zusammenhängenden Begriff, einer zusammenhängenden Idee, einer zusammenhängenden Route zusammenhängender Stationen gedacht werden, sondern als eine zusammenhanglose Suite unzusammenhängender, blinder Aufbrüche und unzusammenhängender, geworfener Ankünfte in Situationen, von denen er bis dahin nicht wusste, dass es sie tatsächlich gab. Es war eine Reise, zu der er sich zwar nicht entschieden hatte (er hätte eine solche Reise auch nicht selbst wählen können, schon weil er von einer solchen Wahl nichts wusste (*because he never had done a thing like that before*), hatte er ja seinen Platz, einen angenehmen, gesicherten, privilegierten Platz, den er, wenn es auch nicht seiner war, nie verlassen hatte), die aber auch kein Sturz war (kein intellektueller, kein physischer, kein spiritueller, kein adamitischer), kein Sturz, kein Sturz, kein Sturz, *pas une chute, pas une chute, pas une chute*, no baba-badalgharagh-takammin-arronnkonn-bronntonner-ronntuo, kein Überdruss, keine Oper.

verabredet[101] und stünden daher, wie er sicherlich verstehen werde, leider nicht zur Verfügung, mit größtem Vergnügen aber die nächsten Tage.

Dieses Jahr, fügte der Kleinere mit leuchtenden Augen hinzu, würden sie über Immanuel Kants *Gedanken bei dem frühzeitigen Ableben des Hochwohlgebornen Herrn, HERRN Johann Friedrich von Funk* disputieren, das im Jahr 1760, also genau vor einem Vierteljahrtausend, vom sechsunddreißigjährigen Philosophen, damals Magister und Lehrer der Weltweisheit an der Akademie zu Königsberg, verfasste, dortselbst bei *Johann Friedrich Driest* gedruckte *Sendschreiben an die Hochwohlgeborne Frau, FRAU Agnes Elisabeth, verwitt. Frau Rittmeisterin von Funk, geborne von Dorthösen, Erbfrau der Kaywenschen und Kahrenschen Güter in Kurland, des selig Verstorbenen Hochbetrübte Frau Mutter.*

Karolina, ihre russische Freundin, habe ihnen eine ausführliche philosophische Analyse der in dieser Schrift vorkommenden Begriffe *rauschende Freuden, ruhige Heiterkeit der Seele, sanfte Schwermut, wahre Glückseligkeit, ungestüme Belustigung des Leichtsinnigen, lautes Lachen der Toren, ungeheuchelte Frömmigkeit, Kunst sich elend zu machen* in Aussicht gestellt, eine Analyse, die sie sich schon aus Gründen ethischer Meliorisierung nicht entgehen lassen dürften, hätten die früheren philosophischen Darlegungen ihrer Freundin ihr Leben ja schon mehrfach zum Besseren gewendet. Sie wären ohne ihre immerwährende Bohnenkönigin nicht, was sie seien, und fühlten sich ihr und Kant zu tiefstem Dank verpflichtet.

Nach einer SMS an Gerti[102] und einer rustikalen *Ceia (Polvo com Vinho de Cheiro do Faial)* im von der sanguinisch muntereren der beiden langbeinigen sächselnden Hostessen empfohlenen, nicht weit vom *Ogygia* entfernten, am Terraço Rehoboth gelege-

---

[101] *Seit 1981 telefonieren wir am Geburtstag des unsterblichen Kant miteinander, wenn es nicht möglich ist, Kants Wiegenfest bei einem Glas Rémy Martin und den Klängen der Johannespassion Johann Sebastian Bachs, natürlich in einer Einspielung des Leipziger Thomanerchors, gemeinsam zu feiern.*

[102] *Die Weiterreise verzögert sich. Ich muss die Nacht in Ponta Delgada verbringen. Morgen kann ich sagen, wie es weitergeht.*

nen altportugiesischen *Restaurante Arete* (das *Ogygia* war nicht auf Abendessen vorbereitet) war ihm noch nicht nach Alleinsein[103], weshalb er zwar nicht nach einem *Prostíbulo*, wohin es ihn möglicherweise eigentlich gelüstete, aber einer typisch azorischen Bar in der Nähe fragte.

Zu seiner Überraschung empfahl ihm der noch sehr jung, geradezu ephebisch wirkende Ober des *Arete* die *Gruta-Bar* im *Ogygia*. Es gebe dort nicht nur wunderbare originalportugiesische Gitarrenmusik (sogar der große António Chainho habe schon in der Gruta gespielt) und einen legendären Cocktail, den Apocalypso (man bekomme ihn nur dort, das Rezept sei geheim), sondern (bei diesen Worten erglühte ein schüchternes Korallenrosa auf den glatten Wangen des zarten jungen Mannes) *também uma empregada de balcão incrivelmente bonita, muito bonita mesmo.*

Als Moje das *Arete* verließ (der junge Ober war vorgeeilt, die schwere Restauranttür zu öffnen), ertönte zweimal ohrenfüllend das hartdunkle, wummernde Eisen einer nicht weit entfernten, sturmglockengeläutgeeigneten Kirchglocke, *écoute les cloches qui sonnent*. Moje zählte mit, *Eins, zwei*, und schaute auf seine *Jaeger-LeCoultre Reverso Tribute Duoface Tourbillon*, die ihm Gerti zum dreißigsten Geburtstag geschenkt hatte. Genau halb neun. Die beiden vibrierenden Schläge der kooperativen Kirchturmuhr schallten und echoten noch lange zwischen den Häuserwänden hin und her. *Die Glocke ruft, die Glocke schallt, die Weinbergschneck' zur Schneckin wallt*. Von links aus der Avenida Duque sirrend herausschießend, pfeilte ein Schwarm hauchdünnknochiger, insektenhungriger, über ihre letzten autoerotischen Abenteuer wie Trogodyten piepsflüsternd plappernde Azoren-Abendsegler wenige Meter über den provinzlich beschaulichen, von drei sehr gerade, schlank und symmetrisch

---

[103] Marizas aus einer altehrwürdigen, obeliskförmigen, zurückhaltend golden leuchtenden Wurlitzer fließende, das Restaurant trotz des ein wenig blechern wummernden Jukebox-Tons mit Sehnsuchtsglut aufladende Fadolieder hatten ihm ein erotisch unbestimmtes, gleichwohl palpabel pulsierendes, schmerzendes Verlangen entfacht, das ihn in eine nervösunruhige Erregung versetzte. *Minh' Alma* klang wehmutsvoll in ihm nach.

gewachsenen Ahornblättrigen Platanen bestandenen, mit leukokraten Granit- und melanokraten Basaltplatten spiralig gemusterten Platz durch die dämmerlichtige, 14 °C kühle Luft.

Moje folgte den sieben Fledermäusen, die, an ihm vorbei, rechts von ihm eine rasante Schleife nach links zogen, einen Moment lang hinter einem der zum Klettern einladenden Platanen und einem verbretterten Zeitungskiosk verschwanden, auf dessen Dach ein Elchgeweih grüßte, wieder hervor- und zuletzt von rechts nach links an ihm vorbeijagten, mit Kopf und Augen (*Wie leicht und schnell sie sind. Gleichmäßig stetiges Gleiten, was für ein Leben. Angel bats*), bis sie in die Ruela Lombard einbogen, ein enges, steil abfallendes Seitengässchen neben dem *Arete* links hinter ihm, und ihm wieder weg und aus den wendigen Augen waren. *Howdy dowdy diddle um-day, howdy dowdy diddle um-day, howdy dowdy diddle um-day, hey li-lee lee-lye li-lo, hey li-lee lee-lye li-lo. Zwielichtphantome, Liliths, Vampire. Prophetische Anmut, Fledermausauspizien. Segundo de Chomóns Metamorphose Loïe Fullers. Portrait of a bat as a young dancer. Porträts sind schwerer zu malen als Würste. Keine fliegenden Feinde. Ob sie im Turm wohnen, der uns gerade die Zeit geschlagen hat? Um Dächer zu flattern verstehen sie.*

Obwohl es in den Häusern schon zu dunkel zum Bügeln, Kochen, Lesen und Spielen sein musste (die Sonne war vor wenigen Minuten gesetzestreu untergegangen), war rings um den rechteckigen Platz herum außer den beiden honiggelb verglasten Rautenfenstern des *Arete* kein Fenster erleuchtet. *Durch eins der Fenster an einem um den Hals gelegten Strick hineingezogen werden.*

Still war's, kein Kindergebet, kein leises Gespräch zweier Liebender, kein Zischen eines zornigen Ehemanns, kein Seufzen eines jungen Mädchens, trotz vieler gekippter Fenster rundum. *Schlafen schon alle?*

Der zwischen den düsteren Häusern kaum spürbare Wind aber hatte von Süd auf West gedreht. *Der Wechselwind der Azoren. Welche Sprache er wohl? Wie dunkel schon. Finster. Zappenduster. Zappenduster. Muss mal nachsehn, woher zappenduster kommt.*

9

Offenbar war die *Gruta-Bar* trotz fehlender Beschilderung kein Geheimtipp. Schon am Eingang des *Ogygia* hörte Moje von der Kellertreppe her lebhaftes Stimmengewirr, Bienengesumms, Blättergeraschel, Geistergemurmel, Mäusegekratz, Sandgeschmirgel, Federgereibe, Aschengeflüster.

Alle Stühle der von Dutzenden Wand- und Tischkerzen heimelig beleuchteten, an Decke und Wänden von weiß-beigebraunen Muscheln, weiß-rot-orange-gelb-grün-blau-indigo-violett glitzernden Glassplittern (*wroggbiv, russisch irgendwie*) und anthrazitfarbenen Lavabröckchen übersäten Grottenbar[104] waren besetzt, nur zwei Stehplätze am Tresen waren frei. In der rechten hinteren Ecke lehnte neben einem *Thonet Kaffeehausstuhl Nr. 16* mit Holzsitz eine feingemaserte, akazienhonigfarbene, zwölfsaitige Coimbracister an der Wand. *Was der Gitarrist wohl? Oder ist's eine Gitarristin? Wie schön von Liebe die Gitarre seufzt. Angerissne Melodien.*

Hinter einem der zehn mit weißen, roten, orangen, gelben, grünen, blauen, indigoblauen, violetten, schwarzen quadratischen Mosaiksteinchen (*wroggbiv, wroggbiv, wroggbiv*) belegten, einbeinigen, kaum zweidrittel Meter breiten kreisrunden Metalltische, um die dicht gedrängt die Gäste saßen, nahm eine jungenhaft ranke Frau in margaritenweißer Rüschenbluse und wadenlangem, balkanfolkloristisch anmutendem, zinnoberrotem, mit drei smaragdblau gefassten goldenen Querstreifen besetztem Rock eine mit spitzem Gekicher und lautem, stoßendem Geläch-

---

[104] Moje fragte sich, ob im Verputz auch Steine steckten, die einst zu kolonisierten Bergspitzen gehört hatten, eine Frage, die ihn noch Ende 2016 beschäftigte, als er die Namen der kolonisierten Berge (*In den Bergen, in den Bergen, da fühlst du dich frei*), deren Gipfelsteine (*Schattensteine. Steine mit Schatten, Steine mit langen Schatten, Steine mit sehr langen Schatten*) für die *Gruta-Bar* infrage gekommen wären, römisch schläfrig in sein Tagebuch eintrug, Monte Binga, Pico da Neblina, Cerro Catedral, Karthala, Bellevue de l'Inini, Sonsogor, Kanheri Peak, Pidurutalagala, Salahutu, Labua, Banda Api, Gamalama, Ili Boleng, Gunung Muna, Poco Mandasawu, Ile Lewotolok, Delaki, Tatamailau, Pico, Pico Ruivo, Diana's Peak.

ter (*Klingt fast hysterisch*) garnierte Bestellung entgegen. *Groß, ja, schlank. Die Schlankheit des ganz jungen, zur Zerbrechlichkeit neigenden Palmbaums, wie's irgendwo heißt. Und hübsch, ja, ziemlich hübsch, sehr hübsch sogar. Hätte nichts dagegen, wenn ihre Pantöffelchen. Aber incrivelmente bonita? Hat der Ober etwa ihretwegen glasige Augen bekommen? Na ja, er wird noch nicht viel gesehen haben. Provinz.*

Frischer Frühlingsduft zog in Mojes Nase, Tulpengrün, Geranie, Veilchen, Bergamotte.

»Senhor Moje, was darf ich Ihnen anbieten?«

Überrascht (Wer kannte seinen Namen?) drehte er sich um.

Cela.

Cela ...

Das Zusammentreffen der Blicke.

Cela.

Cela ...

Jerusalem! Open your gates and sing Hosanna!

Cela. Cela. Cela ...

Dabei war sie zwar nicht mehr camouflierend, aber auch nicht atemnehmend gekleidet, weder blendend luxuriös noch aufreizend sexy.

Ein unter einem damastenen, von Hunderten Myrten, Primeln, Rosen buntblumendurchwirkten, melbafarbenen Leinencape sich bauschendes, mit tausendundeins neckisch ineinander verschlungenen, novalisblauen Traumblumen (*Bluets*) bedrucktes hellbeiges Kattunkleid (*Blau Blümelein im gelben gelben gelben Kornfeld blüht*) mit weit über ihre zarten weißen Handgelenke reichenden Ärmeln gab gerade so viel dezentes Dekolletee frei, dass zwar ihr Drosselgrübchen unter dem nackten Hals zu sehen war, nicht aber ihre Salzfässchen über den zarten Schlüsselbeinen.

Doch ihre Haare, ihre Glück, Wonne, Lust versprechenden, von rot- und gold- zu flachs- und weizenblond changierenden, ihre wogenden, wippenden, gewellten, der Feder eines Petrarca würdigen goldenen Haare[105], der wiegende Strom ihrer unglaublichen Haare[106], die jetzt ungebunden lockendfrei die wohlgeformten Schultern, den sanft gerundeten, festen Busen (*tender buttons, boutons tentantes, botões de desejo*), die lieblich ein- und ausschwingende Taille zu den wie ein von Hephaistos geschmiedetes Halsgeschmeide um ihre Mitte sich rundenden Hüften hinabfließen. Und unter den blendenden, spiralig geringelten Goldlocken das Gesicht, das ovale, diamantene, das Moje seit jeher als Archetyp weiblichgöttlicher Schönheit und Grazie ins Gemüt eingeschrieben war[107], reine, schimmernde, perlmutterfarbene Haut, runde, rosige Wangen, hohe, blanke, klare Stirn, schmale Bögen walnussbraun geschweifter Brauen, Säume langer, schwingender Wimpern, mandelförmige, rehgoldgraubraune Augen[108], schlanke, gerade Nase, volle, zartrosa Lippen, feinsinniges, rundes Kinn, und ein langer, schlanker Modigliani-Hals, damit die unsterbliche, die weiße Seele (*El*

---

[105] Verschwenderische Pracht und paradiesische Freiheit, Freiheit ohne Schwert noch Fackel, Freiheit ohn Gewalt noch Gehorsam, Freiheit ohne Willkür noch Notwendigkeit, Freiheit ohne Ritus noch Zeremoniell (Freiheit, Freiheit, Freiheit, Freiheit), *bel éclair qui durerait*. Strahlend strahlendes, glänzend glänzendes, golden goldenes D-Dur, die festlich jubilierenden, schmetternden, jauchzenden, die Pracht, Glorie, Herrlichkeit Britanniens weit weit in die weite Welt hinaus tragenden Trompeten der am 17. Juli 1717 während einer nächtlichen, galanten Barkassenfahrt die sanft schaukelnde Themse vom Whitehall Palace nach Chelsea hinauf und wieder hinab zur sinnlichintellektuellen Unterhaltung des in der kleinstädtisch akolonialen Garnisonsstadt Hannover geborenen siebenundfünfzigjährigen Königs George I uraufgeführten zweiten Suite der *Wassermusik* des seit eineinviertel Jahren im großstädtisch metropolitanen London komponierenden, im kleinstädtisch verlorenen Halle geborenen zweiunddreißigjährigen Georg Friedrich Händel.
[106] Immer immer immer fesseln Details, nie der ganze, nie der ganze, nie der ganze Mensch.
[107] Nach einem berauschenden, begeisternden, entrückenden Besuch der Uffizien schreibt Moje ekstatisch-hymnisch ins *Römische Tagebuch*, *dass niemand, niemand, niemand, kein Mensch und kein Gott, je einen hübscheren, feineren Kopf mit wonnesameren Locken auf den Schultern gesehen hat, niemand, niemand, niemand. Der Glanz der Geist, Körper, Seele inspirierenden Haare, das Licht der Geist, Körper, Seele inspirierenden Augen, der Schimmer des Geist, Körper, Seele inspirierenden Munds, ach, ach, ach, ach. Himmlische, paradiesische Wärme. Seelenwärme.*
[108] Nicht Heras weiche, kirremachende, kuhschwarzbraune Augen, nicht Pallas Athenes hellglänzende, kühle, stahlblaugraue.

alma blanca, l'âme blanche comme la neige) von der sterblichen, der bunten, so weit wie möglich entfernt wohnen könne, Sandro Botticellis
Venere appena nata
Über die Flut auf schillernder Perlmuschel heranschwebende Venus
Girl on the halfshell (the lovely seaside girl)
Herrscherin des quirligen Meers, des schäumenden Milchmeers, des milchigen Meerschaums
Heißer, feuchter, schäumiger Traumtraum des traumträumigen Meers
Götter und Göttinnen betörende, Männer und Frauen betörende, Männer und Frauen zu Göttern und Göttinnen begnadende
Liebreizende liebzeigende liebzeizende
Unverwechselbare
Hohe
Gottgöttliche Gestalt.
Moje brachte nur ein Flüstern heraus.
»Einen Apocalypso bitte, Senhorita.«
Cela lächelte ihn freundlich an.
»Sehr gern, Senhor Moje. Aber nennen Sie mich Cela. Alle nennen mich Cela.«
Cela.
Cela, Cela.
Cela, Cela, Cela, Cela.
Hatte der hübsche Ober also doch recht ...
Nachdem Moje den ersten Schluck Apocalypso getrunken hatte, war's endgültig um ihn geschehen. Celas Erscheinung hatte sein zur Zurückhaltung verurteiltes, unbestimmt schweifendes erotisches Schönheitsbegehren, das er seit seiner Verlobung mit Gerti durch gezielte Missachtung zu schwächen versucht hatte, das aber gleichwohl, wenig verwunderlich, keineswegs erloschen war[109], in feuerhellen Aufruhr versetzt. Ob der

---

[109] Mehrtausendjährige Mönchs- und Priestererfahrungen legen nahe, dass sinnliche Begierde, so sie überhaupt angelegt ist, selbst in eremitischer Abgeschiedenheit nicht dauerhaft eliminiert werden kann.

Apocalypso, den Cela in satinierten, marmorkegelschneckenförmigen Gläsern servierte, ein Philtron und kein bloßes Temetum war[110]? Ob die Erregung aus Moje selbst, aus seiner tief im Blut pochenden, apokalyptischen, aprilen Pink-Moon-Sehnsucht, oder aber aus der Seele des Cocktails kam? Ob das Toxikon ein Hormonprodukt seiner venerischen Unterwelt oder aber als biochemisch wirksames Substrat in den Apocalypso hineinkomponiert war?

Schon Ockhams Rasiermesser würde ausreichen, die Frage für erledigt zu halten, umfloss Cela, trug sie ihr goldenes Haar offen, ja auch ohne Zauber ein überwältigender Charme, dem sich niemand, der nicht blind, verrückt oder komatös war, entziehen konnte.

Obendrein enthielten die makellos transparenten Tropfen kaum die notwendigen trübenden Philtroningredienzien Taubenblut, Wendehalszunge, Schiffshalterschuppen und Kalbshirn, es sei denn, höchst unwahrscheinlicherweise, molekularküchentechnisch zu purer, transluzider Essenz geklärt. Und auch das potenziell in sich widersprüchliche Verlangen, Cela allein für sich besitzen[111], zugleich aber sich ihr vollständig hingeben sowie jeden, wirklich jeden ihrer Wünsche unbedingt erfüllen zu wollen, war nicht in Moje geweckt worden.

---

[110] Moje hatte, um Cela nicht wie ein tumber Erzgebirgshinterwäldler anzustarren, der zum ersten Mal in seinem dunklen Köhlerleben eine schöne Frau sieht, seine aufgeregten Augen auf ihre weißen Hände und die Zubereitung des Apocalypsos gerichtet, aber nur die gewöhnlichen Negroni-Ingredienzien Gin, Wermut, Campari und nicht die spezifische Differenz des Cocktails identifizieren können. Cela hatte zwar unverborgen, aber kommentarlos aus einer unbeschrifteten, alabasterfarbenen Phiole, die ihn an die schön in Deutscher Kanzleischrift etikettierten Arzneiflaschen erinnerte, die er als Vierzehnjähriger zu Hunderten auf den die Wände hoch ausfüllenden Regalen des transsylvanisch unheimlichen *Apothekenmuseums Ottweiler* gesehen hatte (*Asa foetida tinct.*, *Unicornu verum*, *Crudum laridum*. *Komisch, dass es überhaupt nicht nach Arznei roch. Museum halt*), dem Apocalypso genau dreizehn Tropfen einer klaren rosa Flüssigkeit in den eisgekühlten Tumbler geträufelt hatte, von der er nicht wusste, was sie war. *Rosa ist Rosa ist Rosa ist Rosa. Rosa Rosa Rosa Rosa. Rosa, die fehlerlose Farbe.*

[111] *Du bist mein, du bist mein, du bist ewig mein allein!*

Vielleicht war das Faszinationsgefühl, das Moje Cela gegenüber an jenem ersten Abend empfand[112], demjenigen verwandt, von dem das freie, offene, unbedrückte Gemüt beim Anblick einer grandiosen, weit über das Sehfeld hinaus sich breitenden Landschaft oder eines unbeschreiblichen, göttlichen Kunstwerks in Bann geschlagen wird. Mit dem entscheidenden Unterschied allerdings, dass im Fall der erhabenen Naturformation oder des unfassbaren Kunstwerks[113] die Faszination gewöhnlich nicht von Scheu begleitet wird, den unwiderstehlich reizenden Gegenstand der Sinnesattraktion zur Lustbefriedigung, Erbauung, Bildung oder Analyse hemmungslos anzustarren und voyeuristisch fetischistisch zu konsumieren.

Es sah im götterdämmernden Licht der *Gruta-Bar* auch sonst niemand länger als einen Augenblick zu Cela hin. Alle, auch die hübsche Bedienung und der schmelzend musizierende junge Gitarrist, gaben sich Mühe, ihre verräterischen, unvermeidbaren, cherubinischen Blicke Richtung Ausschank wie ein gewöhnliches, völlig normales schweifendes Umherschauen, wie es jeder in einer Bar ab und zu tut, aussehen zu lassen. Ausnahmslos jeder, ob Frau oder Mann, jung oder alt, attraktiv oder unscheinbar, selbstbewusst oder schüchtern, ledig oder verheiratet, sexuell aktiv oder nicht, schickte wenigstens viertelstündlich die magiegebannten Augen zu ihr, um sie nach unendlich kurzem, unendlich intensivem, unendlich sehnsuchtsvollem Erstarren irgendwohin weiterschweifen zu lassen, zum Siphon auf der Theke, zum zupfenden Gitarristen, zu einer der flackernden Wandkerzen[114], und endlich zu den Tischnachbarn zurückzuzwingen, die redeten, lachten und gestikulierten, als ob das zufällige Gesprächsthema sie brennend, seelentief brennend, tatsächlich seelentief brennend interessieren würde.

---

[112] *Die ungeheure Sehnsucht, die meinen elektrisierten Körper und meine kreiselnde Seele erfasste und bis tief in die sich zusammenziehende Nacht nicht mehr verließ.*
[113] *Beauty too rich for use, for earth too dear, oh dear, oh dear, oh dear, oh dear!*
[114] *Ob es hülfe, die Füße in Sodawasser zu baden? Musik hilft jedenfalls nicht. Oh Gott, oh Gott, wie weh ist mir.*

Und doch hat sich Moje mit der Frage, ob der Apocalypso ein wenn auch vielleicht nicht klassischer Liebestrank gewesen ist, bis in die Zeit seines Südafrikaaufenthalts beschäftigt. Noch in seinem *Gefängnistagebuch* forscht er der Philtronfrage fast philiströs nach. Die Sinnesänderung, die er erfahren hatte[115], war zu verblüffend, als dass er sie sich allein auf natürliche, sinnespsychologische Weise, allein durch den Anblick Celas verursacht hatte erklären können.

Selbst die Lektüre des halluzinatorischen *Liber scivias*, Hildegard von Bingens *indisputably migrainous*, im Jahr des Herrn 1152 fertiggestelltes Erstlingswerk, das ihm von Christian zum dreißigsten Geburtstag in einer prächtigen, zweisprachigen Ausgabe mit Faksimiles sämtlicher Miniaturen[116] geschenkt worden war, hatte ihm nicht zu einer solch essentiellen Erweiterung und Vertiefung seines geistigen und sinnlichen Vorstellungsvermögens verholfen.

Die notorisch süchtig machende Künstler- und Philosophinnenerfahrung, während eines Neuschöpfungsprozesses bis in die innersten, autoreligiösen, keiner Objektsprache zulänglichen Gemütstiefen hinein ergriffen zu werden bei gleichzeitiger Hebung des Formbewusstseins ins diamanten Kristalline, gläsern Transparente, ätherisch Luzide, diese leider selbst die größten Künstlerinnen und heitersten Philosophen nicht bei jeder Werkverfertigung begleitende allein seligmachende Musen-

---

[115] Eine von ihm nicht für möglich gehaltene Schärfung des präsentischen Bewusstseins, eine geradezu morphinoide Steigerung von Wachheit, Aufmerksamkeit, Reflexionsfähigkeit und Lebenswillen, als ob einem Scheuklappen abgefallen wären, man in Elektrizität gebadet hätte (*Bath me, bath me in electric light!*), beinah von einer Straßenbahn überfahren worden, zum ersten Mal über die höchste Kuppe einer Riesenachterbahn gerollt wäre (sehr sehr langsam), um gleich einen ungeheuren Abhang hinabzurasen.

[116] Kopien, die selbst schon Kopien von Kopien waren. Nonnen der Eibinger St.-Hildegard-Abtei hatten zwischen 1927 und 1933 von den Miniaturen der dann seit dem Jahr 1945 verschollenen sogenannten Handschrift Nr. 1, einer um 1175 geschaffenen Kopie von einem der zehn Originale, mit ruhiger Hand exakte Echtfarbenkopien angefertigt, die als Vorlage für den Druck der Prachtausgabe dienten.

erfahrung[117], die euphorische Inspirations- und Spontaneitätserfahrung einer Sinnlichkeit, Geist und Gemüt verschmelzenden unblutigen Zeugungsgeburt scheint Moje trotz seines rauschhaften, ihn gewaltig aufrüttelnden jugendlichen Kunsterweckungserlebnisses und ausgiebiger, zeitweise sogar begeisterter Beschäftigung mit Malerei und Musik erstmals erst lange nach Cela und den Apocalypsos gemacht zu haben[118], vermutlich gegen Ende seines südafrikanischen Gefängnisaufenthalts,

---

[117] Dr. iur. Franz Kafka, mandeläugiger Galanteriewarengroßhändlerssohn, in der Öffentlichkeit gern eine aufrührerisch sozialistischrote Nelke im Knopfloch tragend (Rot rot rot ist alles was ich habe), hochgeschätzter Versicherungsschriftsteller, ausdauernder Brustschwimmer, Hypochonder, stiller Teilhaber einer unverstandenen Asbestfabrik, machte die rauschpanikartige Künstlerglückskatastrophenerfahrung nur ein einziges Mal, neunundzwanzigjährig, in der Nacht vom 22. auf den 23. September 1912, während der Niederschrift seiner teuflisch komischen Spaßmacher- und Komödiantenhumoreske *Das Urteil* (*Gegen Späße gibt es keine Einwände*), als er, sinnend schreibend, seinem kraftvollen, lärmigen, jähzornigen Vater, dem er bisher immer nur abwehrend zugehört und nie das Wesentliche erzählt hatte, nicht nur verständnisinnig lauschte, sondern auch gleichzeitig das verständnisinnig Gehörte zurückerzählte, als also verständnisinniges Zuhören und Erzählen des verständnisinnig Gehörten sich gleichzeitig in ihm, dem sinnend Schreibenden, zutrugen und bei diesem gleichzeitig in ihm, dem sinnend Schreibenden, sich Zutragenden, nämlich dem dem kraftvollen, lärmigen, jähzornigen Vater verständnisinnigen Zuhören und dem gleichzeitigen Erzählen dieses verständnisinnig Gehörten, also beim Akt des seinem kraftvollen, lärmigen, jähzornigen Vater verständnisinnigen Zuhörens und des gleichzeitigen Erzählens des verständnisinnig Gehörten, eine Erkenntniseinsichtsklarheit erfuhr, wie er sie noch nie erlebt hatte und auch nie wieder, trotz einer Unzahl immer angestrengterer, aber auch, zugegebenermaßen, immer lässigerer Versuche, erleben sollte. (An jenem 22. September 1912 hatte der fünfundfünfzigjährige US-amerikanische Präsident William Howard Taft die Pazifikinsel Guam, die nach Beendigung des am zweihundertzweiundachtzigsten Jahrestag des Begräbnisses von Cervantes von den expansionslüsternen USA mit Unterstützung der US-amerikanischen Sensationspresse geschickt vom Zaun gebrochenen Spanisch-Amerikanischen Kriegs gemäß des Pariser Friedensvertrags, der am 10. Dezember 1898 vom neunundvierzigjährigen William Rufus Day und vom sechsundsechzigjährigen Eugenio Montero Ríos sowie weiteren Repräsentanten der USA und Spaniens unterzeichnet worden war, zusammen mit Puerto Rico und den Philippinen von den USA für zwanzig Millionen Dollar von Spanien übernommen worden war, zu einem geschlossenen Territorium erklärt, das von keinem Ausländer betreten werden durfte.)

[118] *Zufriedenmachender, leise rauschender Irrsinn.* Wiewohl es übertrieben wäre, bei Moje von einem großen inneren Leben zu sprechen.

nachdem er, seinen Verstand und seine Vernunft zu retten, jene unerwarteten, literaturstürzenden, in keine konventionelle literarische Gattung passenden literarischen Texte zu verfassen begonnen hatte, die unsere Biografie rechtfertigen.

10

Gegen dreiundzwanzig Uhr schloss die *Gruta-Bar*. Aufgeputscht von den köstlichen Apocalypsos[119], dem gewaltigen Sehnsuchtsgefühl, das nicht nachließ und den im eigentümlich wollüstig anmutenden Hotelzimmer aufschäumenden Phantasien war es Moje zu schlafen unmöglich.

Aus burgunderroten, von floralen Rauschgold-Ornamenten illuminierten Tapeten sprossen taubenblaue, in mattgelbe Leuchttulpensträußchen sich verzweigende, lüstern sich ausstreckende Lampenarme. Auf das mit einem seidenen Patchwork-Quilt bedeckte und mit seidenen Purpurkissen überhäufte Messingbett, das über eine Vorrichtung verfügte, mit der es in ein rhythmisches Rütteln, ein Zittern seitlich wie auf und ab, versetzt werden konnte, schauten raffiniert gehängte Lustbespiegelungsspiegel.

An den Wänden animierten fünf Gemälde (*Fenster nach Kythera*) in barocken Rahmen mit reich vergoldetem Schnitzwerk, fruchtbeladenen Reben, fledermausflügligen, neugierig äugelnden Putten (eine verbarg ein Auge neckisch unter einer ihrer Schwingen), übermütigen Eroten, die fröhlich hüpfende Zicklein ritten, dem triumphierend aus dem sagenhaften Indien heim ins heimische Theben ziehenden, trunkenen Dionysos, singenden, flötenden, schallend schellende Becken schlagenden Mänaden, pferdebeinigen, priapistischen, geil grinsenden Satyrn, geschmeidig, würdig, unnahbar schreitenden Panthern, Löwen, Tigern. An den Stirnwänden hingen zwei sorgfältig

---
[119] Auch der berückende Wohlgeschmack (*Lotosmädchenarom*) sprach dagegen, dass der Cocktail ein Philtron war

ausgeführte Kopien, Jean Antoine Watteaus *Jupiter und Antiope* und Antoine Pesnes *Galante Szene*, zwischen den Fenstern zwei kleine verglaste Pastellbildnisse derselben blonden Frau (im Pelz und nackt), über dem Rüttelbett ein Originalölbild, das Hüftportrait eines tief dekolletierten, zigeunerbraunen, rabenfederschwarzhaarigen, mit hoch emporgestreckten, schlanken Armen Kastagnetten schlagenden, feurig augenfunkelnden, prächtig offenherzigen (*Sinnenden Busens Silberschimmer*), lobpreis- und anbetungswürdigen Dings der Schönheit im numismatischen Dreiviertelprofil. *Solch schönes Ding gesehen zu haben! Parkett, zweite Reihe. Schönheit hält im Leben.*

Von der stuckverzierten Decke pendelte ein fünfzehnflammiger, bei entzündeten Glühbirnen blitzend funkelnder französischer Baccaratkronleuchter, ein blendend hyperrealistisches Manufakturerzeugnis aus dem Zweiten Kaiserreich, dessen Kristallpendeloquen wie die des Lüsters in der Levitationsszene von Andrei Tarkowskis *Solaris* leise klingelten, wenn die Tür, über der ein kleines Kruzifix aus streifigem Elfenbein hing, oder ein Fenster geöffnet wurde, *Ecoutez, ô Français, les leçons de la guerre et faites des enfants!*

Um sich abzulenken, nahm Moje aus seinem Bücherkoffer, den er sich von der schönen *Nausikaa* hatte nachbringen lassen, Nikolaus Joseph Jacquins im Jahr MDCCLXIII, dem Jahr des für Preußen so glücklichen Endes des Dritten Schlesischen Kriegs, in Wien erschienene grandiose *Selectarum*[120] *stirpium americanarum historia, in qua ad Linnæanum systema determinatæ descriptæque sistuntur plantæ illæ, quas in insulis Martinica, Jamaica,*

---

[120] Er hatte das Werk an einem der wenigen ruhigeren Chicagoer Akquisitionstage im Hinterzimmer des engen, metaphysisch verwinkelten, mit prachtvollen Zimelien überladenen Antiquariats *Amber Gwynn Geiger, Rare Books and De Luxe Editions* erworben. Beinahe hätte er sich den Scherz erlaubt, die Inhaberin (elegant gekleidet, adipös, wulstiger, weicher Nacken, rubinrote Marilyn-Monroe-Lippen, Schönheitspflästerchen rechts, Glasauge links), die einen prächtigen, fetten Angorakater streichelte, nach der 1860er Ausgabe von *Ben-Hur* zu fragen, *third edition, the one with the erratum on page 116*, und nach der 1840er Werkausgabe Chevalier Audubons.

Domingo, aliisque, et in vicinæ continentis parte, observavit rariores; adjectis iconibus in solo natali delineatis, setzte sich auf den Florentiner Savonarolastuhl vor den mit Muschel- und Anthurienintarsien verzierten Rokokosekretär, legte das Pflanzenbuch auf die seidig polierte Tischplatte und fing an zu blättern. Jacquins einfühlsam handkolorierte Zeichnungen, die ausschließlich das optisch Wesentliche der dargestellten Pflanzen abbilden, ließen ihn jedoch kalt. Neben Celas Bild, das ihm nicht aus dem Kopf ging, wirkten sie existenziell belanglos.

Nach wenigen entschlusslosen Minuten schob er den in einer Ecke stehenden hohen, steif genoppten, napiergrünen, das erotische Ambiente des Zimmers mit flagellantischen Phantasien bereichernden englischen Ohrensessel nah an das mittlere der drei bodentiefen Flügelfenster des Zimmers, machte es sich mit zwei purpurnen Seidenkissen bequem und sah in den gegenständlich endlichen, sich unaufhörlich verändernden, vom Halbmond in klösterlich feines, seidig durchsichtiges Silber gehüllten Hotelgarten hinab und in die erhaben unendliche, immerdar auf immergleiche Weise sich drehende, von unzähligen Lichtpunkten bedeutend gesprenkelte eherne Himmelskugel hinauf.

Versunken in die befreundete, glitzernde Nacht, gelöst und ruhig erwartete er ohne künstliche Unterhaltung den kommenden Tag.

Zwar hätte er gern Wolfgang Amadeus Mozarts vollkommenes, rauschlos heiteres *Terzett für Pianoforte, Klarinette und Viola KV 498* gehört, das aus mühelos philosophisch beweglichem musikalischem Denken in sanftes, amethystviolettes Es-Dur gegossene, für Franziska von Jacquin, Tochter des Direktors des Botanischen Gartens der Universität Wien Nikolaus Joseph Edler von Jacquin, komponierte *Kegelstatt-Trio*, hatte allerdings weder eine Aufnahme noch ein Abspielgerät zur Verfügung. Bald spürte er, willenlos glücklicher schopenhauerscher Anschauungsautist, keine Leib- noch Gemütsgefühle mehr. Sein unergründlicher Körper war ihm zwar noch präsent (er sah ihn in den Scheiben der nach innen geöffneten Fenster mehrfach gespiegelt), seine Psyche aber hatte sich gänzlich zu Geist destilliert, schwebte frei im Raumzeitgefüge des natürlich Sicht- und Hörbaren.

Weder Lust noch Unlust trübte sein Bewusstsein, das unbekümmert leicht durch die geheimnisvollen, symbolschweren assyrischen Sternbilder des von wenigen vereinzelten, männerhandgroßen Wolken durchsegelten, unamerikanisch weichen nächtlichen Himmels[121] mäanderte, durch das dunkle, matte Schattenweiß und das abgründige Zypressengrün der mit unzähligen sprudelnden Blüten geschmückten Bäume und Büsche (kein Lichtflimmer, kein Leuchtschimmer, kein Glühwürmchen im Palàcio de Jardim), durch das wisperleise Rauschen und Rascheln der vom Wind bewegten Äste, Zweige und Blätter und durch das Piepsen und Pfeifen der unsichtbar dahineilenden Mäuse, Salamander und Eidechsen.

Kurz nach Sonnenaufgang, die letzten tiefstehenden Sterne[122] im Westen waren apathisch verblichen, wurde Moje wieder körperlich.

Er verließ den englisch steifen, persisch verweichlichten Sessel, stand auf, zog sich aus, legte sich aufs frisch überzogene, von ihm noch unbenutzte Bett und masturbierte (*Aufsprudelnd am Morgen. Nackt ist besser als in die Hosentasche*).

---

[121] *Oh wache wache schöne schöne leichte leichte Nacht, kenn ich doch genau der nächtlichen Gestirne Schar.*
[122] *The bright stars fade, the morn is breaking, the dewdrops pearl. Was ist das Licht der meisten Sterne klein und mager. Dagegen die Milchstraße. Die nächtliche Versammlung der Gestirne. Wenn wolkenlos und klar das Nachtgewölbe Sterne sprüht. Lichtgewimmel. Die weißen Könige. Erhaben. Voller Geheimnis. Prächtig. Prachtvoll? Prächtig, prachtvoll, prachtvoll, prächtig. Prachtvoll! Obwohl sie natürlich auch aus nichts als schwach leuchtenden. Sterne Sterne Sterne. Milliarden Sterne. Kann man Sterne hören? Vielleicht synästhetisch? Wenn sie flackern? Harmonien.*

Nach einigen streichelnd-reibend-rührigen Minuten[123] stand er erleichtert wieder auf[124], duschte, kämmte, rasierte sich (*Wasser kocht bei circa 100 °C*), schweigend ernst, mit langsamer Sorgfalt (*Wo Sorgfalt ist, ist Schweigen und Ernst*), deodorierte sich, putzte sich die Zähne, wie es ihm als kleines, aufmerksames Kind beigebracht worden war (*Ich putze meine Zähne von Rot nach Weiß und führe meine Bürste stets im Kreis*), parfümierte sich (Farn, Klee, Moos, Limone, Mandarine), zog sich eine flughafenblaue Boxershort, ein lichtrosa-weiß gestreiftes Baumwollhemd, eine atlantikblaue Jeans, einen dünnen, walfischgrauen Baumwollpullover, tennisweiße Socken und sneakerweiße Loafer mit puderblau abgesetzten Quartieren an (bedeckte den empfindlichen Unterleib, den nicht allzu athletischen Thorax,

---

[123] Zuerst dachte er an eine frivole Rede Christians, der als Gast im legendär gewordenen inoffiziellen Teil eines bis dahin sittsam langweiligen Festkommerses trotz erheblichen Bierrauschs (*Mindestens sechs Halbe*), erstaunlich graziös auf einem Rennrad balancierend und eine silbern schimmernde Fahrradpumpe in der rechten, männlichen Hand haltend, ein mit überschwänglichem Applaus honoriertes fleischloses Loblied auf masturbantische Bücher vorgetragen hatte. (Das Wort *masturbantisch* hatte Christian von einer über ein Meter neunzig großen Freundin, einer jedes Geschlecht erotisch anregenden, auch ohne Alkohol temperamentvollen Richterin (*Richter verzeihen nicht, Richter richten! Richter sind immer nüchtern, auch wenn sie stockbetrunken sind!*), die das Wort allerdings pejorativ einem von ihr verachteten Buch zugedacht hatte, Uwe Tellkamps *Turm: Espritlos-masturbantische Oberstudienratspornografie*. (*Das also sind Bücher? Ein schmieriges Geschäft. Man kann auch ohne Bücher leben, gut leben, sehr gut leben, bestens leben sogar. Ja ja, es gibt gutes Sein ohne Literatur.*)) Doch schon einen Augenblick später erinnerte sich Moje an eine degas-balthus-houellebecqsche Boudoirszene exhibitionistischer, sich liebevoll Gesichter und Körper zungenleckender, mit nichts als kurzen Mädchenschürzen und waagrecht von den Hüften abstehenden Tutus bekleideter Bedienerinnen und Ballerinen, die er vor einigen Jahren in einem die Gegenwart feiernden Sextheater auf der Hamburger Reeperbahn gesehen hatte, mit besonderer Lust aber an die zarte Schlussszene, als sie sich auf dem Bühnenboden wie Strandmädchen auf Felsen mit an die schlanken Leiber gezogenen, gespreizten Beinen genüsslich zum Publikum hin räkelten. Μικρές Αφροδίτες, *Schaumtraum, Fornicatio fantastica, Delectatio morosa.*

[124] *Wahrlich wahrlich, kurz nur ist unsere Lust, leider leider. Selbst sechs Stunden am Stück wären zu kurz. Lust aber wehklagt nicht. Plaisir d'amour ne dure qu'un moment, chagrin d'amour dure toute la vie. Aber das ist was anderes.*

die nicht allzu muskulösen Arme und die feinen Füße (Schuhgröße 42) doppelt, die männlich wohlgestalteten Beine einfach (*casual wear*)), verließ das Zimmer, schloss mit dem schweren Bartschlüssel die Tür hinter sich zu und stieg langsam die nach links sich hinabdrehende Treppe hinunter.

Mehrmals blieb er stehen, um sich die passepartoutgefassten, gopherholzgerahmten, leicht geblichenen *36 Ansichten des Berges Fuji* des siebzigjährigen Hokusai an den mit besänftigendgrüner japanischer Grastapete überspannten Wänden genauer anzusehen. Es waren, des Preußischblaus der Konturlinien nach, die die Szenerien zusammenhielten, Exemplare des vor hundertachtzig Jahren erfolgten Erstdrucks.

Auch die anderen *Ogygia*-Gäste waren zur enigmatischsten Stunde des Tages kurz nach Morgengrauen aufgestanden. Sie saßen im azorisch blauweiß dekorierten Speisezimmer, wo sie soeben begonnen hatten, ihr *Pequeno Almoço* zu sich nehmen, und unterhielten sich über Bahâ'ullâh, der hundertsiebenundvierzig Jahre zuvor im am murmelnden Ufer des Tigris gelegenen Garten *Ridvan* öffentlich gemacht hatte, ein Bote Gottes zu sein. Nach dem Frühstück wollten sie zum Hafen wandern und sich erkundigen, wie es um die versehrte *Nausikaa* stünde, wann die Reise weiterginge, ob sie mit einer weiteren Nacht in Ponta Delgada rechnen müssten.

Nur die Herren Marshall und Erhard fehlten. Die beiden Dioskuren seien, erzählten ihm die beiden gestern mit dem Wagen zum *Ogygia* vorausgefahrenen älteren Damen kichernd, schon vor Sonnenaufgang mit einem Taxi zur Caldeira Sete Citades gefahren, um sich das bei homerischer Morgenröte besonders eindrucksvolle Farbenspiel von Lagoa Azul und Lagoa Verde anzusehen, diesen beiden so traurigschön flammenden Tränenseen, die so ganz anders seien als der Genfer See, dieser *lacus mortis* (aus dem Kichern wurde ein Glucksen und Gackern), dessen Anblick selbst bei leuchtender Sonne gruselige Phantasien freisetze, trotz der herrlichen Berge. Nur der Starnberger See sei im Sommer noch furchtbarer. Es sei notwendig, fügte die weißhaarige, fülligere mit strahlenden Augen hinzu, sich immer alles Grausame zu merken. Ja, bestätigte die hellfliederblauhaarige, schlanke, der tödliche Horror des Starnberger Sommers.

Wann die entzückenden Levantiner wieder ins Hotel zurückzukehren beabsichtigt hätten, wussten sie jedoch nicht.

Moje aber ging nach dem Frühstück nicht mit zum Hafen, sondern blieb im Hotel, froh, für eine Weile der einzige Gast im Haus zu sein. Vielleicht würde sich eine Gelegenheit zu einem Gespräch mit Cela ergeben. Sobald gemeldet werden würde, dass die schöne *Nausikaa* wiederhergerichtet sei, wäre es immer noch früh genug, sich auf den Weg zu machen.

Gestern in der Bar hatte er Cela außer zur Bestellung seiner Apocalypsos nicht ansprechen wollen. Ein Kommentar eines Tresennachbarn, und wäre es ein anerkennender gewesen, hätte ihm den Mut für jeden weiteren Annäherungsversuch genommen. Zwar würde er nicht lächerlich wirken, wenn er eine Anfangzwanzigjährige ansprächse[125], aber bei einer makellos idealen Schönheit wie Cela, vor der jedes Gedicht, jede Metapher, jede Beschreibung versagt, sollte kein Mensch mit intaktem Empfindungs- und Einfühlungsvermögen den ersten Schritt tun, wenn nicht aus psychologischer Vernunft, so doch aus demütiger Ehrfurcht (was auch an primärer Schönheit hätte er anzubieten?), und jedenfalls nicht vor den neugierigen Augen und Ohren anderer.

11

Er saß nach dem Frühstück noch nicht lange im sich wiegenden sonnenlichtgesprenkelten Halbschatten eines blühenden Gagelbaums auf der von der vormittäglich frommen Sonne impres-

---

[125] So alt wie James Joyce' *litteraria uxor* Molly Bloom im *Ulysses* oder wie Raymond Chandlers *privat investigator* Philip Marlowe in *The Big Sleep*, auch fast so groß wie dieser (nicht ganz so schrecklich groß: 3 cm kleiner: 1,84 m statt 73.5 in) und beinah so sportlich, allerdings nicht ganz so kräftig gebaut (9 kg leichter: 77 kg statt 190 lbs).

sionistisch schattengetüpfelten, mit champagnergelbem Kalkstein belegten Hotelterrasse[126], als das Ehepaar Gruta in ihrer auch gestern beim Check-In getragenen Hoteleigentümerkleidung aus der Lobby des *Ogygia* kam und zu einem fünf Schritt von Moje entfernten Marmortischchen ging.

Herr Gruta trug ein kleines ovales Metalltablett mit zwei Tässchen, stellte eines der Tässchen auf das Tischchen, das andere aber auf die linke Schulter seiner Frau, die sich rechts von ihm auf einen Stuhl gesetzt hatte.

Verwegen. Verwegener jedenfalls, als eine brennende Kerze auf dem Oberschenkel. Verwegen wären auch Spiegeleier.

Frau Gruta schien das sonderbare Tun ihres Mannes allerdings zu gefallen. Sie lächelte versonnen.

Vielleicht ist's doch nichts wirklich Verwegenes. Der Messerwurf des Zirkusartisten aufs Mädchen.

Nach einer halben Minute nahm sie mit ihrer weichen rechten Hand das Tässchen vorsichtig von der Schulter, trank ein Schlückchen und sprach Moje, der die Szene aus dem Augenwinkel verfolgt hatte, voll Heiterkeit an.

»Vielleicht sind Sie ein wenig irritiert, Senhor Moje, aber als Atlas und ich uns kennenlernten, hat er mir versprochen, mich

[126] Er dachte, während er das laszive Lichtspiel verfolgte (*Sonnenblinkender Blätterschatten. Naturgesetz der Lichtausbreitung. Lichtleichte Sonnenflecken, Schattenflecken. Täuschendes Pariser Licht. Flitterndes Rauschgold. Gold ist Gold ist Gold ist Gold. Golden tanzende Münzen. Schwindlige Goldzechinen. Not all that glitters is fool's gold*), an die Dioskuren Marshall und Erhard und ihren Mentor Kant und erinnerte sich, dass der noch unergötzte zwanzigjährige, hunderteinundfünfzig Jahre vor der Geburt des mit sechsunddreißig Jahren ermordeten St. Gallener Sekretärs Jean Stieger geborene Johann Wolfgang Goethe sich just an einem Geburtstag des Königsberger Philosophen, damals noch subtranszendental berühmter Unterbibliothekar der königlichen Schlossbibliothek, an der Straßburger Universität immatrikuliert hatte, um sein viereinhalb Jahre zuvor auf kaiserlich-rätliches Geheiß seines Vaters in Leipzig begonnenes, nicht sonderlich geliebtes Jurastudium fortzusetzen. *Goethes Urteile bezüglich der Verwicklungen von mein, dein, sein. Hatte nicht Arthur Koestler seinen Austritt aus der KPD an einem 22. April erklärt? Koestlers Austritt, Goethes Eintritt. Eintritt Austritt, Austritt Eintritt. Eintritt der Kategorische Imperativ. Wann tritt er eigentlich ein? Wann tritt er aus? Oi oi oi. Denk immer an die Praxis!*

jeden Tag mit einer kleinen Neckerei zu überraschen. Bis heute gab es keinen Tag, an dem er sich nicht etwas Neues hat einfallen lassen. Und was ihm schon alles eingefallen ist! In Turin zum Beispiel hat er…« Sie errötete leicht. »Wir sind schon fast vierundzwanzig Jahre verheiratet.« Ein wenig ernster fügte sie hinzu, dass, wenn er keinen Schabernack mehr treibe, sie es für möglich halten müsse, dass er sie nicht mehr liebe.

»Das wird nicht passieren, liebste Plione«, warf Atlas lachend ein. »Den letzten Liebesbeweis werde ich Dir an meinem letzten Lebenstag präsentieren.«

Kurz darauf, Plione und Atlas hatten ihre zwei Schluckstückchen Kaffee getrunken und waren wieder ins Hotel zurückgekehrt, kam tatsächlich Cela.

Eine der beiden Stewardessen, die ihn und die anderen Gäste von der *Nausikaa* zum *Ogygia* begleitet hätten, habe angerufen. Bevor wieder Passagiere an Bord dürften, müssten die durch die fettige Rauchwolke aus dem Maschinenraum kontaminierten Räume von einer Spezialfirma gereinigt werden, was leider mehrere Tage in Anspruch nehmen werde. Die Reederei bedaure die Unannehmlichkeiten, habe aber für sämtliche Passagiere Plätze auf der Hochgeschwindigkeitsfähre nach Lissabon reserviert, Abfahrt zweiundzwanzig Uhr. Das Gepäck, das die Passagiere für die Nacht in Ponta Delgada mitgenommen hätten, werde im Lauf des Nachmittags aus den Unterkünften abgeholt und zusammen mit dem auf der *Nausikaa* zurückgebliebenen Gepäck auf die Fähre gebracht werden. In Lissabon warte die *Nausikaa* VII, eines der modernen Schwesterschiffe der *Nausikaa*, um die Gäste aufzunehmen, die auch die anschließende Mittelmeerkreuzfahrt gebucht hätten.

Moje hatte Cela trotz wieder hochaufgesteckter Haare sofort als Botticellis Venus wiedererkannt. Jetzt aber, im gleißend harten, körperlichen Licht der südenden Sonne, das das goldene Haar aufflammen ließ, in hüftlanger, offener, perlmuttweißer Hemdbluse über einem pompejanischroten T-Shirt, geschmückt mit einer an einer dünnen goldenen Halskette hängenden schwarzweißen Onyxgemme, in die zierlichfein das Bild des aulosspielenden Apollon eingraviert war, auch als die überaus schöne, aus dem genuesischen Porto Venere oder der Sklavenhändlerstadt Genua selbst stammende Simonetta Cattaneo Vespucci, die *Regina della Bellezza* des vielleicht sogar noch schöneren Florentiners Giuliano di Piero de' Medici.

Die bloß schemenhaft auf- und glücklicherweise sofort wieder ins Unterbewusste wegtauchende Vorstellung vom frühen, unschönen, tuberkulösen Sterben Simonettas am 26. April 1476 und dem ebenfalls frühen, gewiss ebenfalls unschönen, wiewohl kunstfertigen, nämlich unnatürlichen, gewaltsamen Tod Giulianos, der seltsamerweise auf den Tag genau zwei Jahre nach dem Simonettas zu beklagen gewesen war (am 27. April hatte er noch gelebt, am 29. war er mausetot), trübte Mojes hoffnungsfrohe Stimmung nicht nachhaltig.

Ob er noch eine *Bica* möchte?

Moje verneinte höflich, stellte aber, gefasster und kühner als gestern Abend in der Bar, einige von ihm im Voraus zurechtgelegte Fragen zu Insel und Stadt, unverfängliche, allgemeine, sicherlich schon tausendmal gestellte Touristenfragen. Vielleicht, hoffte er, würde ihm eine der Antworten Celas einen Ansatz für ein privateres Gespräch bieten. Cela antwortete trotz freundlicher Zugewandtheit auf seine, wie ihm sofort schmerzlich bewusst wurde, langweiligen Fragen allerdings ausnahmslos sachlich und unpersönlich. Zuletzt aber, als schon Panik in ihm aufzusteigen begann[127], ihm in seiner Verwirrung keine originelle, geschweige gescheite Frage zu Ponta Delgada und São Miguel mehr einfiel und er vor lauter sein Denken in rasendes Kreiseln versetzende Angst, dass Cela, wenn er schweige, weg,

---

[127] Er fürchtete, keine weitere Chance zu bekommen, Cela näher kennenzulernen. Initiatives Flirten war nicht seine erotische Kernkompetenz. Auch Gerti hatte aktiv werden müssen, sonst wären sie nie ein Paar geworden. Noch 2020, mit über vierzig, fiel es ihm schwer, Liebesbeziehungen aktiv zu knüpfen. Wie es ihm überhaupt schwerfiel, Entscheidungen zu treffen. (Wenn er auf seine Zurückhaltung angesprochen wurde, wies er auf Picasso hin, der auch keine Freude an eigener Initiative gehabt haben solle.)

wieder zurück ins Hotel gehen würde, vom Erstbesten erzählte, was er gerade noch so mit seinem in seinem dunkel schweigenden Gedächtnis angelnden Verstand zu fassen bekam, dass auf den Kanarischen Inseln die Früchte des Makaronesischen Gagelbaums, unter einem solchen befänden sie sich nämlich, geröstet und zu Mehl verarbeitet würden, zu Gofio, mit dem sich sehr schmackhafte Gerichte zubereiten ließen[128], stieß er doch noch glücklich auf ihre Passion.

Oh ja, Gofiospeisen habe sie schon gegessen. Sellou zum Beispiel, ein köstlichsüßes marokkanisches Dessert aus geriebenen Mandeln, Honig, Anis, Fenchel, Sesamsamen, Arganöl und Mehl, allerdings, wenn sie sich recht erinnere, Gersten- und nicht Gagelbaumfruchtmehl. Ob er wisse, dass Sellou nicht nur zauberhaft wohlschmeckend, sondern auch unglaublich lange haltbar sei? Marokkanische Haddschpilger führten immer eine Portion bei sich und selbst Thor Heyerdahl habe sich für seine zweimonatige Fahrt mit der RA II von Safi nach Barbados mit mehreren Päckchen Sellou verproviantiert.

Celas Venusaugen leuchteten.

Sellou werde aber nur im westlichen Maghreb mit rauchigem Arganöl zubereitet, in allen anderen Ländern mit sanfter, schäumiger Butter.

»Kennen Sie den Arganbaum, Senhor Moje?« Sie beugte sich ein wenig vor, ein junger Weidenzweig im Wind. »Seine Schlangenhautrinde ist wunderschön. Papa hat mir vor ein paar Jahren aus einem Urlaub in Marokko drei Früchte mitgebracht. Aus den Samen habe ich Bäumchen gezogen.«

Sie lächelte Moje begeistert an.

»Wollen Sie sie sehen? Sie sind allerdings«, fügte sie lachend hinzu, »noch sehr klein. Als Kletterbäume für Ziegen oder Ausguckposten taugen sie nicht. Sie stehen immer noch in den Pflanzkübeln, in die ich die Samen damals gelegt habe. Bei tro-

---

[128] Selbst in dieser Situation, in der er nicht mehr zu befürchten hatte als die Erwiderung, arbeiten zu müssen und leider keine Zeit zu haben, wagte er nicht, sie zu fragen, ob er sie zum Essen einladen dürfe.

ckenem Wetter rollt Papa sie in die Sonne hinaus. Wenn Sie mögen, können wir einen kleinen Rundgang durch den Garten machen. Er ist voller Dinge, die Freude bereiten. Ein kleines Wunder.«

Doch nicht nur der Garten war ein Wunder. *Ah, bear in mind, the garden was enchanted.* Cela kannte nicht nur die vernakularen und botanischen Namen, sondern auch eine staunenswerte Fülle biologischer Charakteristika, medizinischer Anwendungen und kultureller Zuschreibungen der in ihm wachsenden Pflanzen. Wenn Moje sich nicht schon für Botanik interessiert hätte, wäre er jetzt infiziert worden.

Als Moje Cela, nachdem er sich zu einer Kleinblütigen Waldhyazinthe gebeugt[129] und gefragt hatte, ob es auch eine *Platanthera pollostanantha* im Garten gebe[130], als er ihr gestanden hatte, dass auch er Pflanzenliebhaber und in *Orchidaceae* ein wenig bewandert sei[131], glommen ihre Augen wie von hartem Sonnenglast getroffener Bernstein auf. Auch sie habe einige Spezialkenntnisse, hauptsächlich in *Sapotaceae*, der von Papa mitgebrachten Früchte des Arganbaums wegen, von dem sie natürlich habe wissen wollen, wie er zu ziehen sei, aber auch in *Papilionoideae*, in deren reizenden Namen sie sich verliebt habe. Ob er, bevor er abreise, noch einen kleinen Ausflug mit ihr in einen der Parks der Stadt machen wolle? Die azorischen Gärten seien einzigartig. Sie würde sich sehr freuen. Um vierzehn Uhr habe sie frei.

---

[129] *Oh, ja, welch eine Lust, sich eine Bergblume zu wählen, ja, ja.*
[130] Wenn er richtig informiert sei, gebe es genau zwei endemische Waldhyazinthenarten auf den Azoren.
[131] Orchideen seien, wie schon Rex Stouts Nero Wolfe nicht müde geworden sei zu bemerken, völlig zweckfrei kultivierbar.

12

Gärten
Die strotzende und doch so unschuldige, reich wuchernde und doch so lautere, nichts verhüllende und doch so keusche Erotik schwellender subtropischer Pflanzen, natürlich verschatteter Grotten, unberechnet dahinmäandernder Wege und Pfade, wie anders als die angeblich von philosophischer Aufklärung und Romantik gestalteten französischen und englischen Gärten kommt der vor anderthalb Jahrhunderten vom reich gewordenen Ananasfarmer António Borges da Câmara de Medeiros angelegte Jardim daher, ein Kleinod kindlich hintergedankenfreien, allein auf uferlose Liebe[I] bauenden Pflanzhandwerks![II]
Wie unfrei sind unsere nördlicheren Gärten der zielgerichteten Manipulation gegen diesen südlichen Jardim der überfließenden Liebe, wie künstlich wirken unsere kartesisch gezirkelten, gezähmten Gartenanlagen gegen den natürlich wuchernden Park des António Borges, ist deren Wirkung aufs Wahrnehmen und Erleben des Besuchers ja durch

---

[I] *Die betörend geschneitelten Bäume, liebestollen Boskette und voyeuristischen Broderien, die schmachtenden Blumenrabatte, flaumweichen Rasenteppiche, moschusgesättigten Rosengärten und kurvigen Wiesentableaus, die himmelslustspiegelnden Weiher, kaleidoskopischen Teiche und melismatischen Flüsschen, die schwellenden Hügel und aphrodisischen Senken, die rieselplätschernden Brunnen, spritzend sprudelnden Wasserspiele und bizarr rauschenden Kaskaden, die zierlichen Brücklein über moorschwarz ziehenden Kanälen, die lockenden Tunnel und dunklen Labyrinthe, die verführerischen Elysien und raffinierten Winkel, die majestätischen Alleen, donjuanesk geschwungenen Pfade und schamlos gezackten Steige, die sich verschwendenden, mit blendendem Kies bestreuten, weit sich spreizenden elliptischen Plätze und buhlerischen Piazzetten, die wollüstigen Lauben, frivolen Ruinen und hurerischen Tempel, die dionysischen Pavillons, lesbischen Lustschlösschen und zweideutigen Heckentheater, die täuschenden Ha-Has, geilen Eremitagen und lüsternen Irrgärten, die virilen Säulen, lüsternen Piedestale, steilen Sockel und marmorharten Podeste, die brünstigen thrakischen Bacchantinnen, unersättlichen phrygischen Adonissen, strudelnd fickrigen venezianischen Putten, anarchisch pornografischen Jungfrauen, schaumspratzenden sodomitischen Tritonen, schlüpfrigen Delfinen, nymphomanen Engeln, dämmer-aleatorischen Göttern oder leer leer leer (Thr's no lack of void, Gorg Prc), die einladenden Mooshütten, die hochgelüstigen endlosen hyperbolischen Treppen, die schlängelnden Terrassen und Geißbockstiegen.*
[II] *Die am Haupteingang des Gartens stehende, von Numídico Bessone Borges de Medeiros Amorim gefertigte Büste des Parkschöpfers zeigt einen melancholisch blickenden, von Scherz, Satire und Ironie offenbar wenig angekränkelten Mann.*

und durch kalt und präzise, ästhetisch machiavellistisch, ordine geometrico berechnet![III]

Natürlich ist auch der azorische Garten nicht vollkommen unbedacht. Auch bei ihm hat Reflexion mitgestaltet, aber in liebender Konkretion, Nahsicht, Klarheit, in die nichts Abstraktes, Fernes, Nebliges sich mischt. Auch er ist das Produkt eines Willens, entspringt aber einer von engen rationalen Absichten unangegriffenen Gelassenheit und der schöpfungsfreundlichen Überzeugung, dass das Natürliche der Natur sich ungehindert entfalten solle. Kein Wille schätzt und beurteilt die unteleologisch, allein aus dem unermesslich vielfältigen, planlosen Spiel der Natur entstandenen Schöpfungen und Gestalten nach für gerade vorteilhaft gehaltenen Zwecken, kein Algorithmus zwängt sie in künstliche Formen oder ordnet und beschneidet sie nach höfisch oder handelsbürgerlich beschränkten ästhetisch-sittlichen Zielen.

Zwar ist der borgessche Jardim wie der chinesische ein Hortus Mundi (Oh Welt in der Welt). Aber der gebildete Gartenmeister des Lands der Mitte belässt die Natur nicht bei sich selbst, sondern imitiert in einem umfriedeten Raum, der Lärm und Geschäftigkeit hermetisch ausschließt, natürliche Naturformationen im Kleinen. Er arrangiert seine Miniaturlandschaften so[IV], dass sie, aus Gestein, Wasser und wenigen ästhetisch und symbolisch geeigneten Pflanzen geformt, himmlisches, göttliches Ebenmaß widerspiegeln, auf dass die essentielle, transzendente, metaphysische Harmonie des Kunstwerks in den achtsam im Garten umherwandelnden, seine Formen, Farben, Düfte, Töne meditierenden Weisen hinüberfließe[V] und das Paradies sich ihm öffne.

[III] Die welschen mit ihren kristallinen Ordnungen, Illusionen einer rationalisierenden Vernunft, die es für ausgemacht hält, dass die Welt, die ganze, ganze, ganze Welt, nicht anders als das blasstürkis-zartbeige Rationalitätsuniversum, mittels rationaler Zahlen, geometrischer Zeichnungen, logischer Schemata, technischer Modelle begriffen werden könne. Die angelsächsischen, die die mit allen sieben unheiligen Wassern gewaschene Hartherzigkeit, Geriebenheit, Ungerechtigkeit des akkumulierten Privatkapitals durch Weite, Großzügigkeit und sinnenerfreuend sich öffnende, gemütserhebende Prospekte camouflieren.

[IV] Hinsichtlich des Arrangements ist jede natürliche Landschaft der Erhöhung fähig.

[V] Formen, Farben, Düfte, Töne sind Götter.

Japanische Gärten sind vollends philosophisch geläuterte Abhandlungen räumlicher Beziehungen und metaphorischer Bedeutungen organischer und anorganischer, im Gang der Minuten, der Stunden, der Tage, der Monate, der Jahre und Jahrhunderte sich unaufhörlich in ihrer Erscheinung verändernder Gebilde der fließenden Welt. Sie wollen nichts sein als fortwährend sich ineinander verwandelnde, wechselseitig bestätigende, gegenseitig vollendende, immer aber auch sich verneinende, aufhebende, auflösende, vernichtende Als-ob-Zeichensysteme, deren einzige Funktion es ist, dem einfühlsamen Betrachter des illusionären Spiels dieser sich immer wieder gegenseitig negierenden Symbolwelten zur spirituellen Unendlichkeitserfahrung geistiger Ich-Entleerung zu verhelfen.

Den Jardim des ernsten, im Jahr 1812 im bei Ponta Delgada gelegenen Kirchspiel Fajã de Baixo geborenen[VI], *im Jahr 1879 in Ponta Delgada gestorbenen*[VII], *sechsundsechzig Jahre und zweihundertsiebenundsiebzig Tage alt gewordenen Ananaszüchters António Borges da Câmara de Medeiros dagegen dürfen wir uns als Emanation kindlichunschuldiger, von keinem rationalistisch konstruierten Zweifel und keiner irdischen Hoffnungslosigkeit verstörter katholischer Liebe vorstellen, als naturierte, naturierende Natur.*

[VI] *1812 erfror die napoleonische Grande Armée, erschien die erste Ausgabe der Grimm'schen Märchen, trat Louisiana (Braunpelikan, Kaffee, Louisiana Catahoula Leopard Dog, Crappie, Magnolie, Achat, Palmoxylon, Hummel, Schwarzbär, Sumpfzypresse, Alligator, Akkordeon) den USA bei, vollendete Beethoven die Siebte Symphonie.*

[VII] *1879 gelang Johann Heinrich Ludwig Flögel die weltweit erste Fotografie eines Schneekristalls, veröffentlichte Friedrich Ludwig Gottlob Frege seine Begriffsschrift, eine der arithmetischen nachgebildete Formelsprache des reinen Denkens, wurde in Kopenhagen Henrik Ibsens Et dukkehjem uraufgeführt, erschien The Watchtower, unterwarf das Britische Empire aus kolonialistischem Interesse (Rule, Britannia, Britannia rule the waves!) das Königreich Zululand, das unter der Herrschaft Shaka kaSenzangakhonas, eines Metzelkriege führenden, Besiegte exekutierenden, gleichwohl bis heute gepriesenen Königs, durch Unterwerfung benachbarter Völker groß geworden war.*

13

Vom *Ogygia* hatten Moje und Cela nur eine Viertelstunde zum *Parque António Borges*.

»Sie sind also der Überzeugung, nur eines Zufalls wegen in Ponta Delgada zu sein?« Cela sah Moje verschmitzt an. Ihre Haare hatte sie zu einem wuscheligen Goldnest zusammengesteckt.

Moje lächelte fröhlich. »Wenn der Eyjafjallajökull nicht ausgebrochen wäre, wäre ich jetzt in Deutschland. Oder in Japan. Jedenfalls nicht hier bei Ihnen.« Er blieb unvermittelt stehen, zog eilig ein rotgepunktetes weißes Taschentuch aus seiner Hosentasche, hielt es sich vor die Nase, holte tief Luft und nieste.

Cela lachte. »Gesundheit! Obwohl wir uns ja vor bösen Geistern nicht mehr fürchten müssen.«

Sie waren am Parkeingang angekommen. Cela nahm, immer noch lachend, Mojes Hand und zog ihn mit Schwung von der müden, apathischgrauen Straße ins frische, lebendige Veronesergrün hinein. Nachdem sie eine Weile durch den wuchernden Park spaziert waren, sich über dies und das unterhaltend[132], blieb Cela vor einem gewaltigen Maulbeerfeigenbaum stehen

---

[132] Vor einer am See neben einem Paternosterbaum stehenden Morgenländischen Platane hatten sie in leichtem Plauderton über die Verschlungenheit von Thanatos und Eros, der dunkelsten und der hellsten Gewalt, wie Moje wusste, in Goethes *Wahlverwandtschaften* gesprochen. (Cela hatte, vielleicht aus einer Laune heraus, die letzte Strophe des zweihundert Jahre alten goetheschen Gedichts *Das Tagebuch* zitiert, womit sie Moje in eine Art verstörte Unbehaglichkeit versetzt hatte, die er allzu gut aus den labilen Jahren seiner Schulzeit kannte, fehlte ihm zum Verständnis dieser so leicht als kleinbürgermoralisch misszuverstehenden Strophe nämlich nicht nur der Rest des Gedichts, der ihr erst den goethesch freien, antiphilströsen, antipietistischen Habitus verleiht, sondern auch das dreizehnte Kapitel des *Dr. Faustus* Thomas Manns. (Moje hatte diese wilde Paraphrase des goetheschen Gedichts, diese *revoltierende Geschichte des ehrlichen Burschs, aber armen Kerls Heinz Klöpfgeißel, Fassbinders seines Zeichens, von guter Gestalt und Gesundheit, und Bärbels, der einzigen Tochter eines verwitweten Glöckners*, zwar gelesen, aber mit siebzehn und, wie den gesamten Roman, wie die Runen eines vergessenen magischen Traums.))

und pflückte von einem niedrig hängenden Ast aus einem der wenigen Fruchtbüschel zwei geritzte reife Feigen.

»Wissen Sie, dass ich verlobt bin?«

»Es hätte mich sehr gewundert, wenn Sie nicht einen Freund hätten.«

»Seit letztem Jahr, 10. Juni.«

»Camões' Todestag.«

»Ja, unser Nationalfeiertag.«

»In Deutschland gibt es keinen Feiertag, der einen Schriftsteller oder gar eine Schriftstellerin ehren würde, schon gar nicht einen Nationalfeiertag. Deutschland hat keinen großen Dichter, der wie Camões die Nation besungen hätte. Wir sind eine späte, dazu noch umstrittene Nation.«

Cela nickte.

»Vielleicht ist's ein Glück, kein großes Nationalepos zu haben.«

»Wir haben kein Nationalepos mehr. Wir hatten eines, gut hundert Jahre lang, bis Anfang Mai 1945. Allerdings eines mit unbekanntem Verfasser.«

Cela hakte sich bei ihm unter.

»Kennen Sie den Mythos von der Entstehung der Azoren?«

»Nein, erzählen Sie!«

»Es war einmal eine große, von guten Kaiserinnen regierte Insel. Jede Kaiserin setzte sich zum Ziel, noch besser zu regieren als ihre Vorgängerin. Nachdem die letzte Kaiserin gestorben war, trat ihre jüngste Tochter die Nachfolge an. Um gut regieren zu können, reiste sie durch das Reich, um sich die Sorgen und Wünsche der Bevölkerung anzuhören. Zuletzt aber, als sie schon fast überall gewesen war, traf sie auf einer Halbinsel eine Färberinnentochter, in die sie sich unsterblich verliebte. Weil sich auch die Färberinnentochter in die Kaiserin verliebte, verlobten sie sich und die Kaiserin fuhr zu ihrem Palast zurück. Sobald die Hochzeit vorbereitet wäre, sollte die Färberinnentochter nachkommen. Der Teufel wollte die Hochzeit aber unbedingt verhindern. Wenn die Kaiserin die Färberinnentochter heiraten würde, würde sie glücklich werden, und glückliche Kaiserinnen regieren klug und gerecht. Wieder würde es nichts werden mit Korruption und Ausbeutung, Ungerechtigkeit und Not. Er zündete daher rund um die Halbinsel herum, auf der die Färberinnentochter wohnte, unter der Erde ein großes Feuer an. Es sollte um die Halbinsel herum so heiß werden, dass niemand mehr zu ihr gelangen oder sie verlassen konnte. Wer es trotzdem wagte, würde verbrennen oder von kochenden Wellen verschlungen werden. Nachdem ein Jahr lang viele Ritterinnen vergebens versucht hatten, auf die Halbinsel zu gelangen und die Färberinnentochter zu retten, bat die Kanzlerin die Kaiserin, eine andere Frau zu heiraten. Die Färberinnentochter sei bestimmt schon gestorben. Nach einem Jahr gab die Kaiserin nach und heiratete eine Hofdame. Die Hofdame aber war herzlos. Die Kaiserin versteinerte, wurde böse und ungerecht. Der Teufel hatte erreicht, was er wollte.«

Moje musste lachen.

»Ich glaube nicht an den Teufel. So wenig wie an Hexen, fliegende Mäntel oder Metempsychose.«

Cela sah ihn überrascht an.

»Wie kommen Sie auf Metempsychose, lieber Rochus? Aber die Geschichte ist noch nicht zu Ende. Der Teufel hatte in der Freude über den Erfolg vergessen, das unterirdische Feuer wieder zu löschen. Es fraß sich immer weiter und schmolz den Fels, auf dem das Reich gebaut war. Das Magma drängte nach oben und es kam zu einer gewaltigen Eruption. Atlantis explodierte und verschwand im Meer. Nur kleine Inseln blieben übrig. Die Azoren.«

Atlantis, Atlas, Atlantik. Moje war irritiert.

»Warum erzählen Sie mir diesen Mythos?«

Sie sah ihn fröhlich an. »Um Sie abzulenken, Rochus. Wie jede Geschichtenerzählerin.«

»Und wovon wollen Sie mich ablenken, Scheherazade? Ich bin weder von Frauen enttäuscht noch Sultan.«

Sie lachte.

»Und ich keine Großwesirstochter. Außerdem erzähle ich Geschichten in einem Rutsch zu Ende.«

Sie führte Moje in einen von Gelben Azaleen gesäumten Winkel mit einer wohlangebrachten, gusseisernen, anthrazitfarbenen Jugendstilbank. Sie setzte sich, bat Moje neben sich und gab ihm eine der Feigen.

Feigensammeln. O mächtiger Feigenbaum voll schwellender, jubelnder Blätter, Retter in der Not, Baum des Dionysos. Ich habe mir über Stachelbeeren, grüne und rote, unreife und reife, Gedanken gemacht und frage mich, ob mir deine Früchte zustimmen. Wessen Gedanken käue ich da eigentlich wieder? Würgefeige.

Eine Gruppe kichernder Kinder kam näher. Plötzlich wurden sie still wie Goldfische, bis nach einigen achtsamen Spannungssekunden eines einen Abzählreim aufzusagen begann.[133]

Bei *não sabe falar francês* eilte ein zehnjähriges, mit einem Tropfen Rosenwasser parfümiertes Mädchen auf Zehenspitzen zu ihnen in die Laube. Es blieb kurz stehen, hob einen Zeigefinger an die geschlossenen rosigen Lippen (*Ein Kind mit Charakter*), schob die andere Hand in die auf ihr heidelbeerblaues Kleid aufgenähte erdbeerrote Tasche, zog zwei laubblattlose Gänseblümchen hervor (*Gänseblümchens Unschuld*), gab eines Cela, das andere Moje und versteckte sich hinter der Bank.

Sie war kaum hinter ihnen verschwunden, als ein etwa gleichaltriger Junge hereinstürmte (*Jungen sind Jungen sind Jungen sind Jungen*), abrupt stoppte, Cela und Moje mit großen Augen ansah, sich umdrehte und wieder davonrannte.

Eine halbe Minute später kam er wieder und lief, ohne Cela oder Moje anzusehen, geradewegs hinter die Bank.

---

[133] *Um, dois, três,*
   perninhas à chinês,
   quem não está sentado
   não é bom português
   e não sabe falar francês
   e fica admirado
   quando vê um inglês.
   Um, dois, três não
   se fala outra vez.

Aber das Mädchen mit Charakter war nicht mehr da.

Cela nahm Moje an die Hand und ging mit ihm, nach kurzem Stopp auf dem von lichtem Blattwerk überwölbten Hauptweg, wo die singenden Kinder (*O ces voix d'enfants, chantant dans la coupole*) sie im Reigen umtanzten, zum Parkausgang. Sie legte ihr Gänseblümchen auf die Plinthe neben António Borges' Büste.

»Gänseblümchen und Ananas passen gut zusammen.«

Moje legte seine *Bellis perennis* dazu.

Im Park spielten die Kinder Bäumchen-wechsel-dich.

14

Die Fähre fuhr ohne Moje nach Lissabon. Zwar hatte ein Steward Mojes Gepäck schon aus dem *Ogygia* geholt und auf die Fähre gebracht. Aber da Moje bereits um siebzehn Uhr ins Hotel zurückgekehrt war[134] und die Fähre noch nicht abgefahren war, hatte sich Moje sein Gepäck problemlos zurück ins Hotel bringen lassen können.

Wieder nahm er seine *Ceia* im *Arete*, diesmal Fleisch (*Torresmos de Molho de Fígado*, im Hintergrund sang Mísia *Nascimento de Vénus*), wieder genoss er die Aufmerksamkeit des schwärmerischen jugendlichen Obers und dessen Achtsamkeit[135], wieder ging er in die *Gruta-Bar* im *subsolo* des *Ogygia*.

Der in einen rosa Smoking gekleidete Tresennachbar, der auch gestern neben ihm gesessen hatte, flüsterte ihm mit aufgeregter Flüsterstimme so begeistert wie umständlich zu, dass Marsias diesen Abend ausschließlich *seguidillas manchegas* spiele, zu Ehren des vor dreihundertvierundneunzig Jahren

---

[134] Cela wollte noch vor Öffnung der *Gruta-Bar* bei ihrem Lieblingsgärtner Jacó Tiquos in der Rua Sacavila Sträucher, Büsche, Baumsetzlinge und Blumen für eine Hochzeit abholen.

[135] Als die junge Kellnerin am Nebentisch ins Stolpern geriet, griff der Schlacks geistesgegenwärtig nach ihrem fliegenden *Bica*-Tablett und ließ es so umsichtig in einer schönen Kurve ausschwingen, dass kein Tropfen Kaffee aus der Tasse floss.

beerdigten weltberühmten Miguel de Cervantes Saavedra, was wunderbar, ganz wunderbar sei, gerade heute.[136]

Ob er Senhor Moje zu einem ebenso wunderbaren Apocalypso einladen dürfe?

Moje nahm, nachdem er sich den enthusiastischen Wortschwall seines Nachbarn mit wachsender Irritation angehört hatte (*Woher weiß dieser Dandy das?*), die Einladung mit leisem Dank an.

Er revanchierte sich eine Dreiviertelstunde später, unterhielt sich aber auch während der Musikpausen nicht weiter mit dem Nachbarn, obwohl es ihn wegen dessen offenkundig begeisterter Gelehrtheit einen Moment lang ein wenig reizte. Höchstens, dass er dem Nachbarn beifällig zunickte, wenn dieser den innig spielenden Gitarristen mit enthusiastischem Unterton kennerisch lobte. Allerdings schien ihm sein Nachbar in seiner euphorischen Ergriffenheit auch nicht auf einen wirklichen Dialog aus zu sein.

Aber auch mit Cela, die ein flachskordelgeschnürtes, gischtweißes, knöchellanges, hochgeschlossenes Leinenkleid trug, sprach Moje nicht mehr als für seine Apocalypso-Bestellungen nötig.

Kurz vor Schließung der Bar um vierundzwanzig Uhr[137] zog Moje einen Geldschein aus seinem Portemonnaie, steckte ihn in die Musikerspendenbox und ging beschwingt hinauf in sein Zimmer. Er nahm sich aus der auf dem Sekretär stehenden Konfektschale mit Ananasbonbons, Zitronenzöpfchen und Buttertoffees einen glasierten Himbeerdrops, lutschte ihn weiß, zog sich

---

[136] Sein Nachbar nannte den spanischen Schriftsteller eigentümlicherweise ausnahmslos mit vollem Namen. *Miguel de Cervantes Saavedra kennen Sie natürlich, jeder kennt Miguel de Cervantes Saavedra. Die Beschreibung des tollkühnen Angriffs des ehrenhaften manchesischen Ritters Don Quixote, dieses melancholischsten Helden der Weltgeschichte, auf die geistlos sich drehenden Windmühlen ist aber auch gerade heute, am hundertzwölften Jahrtag der Kriegserklärung Spaniens gegen die USA, so passend. Der paradoxale allegorisch-figurative Realismus Miguel de Cervantes Saavedras ist geradezu absolut wahr.*
[137] Freitags war sie eine Stunde länger geöffnet.

aus, duschte sich[138], putzte sich mit schmirgelnder Zahnbürste, schäumender Zahnpasta und sirrender Zahnseide die Zähne, legte sich ins üppige Bett und ließ sich kurz durchrütteln.

Die beiden Kopfkissen dufteten nach Opoponax und Jasmin.

Als er am nächsten Morgen aufwachte[139], fühlte er sich frisch und heiter. Die anderen *Nausikaa*-Passagiere waren abgereist. Er war der einzige Gast im *Ogygia*.

Offenbar hatte Cela den heiter bedeutungsvollen Frühstückstisch gedeckt[140], aber nicht sie, ihre Mutter eilte herbei.

»Guten Morgen, Senhor Moje. Sie sehen munter und ausgeschlafen aus. Sie sind doch ausgeschlafen? Das freut mich. Somnus und das Wetter haben es letzte Nacht aber auch gut mit uns gemeint. Kein Alp, kein Tief, kein Regen.«

Sie schien gleichwohl ein wenig besorgt.

»Ich hoffe, mein Wecker hat Sie nicht geweckt.«

Moje machte eine kleine, höfliche, verneinende Kopfbewegung, obwohl er die Frage nicht verstand.

»Atlas ist heute Morgen um sechs Uhr mit unserem alten Handrasenmäher aus Oxford um unser Ehebett herumgezogen. Ein Höllenlärm. Aber schön. Wie es sich für einen Festtag gehört, bin ich wach und frisch.«

---

[138] *Wann habe ich das letzte Mal richtig gebadet, den bleichen Leib in warmem, nachlässigem Wasser nonchalant ruhen lassen? Die flutenden, dunklen, verstrickten Löckchen, die sich entfaltende Blume des Bads. Badeschaum, er schäumt und schäumt. Alice, where are you going? Upstairs to take a bath. Darf ich dich einschäumen? Oh wasch mich, Herr, dass ich weiß werde! Perlmutterne Ströme. Baden ist privat. Sehr privat. Schade eigentlich.*

[139] *Die schöne Morgensonne schien unverdeckt* (Durchsichtiges, erhellendes Licht des Morgens), *vereinzelte federweiße, scharf fraktal silhouettierte Wolken gondelten durch den porzellanblauen Himmel* (Die Form der Wolken über Ponta Delgada am 24. April 2010 um 9 Uhr 13), *das Thermometer zeigte 17 °C.*

[140] Weißes Tischtuch mit frischem Ananasdekor, ein Sträußchen Gänseblümchen in einem weißen Porzellaneierbecher, ein weißes Porzellanschüsselchen gekühlte Maulbeerfeigen (Out of the icebox, so cold and so sweet. You saved them for breakfast for me. Sweet they are and figs. No ideas but in things), eine sanft brennende weiße Kerze mit zwei Dochten (First Fig. Second Fig), in einer weißen Porzellanteekanne duftender Earl-Grey-Tee (Sweet sweet sweet sweet tea).

Jetzt verstand Moje.

»Nein, ich habe nichts bemerkt. Höchstens im Traum verarbeitet. Aber ich habe keine Erinnerung. Ich habe fest geschlafen und bin von allein aufgewacht.«

Frau Gruta nickte, lächelte erleichtert. »Atlas ist früh mit Cela aufs Land gefahren. Ich soll Sie sehr herzlich von ihm grüßen.«

Sie entfernte ein lilienweißes Tuch über einem zierlich geflochtenen Silberkörbchen, in dem ein halbes Dutzend erdbraun gesprenkelter, warmer Wachteleier lagen.

»Ganz frisch, heute Morgen gelegt.« Sie hielt einen Briefumschlag in der Hand. »Ich habe einen Brief der Herren Professoren Marshall und Erhard für Sie. Ein Hafenbote hat ihn gestern in unseren Briefkasten geworfen. Leider haben wir ihn erst heute Morgen bemerkt. Ich hoffe, er kommt nicht zu spät.«

Sie gab Moje den elfenbeinfarbenen, auf der Rückseite mit einem japanischroten Lacksiegel verschlossenen Briefumschlag und verließ den Frühstücksraum. Links auf der Vorderseite schimmerte ein lavaschwarzes Prägeemblem. Unter dem Lemma *Veritas* schwebte ein auf einer fünfstufigen Treppe stehender Säulenrundtempel in einem Kranz radialer Strahlen schief über einer Croissantwolke. Unter dem Icon stand das Epigramm *Sine Disciplina Ignorantia, Sine Prudentia Desidia, Sine Studio Vanum*, rechts daneben in ägyptenblauer Tinte der kalligraphische Schriftzug *Dr. iur. Rochus Moje, Esq., Hotel Ogygia, Estrada Prússia, Ponta Delgada*.

Moje löste vorsichtig das Siegel und öffnete den Umschlag. Er fand eine flache, gelochte, kommaförmige Jadeperle in einem zweiten, doppelt gefalteten, nicht zugeklebten Kuvert und einen Brief, leidenschaftlich handgeschrieben mit derselben Kalligraphiefeder und der gleichen anmutigblauen Tinte wie die Adresse auf dem Umschlag, zwei Blatt feinstes cremefarbenes Velinpapier mit klarem, feinem Wasserzeichen[141], jedes einseitig beschriebene Blatt einzeln zusammengefaltet.

---

[141] JUMPER, darüber ein senkrechtgerade nach unten stürzender Felsenspringer mit ausgestreckten Armen in Seitenansicht.

Ponta Delgada, an Bord der Argo
Freitag, 23. April 2010, vierhundertsechsundsechzigster
Todestag der an mal de mare verstorbenen Gaspara Stampa

Lieber, verehrter Herr Dr. Moje,
wie wir soeben zu unsrem größten Bedauern erfahren haben, werden wir nicht zusammen mit Ihnen auf diesem famosen Schnellboot, von dem wir nicht glauben, dass es sprechen kann, nach Lissabon reisen. Wir hätten liebend gern unsere so ungemein interessante Konversation von gestern weitergeführt, zumal uns unsere Kantfreundin, der wir von unserem wunderbaren Gedankenaustausch berichteten, zu unserem kleinen Unwissenheitsproblem noch einige transzendentale Hinweise gegeben hat, die wir mit Vergnügen mit Ihnen diskutiert hätten. Aber vielleicht ein andermal. Die Welt ist klein und es ist, bei Ihrem fast noch jugendlichen Alter, nicht unwahrscheinlich, dass wir uns wiedersehen werden.
Wir wünschen Ihnen alles Gute für Ihre weitere Reise und sind neugierig, dereinst zu hören, was Sie in Ponta Delgada zu bleiben veranlasst hat.
Mit den freundschaftlichsten Gefühlen und allerherzlichsten Grüßen verbleiben wir als ganz die Ihren,

Ihre
Jude Marshall & Patrice Erhard

Der beiliegende Magatama möge Sie schützen. Er ist, wie wir Anlass haben zu vermuten, ein altes Stück, wahrscheinlich frühe Edo-Ära. Wir haben ihn vor vielen Jahren in einem schmalen, zauberhaft hell- und dunkelmilchgrau schimmernden Rankaku-Lackkästlein im winzigen, rotkehlcheneiblau ausgeschlagenen Verkaufsladen einer kleinen, betagten Händlerin in einer vergessenen, drolligen Nebenstraße Kyôtos gefunden. Nicht jeder der acht Millionen Kamis ist wohlwollend. Tragen Sie den Magatama immer bei sich!

Heute vor 85 Jahren trafen sich Ernest Hemingway und F. Scott Fitzgerald das erste Mal, in der Dingo-Bar in der Rue Delambre im Pariser Quartier du Montparnasse. Ist es nicht reizvoll, sich vorzustellen, dass sie auf den hundertfünfzigsten Geburtstag des Professors der Perspektive William Turner angestoßen und seines Sklavenschiffs gedacht haben? Obwohl unsere Argo des montparnasseschen Charmes ermangelt, werden wir in einer ihrer Bars auf das Wohl der beiden verehrten amerikanischen Kollegen eisgekühlte trockene Martinis und Gin Rickeys trinken, allerdings wegen der seit den aufregenden zwanziger Jahren des letzten Jahrhunderts ja nicht unwesentlich veränderten Zeitläufte nicht in langen, gierigen Schlucken, sondern, die Vinalia Priora Jupiter und Venus ehrend, ruhig und andächtig. Die hier an Bord gereichten Getränke werden, was Wohlgeschmack und Sinnesschärfung betrifft, sicherlich nicht an den Apocalypso heranreichen, uns aber gleichwohl zu inspirierten Gesprächen verhelfen, zumal Hemingways unausdeutbares Meer und Fitzgeralds unermesslicher Reichtum Gedankenanstöße in Fülle bieten.
Grüßen Sie den Ith von uns!

Woher wussten Marshall und Erhard, wo er wohnte?

Moje konnte sich nicht erinnern, seit der Abreise aus dem abscheulichen Chicago irgendjemandem gegenüber den Ith erwähnt zu haben.

Und wieso sollte er diesen kurzen, unspektakulären norddeutschen Klippenzug, der vom Meer nichts weiß und den in Ägypten sicherlich nur sehr wenige kannten, grüßen? Oder galt der Gruß den dortselbst in Gottes mitleidigen Tränen ertrunkenen, versteinten Urmenschen, dem ersten Adam, der ersten Eva, Adam und Eva im Elementarzustand (Brainville und Eve, Anthropos und Pandora), den von GottGöttin makellos ebenbildlich erschaffenen, mit ewiger Jugend geschmückten Adam Kadmon und Eva ohne Omphalos? *Blödsinnige Sünde freudlos finsterer Theologen, die Paradiesehe für wollustlos zu erklären. Sind* unsere irdisch plätschernden Wollustwellchen nicht vielmehr schwache Echos der mächtig sich überschlagenden paradiesischen Wollustwogen?

Allerdings waren Marshall und Erhard, wenn er ihre Visitenkarten richtig interpretierte, keine Mythologen. *Vielleicht Kabbalisten? Kabbalist kann man ja auch als Architekt oder Veterinär sein. Hobbykabbalisten sind's aber nicht. Hobbykabbalisten kann's so wenig geben wie Hobbygläubige. Oder doch?*

Und weshalb die Hemingway-Fitzgerald-Anekdote?

Waren Marshall und Erhard nicht nur Architekt und Veterinär, sondern auch Schriftsteller?

Maler?

Kaufleute?

Und warum der Vergleich ihrer Drinks mit dem Apocalypso?

Woher kannten sie den Apocalypso überhaupt?

Kannten sie Cela?

Und zu welchem Zweck der Magatama?

Fürchteten sie um ihn?

Waren sie Heiler? In Ägypten ist allerdings jeder ein Heiler.

Moje hätte gerne geantwortet. Doch weder auf dem Umschlag noch dem Briefpapier oder den Visitenkarten stand eine Adresse, nicht einmal eine Telefonnummer. *Jude Marshall Pascha & Patrice Erhard Pascha, Alexandria, Ägypten* würde als Postadresse wohl kaum reichen.

Wenn sie überhaupt in jenem phantastischen Alexandria wohnten. Ägypter waren sie ja wohl nicht. Oder doch?

15

Als Moje den Brief beiseitelegte, fiel sein sich verlierender, unkonzentrierter Blick auf das Gänseblümchensträußchen.

Cela ...

Machte sie mit ihrem Vater also eine Landpartie. Warum aber hatte sie den bevorstehenden Ausflug gestern nicht erwähnt?

War er noch nicht geplant gewesen?

Oder war sie, nachdem sie ihm nach dem Verlassen der Banknische im Park gesagt hatte, nachhause zu müssen, unabsichtlich davon abgekommen, die Fahrt anzukündigen, abgelenkt von den Kindern, die sie, mit den Händen eine Kette bildend, fröhlich *Beijai vōces* singend, vor der Laube eingekreist hatten?

Möglicherweise war sie aber davon ausgegangen, dass er wie gestern auch heute wieder zeitig aufstehen würde, und hatte ihm erst heute Morgen von der Fahrt erzählen wollen. Offensichtlich hatte ja sie, nicht ihre Mutter den Tisch für ihn gedeckt.

Aber weshalb hatte Frau Gruta ihn dann lediglich nebenher, ohne weitere Erklärungen, über Celas Ausflug informiert? Schließlich konnte sie es ja für wahrscheinlich halten, dass Cela und er sich angefreundet hatten. Immerhin hatte ihn Cela gestern nach dem Spaziergang durch den Jardim jenes ernsten Ananaszüchters vor Mutters prüfenden irischblauen Augen mit einer Umarmung verabschiedet.

Doch genügte, ging ihm allerdings ebenfalls sofort durch den Kopf, ein einmaliges, gewiss bloß konventionell wirkendes töchterliches Umarmtwordensein, um von einer vorsichtigen Mutter in vielleicht intime Familienangelegenheiten eingeweiht zu werden?

Verliebte[142], die aus angeborener Ängstlichkeit oder erlittener Erfahrung zu Zweifeln an der Zuneigung der begehrten Person neigen und an dieser Unsicherheit leiden, verfallen mitunter auf den selbstquälerischen, ja selbstzerstörerischen Gedanken, sowohl bei der Person selbst, in die sie verliebt sind, als auch bei ihren Verwandten und Freunden nach Hinweisen auf Gegenliebe zu suchen. Fraglos ein Symptom fragwürdiger Passion, kleine, unscheinbare Äußerungen und Reaktionen auf Spuren von Gegenliebe durchzumustern[143], ist es überhaupt ein

---

[142] Wir dürfen davon ausgehen, dass Moje sich in Cela verliebt hatte.
[143] Und bald, ist erst einmal mit dem Spurenlesen begonnen (Maßlos maßlose Wissbegier), auf Zeichen von Gleichgültigkeit und Abneigung.

Merkmal unvollkommener Liebe (*Liebe, die's liebt, Liebe zu lieben*), auf Gegenliebe aus zu sein (*Ja ja, ja Ja, ja ja*). Denn, wie es so richtig und schön und wahr und gut bei Paulus heißt, *die Liebe*[144] *eifert nicht, treibt nicht Mutwillen, sucht nicht das ihre, lässt sich nicht erbittern, rechnet das Böse nicht zu, erträgt alles, glaubt alles, hofft alles, duldet alles.*[145]

Eros aber, der schöne, goldgelockte Jüngling, dieser Goldilocks, der nicht erwachsen wird[146], dieser geflügelte, auf Delfinen reitende, Flöte spielende Bruder des dunkelgelockten Anteros, dieser aus der Wollust des Nichts erscheinende, respektlose, freche, unwiderstehliche, so reizend unvollkommene Jüngling, dieser krank und wahnsinnig und unzurechnungsfähig machende, das Denken verzerrende, den Geist schwächende, die Vernunft aufhebende Räuber, dieses wilde, vergiftende, verbrennende, stechende, zerfleischende, vertilgende Tier, dieses gliederlösende, sinndurchschüttelnde, entkräftende, wirbelnde, süßbittere, unbezwingbare, unvermeidliche, heimtückische, schmerzgebende, gerissene Reptil, dieser geschichtenflechtende Weber der Leidenschaft, dieser Erzeuger des Deliriums wahnwitzig stoßender Liebeszuneigung, dieser unsterbliche Unhold, dieser Allgewaltige, Seelenerschütterer, Allverführer, Sinnbezwinger (*Quis enim modus adsit amori?*), dieser weder Glaube noch Kunst noch Philosophie noch Wahrheit noch Schönheit noch Erkenntnis noch Predigt noch Dichtung noch Lehrbuch benötigende Eros aber ist, wie Apollonios von

---

[144] Die wahre, ist zu ergänzen, obwohl die wahre Liebe natürlich eine Seltenheit ist, die kaum zwei- oder dreimal in einem Jahrhundert vorkommt.

[145] Weshalb es das Höchste an Gottesliebe und nicht nur an Gottesglaube zu sein scheint, dass Abraham auf Gottes Geheiß bereit war, seinen Sohn Isaac zu opfern, und dass Hiob sogar im größten Leid sich nicht davon abbringen ließ, Gott und Seine göttlichen Schwingen als vollkommen zu preisen.

[146] Jedoch auf andere Weise als der schmutzige, feuerrothaarige, von reifen Reben und sich spreizenden Weinblättern behangene Knabe Peter Pan, der seine Milchzähne nicht verliert.

Rhodos überliefert hat[147], nicht umsonst der Sohn des brennfackelschwingenden Ares und der geißbockreitenden Aphrodite Pandemos, deren griechischer Erdbeermund sich nie im Gebet verzerrte. (*Willst du mein Häschen sein, Joseph? Chcesz być moim króliczkiem, Jurek?*)

Eine halbe Stunde später erfuhr Moje doch noch den Grund, warum Cela und ihr Vater weggefahren waren.

Wie tags zuvor war es mit 17 °C Lufttemperatur zwar nicht hautschmeichelnd warm, aber, da sonnig mit nur wenigen kleinen, vagabundierenden Schäfchenwolken, für Moje angenehm genug, sich nach dem nostalgischen Frühstück auf die besonnte Hotelterrasse zu setzen, auf den gleichen Platz unter dem freundlich bernsteingelbbraun blühenden Gagelbaum wie gestern, und im leise zitternden Schatten des wieder graziöselegant sonnenblinkenden Laubs eine *Bica* zu trinken.

Frau Gruta stellte gerade das Kaffeetässchen auf Mojes Tisch, als der Junge, der gestern der Sucher beim Versteckspiel gewesen war, aus der Hotelhalle auf die Veranda stürmte. (*Ja ja, Jungen sind Jungen sind Jungen sind Jungen.*) Wie gestern blieb er abrupt stehen, als er Moje sah, lief allerdings nicht sofort wieder davon.

---

[147] Zweifelsohne wahrheitsgemäß, hatte der Gelehrte als Leiter der noch unversehrten *Großen Bibliothek von Alexandria* ja sämtliche für diese Frage relevanten wissenschaftlichen Quellen zur Hand. Zudem war ihm als Schüler des scharfsinnigen Ätiologen und wissenschaftlich gewissenhaften Philologen Kallimachos aus Kyrene Wahrheit zweifellos sakrosankt. (Die am geschützten Gestade des von schimmernden Sonnenbarken, Papyrosbooten, Einbäumen, Staatsyachten, Galeeren, Schaluppen, Actuariae, Dahabiehs, Tessarakonteren, Feluken, Baren, Lusoriae, Meneschen, Dromonen, Qereren, Corbitae, Brigantinen, Biremen, Triremen, Dschunken, Pirogen, Tongiaki, Moneren, Knorren, Liburnen, Pinassen und Brandern befahrenen wellenreichen Mittelmeers zwischen Numidien und Ägypten gelegene nordafrikanische Apoikie Kyrene war im Jahr 122 nach der Gründung Roms von Grinus, König der von einer schrecklichen Dürre heimgesuchten Vulkaninsel Thera, nach Befragung der delphischen Pythia, die selbstverständlich um die Bedeutung der zukünftigen Bewohner Kyrenes wusste, feierlich gestiftet worden.)

»Bom dia, tia Plione. Papa möchte wissen, mit welchen Blumen die Hochzeitskutsche für Erató geschmückt werden soll. Ob auch weiße Lilien dabei sein sollen.«

»Bom dia, Nuno. Weiße Lilien müssen bei Hochzeiten immer dabei sein, immer, hörst du, Nuno, immer. Selbst wenn die Braut schon einmal verheiratet war. Oder zweimal. Die Univira als Idealfrau durch Blumen oder sonstwie hervorzuheben ist machista. Hörst du, Nuno, machista. Sag das deinem Papa, Nuno. Im Himmel spielt's keine Rolle, wie viele Männer eine Frau hatte.«

Nuno nickte, blickte mit einem sieghaften Blick von besonderer Überlegenheit noch einmal kurz zu Moje, drehte sich um und rannte davon.

Deswegen also hatten die Kinder gestern Cela und ihn so ungeniert umringt.

Cela und die Kinder kannten sich.

Frau Gruta aber setzte sich zu Moje an den Tisch.

»Darf ich?« Sie räusperte sich. »Nächsten Freitag heiratet Erató, die Nichte meines Mannes, eine, wie soll ich sagen, sehr sehr außergewöhnliche Frau. Sie hat eine unglaubliche Ausstrahlung. Wenn sie wollte, könnte sie jeden ledigen Mann haben. Und wohl auch manchen Ehemann. Und manche Frau.« Ein Hauch jugendlich warmer, roséweinfarbener Röte stieg hochwogend phönixflammend in ihre Wangen. »Am Tag nach unserer Heirat sind Atlas und ich nach England geflogen, unsere Hochzeitsreise. Wir sind mit dem Auto übers Land gefahren und haben Parks und Landhäuser und Schlösser besucht, Somerleyton, Lowestoft, Southwold, Middleton, Boulge, Bredfield, Ditchingham, Norwich. Es war eine unbeschreiblich schöne Reise. Nie wieder hab ich mich so frei gefühlt, so sorglos, so unbeschwert.«

Ein Wölkchen in der geisterhaften Form eines Delfins driftete langsam vor die reglose, sich selbst genügende Sonne, Schwanz voran. Sofort regte sich ein kühler Luftzug, strich über Frau Grutas Gesicht und Hände.

»In Buckinghamshire haben wir Waddesdon Manor besucht, das Palais eines dieser unglaublich reichen Rothschilds. In einem der Prachträume hing ein Gemälde von Joshua Reynolds, *Thaïs*, eine wunderschöne Frau mit hoch erhobenen Armen, in einer Hand eine brennende Fackel. Ich musste sofort an Erató denken, obwohl sie 1987 noch blutjung war, fünfzehn oder sechzehn. Außerdem setzt sie mit ihrer Schönheit Herzen in Brand, nicht Königspaläste wie Thaïs.«

Das Delfinwölkchen gab die Sonne wieder frei, die fahrige Luft beruhigte sich sofort.

»Ich kenne niemanden, der ihr auch nur einmal begegnet und nicht von heftiger Sehnsucht nach ihr erfasst worden wäre.«

Sie seufzte leise.

Eine unsichere Wespe flog auf Mojes Tischchen, drehte sich dreimal um sich selbst, flog wieder davon.

»Aber leider zieht sie Unglück an. Sie war schon zweimal verheiratet, zuerst mit einem Bandoneonspieler, dann mit einem Brückeningenieur. Beide waren Genies, was aber nicht geholfen hat. Beide sind kurz nach ihrer Hochzeit mit Erató an Herzentzündung gestorben. Vielleicht müssen Frauen, die geniale Männer heiraten, damit rechnen, ihre Gatten zu überleben.«

Moje hörte von links einen Kuckuck. Kuckuckstag war schon. Aber gibt's hier überhaupt Kuckucke?

»Immerhin war sie nicht Braut und Witwe am selben Tag.«

Sie seufzte wieder, ein wenig lauter.

»Ein Elend. Wenn sie durch ihre Männer wenigstens finanziell bessergestellt worden wäre. Aber Gustavo und Gualtério waren arme Schlucker und haben ihr nichts hinterlassen außer einer Rechenschiebersammlung, einem alten, rissigen Akkordeon und einer Unmenge Noten und Baupläne.«

Sie seufzte ein drittes Mal, verhaltener.

»Francisco, ihr jetziger Bräutigam, ist leider auch kein Krösus. Und wird wohl auch keiner werden. Er schreibt Gedichte.«

Kuckuck, Kuckuck. Kuckuck.

»Ein einziges schmales Bändchen hat er bisher veröffentlicht, *Venha com calma ou vá com calma*. Aber wer liest schon portugiesische Dichter? Alberto Caeiro, Álvaro de Campos und Ricardo Reis, ja, auch Bernardo Soares, Carlos Otto und Pantaleão, vielleicht noch Fernando Pessoa, die schon, die werden von dem ein oder anderen gelesen, deren Bücher verkaufen sich, mehr schlecht als recht natürlich, nichts Großes, aber immerhin, sie werden gekauft und gelesen.«

Wieder ein Kuckucksruf, diesmal von halbrechts.

»Die sind aber auch alle schon lange tot. Portugiesischer Dichter und nicht gestorben sein heißt, als Dichter nicht zu existieren. Wir hoffen natürlich trotzdem, dass Francisco nicht so bald stirbt.«

Ein Spatz flog auf den Tisch vor Frau Gruta, hielt das Köpfchen schief, sah sie an.

Sie seufzte stumm.

»Immerhin ist er nicht so dünn wie seine Vorgänger.«

Das Vögelchen neigte das Köpfchen zur anderen Seite, piepste *iag iag, iag iag, iag iag*.

Es sieht zufrieden aus.

»Atlas und Cela sind heute Morgen in aller Herrgottsfrüh zu ihr gefahren. Sie hat ein hübsches kleines Häuschen in der Nähe von Sete Cidades. Atlas richtet zusammen mit den Vätern und Freunden von Erató und Francisco das Haus für die Hochzeit her, Cela den Garten. Ein uralter Brauch. Verwandte und beste Freunde schmücken das Haus und den Garten des Brautpaars.«

Der gleiche Kuckucksruf, jetzt wieder von links.

»Weil Francisco immer noch bei seinen Eltern wohnt und kein eigenes Haus hat, zieht er zu ihr. Aber ist es nicht ohnehin besser, wenn der Mann zur Frau zieht?« Sie lächelte mild. »Atlas hat als Hochzeitsgeschenk für Erató eine Marmorstatue der Heiligen Lea besorgt. Sie kommt ins eheliche Schlafzimmer zu Agnes und Katharina, die da schon stehen. Jetzt ist das Trio komplett, Jungfrau, Ehefrau, Witwe.«

Moje kannte die Heiligen nicht, dachte an Mädel, Weib, Hure, wusste aber nicht warum, schämte sich kurz des Machogedankens, wollte nachfragen (nach Lea, Agnes und Katharina), aber da war's zu spät, Frau Gruta sprach schon weiter.

»Senhor Moje, Sie haben sich vielleicht gefragt, warum wir keine Hotelgäste hatten, als Sie vorgestern zu uns kamen. Es war wegen Eratós Hochzeit. Nach der Abreise der letzten Gäste Mitte letzter Woche wollten wir eigentlich bis zum Ende der Hochzeitsfeierlichkeiten keine neuen mehr aufnehmen. Für Sie und die anderen Passagiere der *Nausikaa* haben wir dann aber eine Ausnahme gemacht, weil die Anfrage auf eine, höchstens zwei Nächte lautete, die Reederei wirklich in Not war und, ehrlich gesagt, blendend gezahlt hat.«

Der Spatz, der zuletzt, vielleicht auf der Suche nach harmlosen Brotkrümeln, drollig auf dem Tisch herumgehopst war, flog, seine Flügel dreizehnmal in der Sekunde schwingend, tschilpend tschirpend davon.

»Ich denke, Sie haben Verständnis dafür, dass ich Sie bitten muss, spätestens übermorgen auszuziehen. Es tut mir sehr leid, aber dann kommen die Hochzeitsgäste und wir brauchen jedes Zimmer. Die standesamtliche Trauung ist am Dienstag.«

Sie dachte kurz nach.

»Wenn Sie aber länger in Ponta Delgada bleiben wollen, kann ich Ihnen sehr gern ein Zimmer in einem anderen Hotel besorgen. Jetzt, wo die anderen *Nausikaa*-Passagiere abgefahren sind, sind wieder viele schöne Zimmer frei. Wir haben ja Nebensaison. Voll wird's erst wieder ab der Woche vor Pfingsten. Oder möchten Sie lieber aufs Land oder an die Küste? Das Hotel de Praia in São Marcos ao Mar ist ein wunderbarer Ort zum Entspannen, gar nicht weit von hier. Oder an einen unserer wunderschönen Seen? Geben Sie mir nur Bescheid.«

Frau Gruta stand auf. Sie war schon ein paar Schritte gegangen, als sie sich noch einmal umdrehte. *Inspetora Colomba.*

»Ich soll Sie übrigens auch von Cela sehr herzlich grüßen. Und Ihnen sagen, dass sie sich freuen würde, wenn sie Sie morgen noch einmal sehen könnte. Sie bleiben doch bis morgen, Senhor Moje? Ich glaube, sie würde sich sogar sehr freuen.«

Hochzeitsvorbereitungen auf dem Lande also.

Moje dachte an Atlas Gruta und stellte sich vor, wie dieser das sicherlich auch bisher nicht ungepflegte, wahrscheinlich ein paar Gehminuten von Sete Cidades entfernte, vielleicht allein stehende Haus seiner Nichte hochzeitlich herrichtete. Er würde wohl nicht nur renovieren. Moje hatte keinen Zweifel, dass Pliones Mann auch einen kleinen Schabernack für das Brautpaar in petto hatte. Und die Pflanzen, die Cela gestern noch hatte besorgen müssen, waren also für den Garten ihrer Cousine.

Er musste eine Feier aller Sinne sein, Cela hatte ja schon mindestens zweimal Hand angelegt. Ein farbig beschwingtes, musikerfülltes, gemütsschmeichelndes, ambrosisch duftendes Paradiesgärtlein, von einem lieben Schöpfer geschaffen für beschwingte, zärtliche, himmelhochjauchzende, seelenerhebende, herzpochende, ewig währende Freuden, kein Trauergefild (*O Pasiphaë!*), kein Mordgeländ.

Wenn man auf der Terrasse hinter dem Haus stünde, ginge der von jeder noch so unscheinbaren Bangigkeit befreite Blick über zartgrünes, ungebeugtes Gras, einen sechseckigen weißen Marmortisch, einen kleinen, leise plätschernden Brunnen, über Märzenbecher, Maiglöckchen und Pfingstrosen, Margeriten, Frauenmäntel, Madonnenlilien und Johanniskraut, Immergrün, Goldlack und Rote Taubnesseln, Samtnelken, Schwertlilien und Schlüsselblumen, Malven, Rosen, Veilchen, Akelei und Klee, Gänseblümchen, Levkojen, Astern und Chrysanthemen, Kirsch- und Senf- und Erdbeerblüten, Wegerich und vitriolblauen Bachehrenpreis und über ein niedriges, kirschblütenweißes, zinnenverziertes Mäuerchen auf eine anmutighügelige Landschaft mit wohlbestandenen Streuobstwiesen (dicke Birnen und schamgesichtige Äpfel), hohen Feldern und lustigen Wäldchen und eine geschwungene Straße, die nach links zu einem hinter den mediterranen Hügeln liegenden freundlichen Dorf führte.

Der Zephir würde wehen, duftend sanft. Buch- und Distelfinken, Blau-, Kohl- und Schwanzmeisen, Gimpel und Buntspechte, Rotkehlchen, Pirole, Wiedehopfe, Eisvögel und Seidenschwänze würden singen, klingeln, pfeifen, trommeln, kixen, zwitschern, spotten, flöten, krächzen, knappen und rufen und farbensprühend wie eine bunt leuchtende Feuerwolke in die Höhe steigen, bis sie gegen das strahlende Licht des schimmernden, ewigen, endlosen Himmels nicht mehr auszumachen wären. Funkelnde Libellen würden als smaragdene Blitze durch die samtene Luft schießen und flimmernde Weißlinge, trunken vor süßem Glück, von Blüte zu Blüte zu Blüte zu Blüte gaukeln.

Weder wäre das sich überschlagende, wilde Geschrei der Viktualienhändler auf dem Marktplatz des unsichtbaren Dorfs noch das hohe, wimmernde Glöcklein der kleinen Grabkapelle zu hören (*Bitte für uns, bitte für uns, bitte für uns*), nur zart und leise ein Psalterium.

16

Als Moje zurück in sein Zimmer gegangen war, um es sich mit dem *Tristram Shandy* vor einem der Fenster gemütlich zu machen, erinnerte ihn das Handy auf dem Schreibtisch daran, dass er Gerti versprochen hatte, sie anzurufen. *Im Anfang war das Telefon. Ring a ding ding!* Er wollte ihr sagen, dass er noch etwas Ruhe brauche, um ungestört darüber nachzudenken, was in Chicago passiert war, und noch einige Tage in Ponta Delgada bleiben wolle. Er könne jetzt nicht sofort nach Hause.

Sobald er wieder daheim im Blätterteigweg 7 sei, würden ihn, da sei er sich sicher, Karl und Ludwig bestürmen, sofort wieder in die Firma zu kommen. Sie seien der Meinung, *Chiliwho* dürfe nicht die letzte Übernahme *Teutoberts* gewesen sein. Sie würden ihn zu überreden versuchen, Söffchen und Paul, die aus angeblich albernen Gründen keine weitere Akquise wollten, davon zu überzeugen, dass die *Anaïs Nippon Seed*, die gerade schwächele, *Teutoberts* Portfolio ideal ergänzen würde. Sie würden argumentieren, dass sie sich im Angesicht weltweiter Klimadisruptionen so breit wie möglich aufstellen müssten. Es sei eine goldene Zeit für Getreidezüchter angebrochen. Die dürfe man auf keinen Fall versäumen.

Er wolle aber nicht. Er sei noch nicht wieder so weit. Er müsse erst Chicago verarbeiten. Chicago sei der Horror gewesen, der Horror! Außerdem brenne es nicht. Auf ein paar Tage käme es nicht an. Der Aktienkurs der *Anaïs* werde sich innerhalb der nächsten Wochen sicher nicht erholen.

Und überhaupt, warum Japan? Weder Karl noch Ludwig verstünden die japanische Mentalität. Schon die amerikanische mit ihren lauten, schrillen Zeichen und Wundern sei ihnen fremd, ihm selbst notabene auch, und gewöhnungsbedürftig, absolut gewöhnungsbedürftig. Sie hätten schon mehr als genug damit zu tun, *Chiliwho* und *Teutobert* zu einem Unternehmen zu verschmelzen. Wenn Karl und Ludwig erst persönlich mit ihm sprächen, würde er schwach werden und sich bestimmt zu etwas, was er eigentlich nicht wolle, überreden lassen. Er kenne sich. Er müsse erst zu Kräften kommen, um auch unter Druck wieder Entscheidungen zu treffen, die er treffen wolle.

Außerdem habe er es satt, sich um nichts anderes als die immer gleichen langweiligen Monokulturen zu kümmern, nur weil sie Profit abwürfen, während hinter seinem Rücken Flora bunte Blumenteppiche streue.

Den letzten Satz würde er natürlich nicht sagen.

Und auch von Cela musste er Gerti ja nichts erzählen. Und selbst wenn sich Gerti über sein Ruhebedürfnis lustig machen würde[148], bitten oder gar drängen, so schnell wie möglich nach Hause zu kommen, würde sie ihn bestimmt nicht.

---

[148] Er hörte schon, wie sie das Wort Ruhe in dem leicht spöttischen Ton wiederholen würde, den sie schon damals bei ihrem ersten Treffen im *Museum Fürstenberg* angeschlagen hatte, als sie ihn darauf aufmerksam machte, dass der Verehrer auf Desoches' *Kaffeegesellschaft* zwar die gleichen Farben trage wie er, aber wohl eher aus modisch avantgardistischen als aus reaktionär bourgeoisen Gründen.

Warum auch? Schließlich wurde er zuhause nicht gebraucht. Gilbertchen wurde rund um die Uhr von Euryklea und Anastasija, dem hübschen ukrainischen Kindermädchen mit den süßen Mandelaugen, liebevoll betreut, Eurykleas Mann Giorgos kümmerte sich um das Haus und den Garten, und Gerti verwirklichte sich mit großer, sie vollauf befriedigender Begeisterung als Art Consultant.

In den zwei Jahren bei Christie's Hamburg, wo sie sich einen Überblick über die Kunstmarktszene und die großen privaten Sammler verschafft hatte, und dem Halbdutzend Jahren, die sie seitdem selbständig war, hatte sie sich einen exzellenten Ruf erworben. Wer immer in Norddeutschland eine bedeutende Kunstsammlung besaß, kannte sie, ihre Expertise, ihre Verschwiegenheit. Auf den Kopf gefallen war sie nicht. Sie schätzte Preise, kontaktierte Auktionshäuser und fädelte delikatere Transaktionen, bei denen Öffentlichkeit unerwünscht war, selbst ein. Zurzeit, wusste Moje, vermittelte sie gleich drei Sammlungen gleichzeitig, darunter ein auf mehrere Millionen Euro taxiertes Konvolut altdeutscher Großmeisterkupferstiche, das die Erbin, der es zusammen mit einem unscheinbaren Einfamilienhaus zugefallen war, absolut diskret verkauft wissen wollte. Gerti war libidinös also vermutlich wunschlos glücklich ausgelastet.

Moje kannte diesen Zustand. Er hatte eine Phase völliger sexueller Bedürfnislosigkeit bei Gerti schon einmal erlebt.

Kurz kam ihm der Gedanke, dass sie ihn vielleicht betrüge (*Vielleicht ist's ihr sogar recht, wenn ich noch eine Weile wegbleibe. Zehn Wochen immerhin. Verstrichen ist nun die zehnte Woche. Cuckoo, cuckoo, cuckoo*), aber der Gedanke beunruhigte ihn nicht und verschwand schnell wieder.

Er nahm das Smartphone, war sich aber plötzlich unschlüssig. Er merkte, nicht die geringste Lust zu haben, mit Gerti zu telefonieren, überhaupt an sie zu denken. Er legte das Handy auf den Schreibtisch zurück, neben die Bücher und Comics, die zwischen den beiden schweren Buchstützen aus Glas klemmten[149], griff zum Hörer des Zimmertelefons und fragte Frau Gruta, die sofort am Apparat war, ob sie jemanden kenne, der ihn auf der Insel umherfahren und ihm die Sehenswürdigkeiten zeigen könne.

Es sei so ein schöner Tag.

17

Wenige Minuten später war das Auto da. Der sonngebräunte, etwa sechsundfünfzigjährige Fahrer, auf dem Kopf eine Sunvisor-Kappe mit kurzem, moosgrünem Schirm, vollführte eine elegante, bewegliche Verbeugung.

»Acácio Santo, ergebener Diener. Aber nennen Sie mich bitte nur Acácio. Nicht, dass ich mich, zumal an einem 24. April, in meinem Nachnamen irren könnte. Doch Santo ist mir zwar nicht peinlich, aber als begeisterter Wortedrechsler und Begriffsliebhaber, der ich nicht anders kann als die ursprünglichen Bedeutungen und Etymologien der Worte, die ich höre, mitzudenken, auch die von Personennamen, scheint mir der Name Santo ein wenig danebengegriffen, wenn er auf meine Wenigkeit angewandt wird.«

Er sah Moje sehr freundlich an.

»Sehen Sie mir bitte meine möglicherweise etwas zu ausgeprägte Sensibilität nach, Senhor Moje. Vielleicht sollte ich mir ein Beispiel an jener US-amerikanischen Chemiefirma nehmen, die den Namen meiner Familie in ihrem führt und trotz augenscheinlicher Inadäquatheit nicht für unangemessen hält.«

---

[149] *Fair Tyrants, Sweets of Sin* (unaufgeschnitten (*She was swallowed up by the sweetness.* Ja ja, süß sind die Süßen der Sünde)), *The Irish Beekeeper, The Sorrows of Satan, La Tête d'un Homme, The Awful Disclosures of Maria Monk, Le Cocu, Tales of the Ghetto, La Femme Assise, Life and Miracles of the Curé of Ars, Chardenal's French Primer, Aristotle's Masterpiece, Schlumpf Erwin Mord, Physical Strength and How to Obtain It, Lifting Belly, Und so verbringst du deine kurzen Tage, Pocket Guide to Killarney, The Lamplighter, Vittore Carpaccio's Courtesans,* zwei Dutzend Nummern *John Kling's Erinnerungen, Les Aventures de Tintin, Tarzan, Superman.*

Er hielt dem verblüfften Moje die Beifahrertür eines auberginefarbenen *Ford Prefect 107E* auf. Die Chromleisten, die die unteren aschgrauen Seitenpartien einrahmten, glänzten frisch poliert.

»Sie möchten sicherlich vorn sitzen, Senhor Moje, des freieren Blicks wegen. Jeder Mensch mit Selbstachtung verlangt den freien Blick. Und Selbstachtung haben Sie, das kann bei Ihrem so sprechenden Namen gar nicht anders sein. Moje, meine. Wenn ich auch annehme, dass Sie gewöhnlich im Fond einer Limousine sitzen und sicherlich auch luxuriöser als in meinem zugegeben nicht mehr topaktuellen Modell. Doch dann arbeiten Sie vermutlich an schwierigen juristischen Fragestellungen, wozu es keines Blicks nach vorn bedarf. Dieser alte Brite ist allerdings, nebenbei bemerkt, nicht nur kommod, sondern auch absolut zuverlässig, selbst ohne Zauberei.«

Moje setzte sich auf den mit Leder überzogenen Beifahrersitz. Acácio schlug die Tür fest zu, bis sie fest schloss, ging leichtfüßig um das Auto herum, öffnete behutsam die Fahrertür, setzte sich hinter das Steuer und schlug auch seine Tür fest zu, bis sie fest schloss.[150]

»Ich habe ihn eigens für Sie gereinigt und gewaschen.«

»Sie sind ein Charmeur, Acácio. Und Sie sprechen perfekt Deutsch. Sind Sie in Deutschland aufgewachsen?«

»Nein nein, ich bin ein in der Wolle gefärbter Açoriano. Ich bin in der Nähe von Furnas zur Welt gekommen und in Ponta Delgada groß geworden. Meine Muttersprache ist Azorisch, alle meine Vorfahren waren Açorianos. Meine Eltern, Großeltern, Urgroßeltern und Ururgroßeltern haben São Miguel nie verlassen, a terra da nossa promessa no meio do nosso mar em

---

[150] Ein massiver Briefträger mit nach oben spitz zulaufendem Gesicht, schwarzem Katerschnurrbart, azorenblauem Regencape und azorenblauer Schirmmütze stellte sein Fahrrad ab, verjagte hüpfend und armschlagend eine frühe Wespe und ging geschmeidigen Schritts mit einem auf beiden Seiten über und über mit unterschiedlichen Briefmarken beklebten Briefumschlag, den er mit einem schnellen Griff aus seiner ihm an einem Schulterriemen hängenden braunledernen Posttasche herausfischte, in die Lobby des *Ogygia*.

ascensão, höchstens zum Fischen, und nur bei ruhiger See, und nie weit hinaus. Es hat nie einen Fall von Schiffbruch in meiner Familie gegeben.«

Er spitzte die Lippen.[151]

»Sie waren allesamt Kantianer, was die Reiselust betrifft. Einen Fall von Somnambulismus hat es in meiner Familie, soweit es die Annalen hergeben, übrigens auch nie gegeben.«

Acácio grinste jugendlich.[152]

»Meine Ahnen lassen sich auf São Miguel bis ins eroberungslustige sechzehnte Jahrhundert zurückverfolgen. Sie gehörten zu den, nun ja, ersten Weißen auf dieser schönen vulkanischen Insel. Einen autochtoneren Açoriano als mich finden Sie nicht. Ich bin reines azorisches Bewusstsein.«

Er zeigte auf seine Nase.

»Sehen Sie meine Habichtsnase. Sie ist nicht gerade das, was sich der unbefangene Deutsche unter einer rechtschaffenen germanischen Nase vorstellt. Sieht sie nicht aus wie die unseres göttlichen Pharaos Ramses II.? Sie kennen ja gewiss die präch-

---

[151] Der Briefträger kam zügig wieder aus dem *Ogygia* heraus, sah kurz in den neben dem Hoteleingang an der Hauswand hängenden gusseisernen, helltürkisen Briefkasten hinein und zog umständlich, das Regencape lüpfend, ein gefaltetes Stofftaschentuch aus einer Tasche seiner beigen Leinenhose hervor. Er schüttelte das Tuch, schneuzte sich trompetend, faltete es wieder sorgfältig zu einem kleinen Rechteck und steckte es wieder zurück in die Hosentasche, wieder das Cape lüftend. Er holte aus seiner Posttasche einen lederüberzogenen, gläsernen Flachmann Schiffsrum, entkorkte die flache Pulle bedächtig, nahm einen herzhaften Schluck, beäugte mit leicht zur Seite geneigtem Kopf die in der Hand liegende Buddel wie ein Papagei eine ihm hingehaltene Nuss, nahm einen zweiten erquickenden Schluck, korkte das Fläschchen wieder zu, und legte es wieder zurück in die Tasche. Er strähnte, mundgrimassenschneidend, mit den Spitzen seiner beiden Mittel- und Zeigefinger seinen schwarz gewichsten Schnurrbart, schwang sich aufs Fahrrad wie ein argentinischer Gaucho aufs Pferd und fuhr, zusammengekrümmt wie ein japanischer Lastenträger, der einen riesigen Bund Bambusstangen auf dem Rücken trägt, pfeifend auf dem Bürgersteig davon.

[152] Rechts schwan-gondelte ein laut klingelndes *Rabaiotti*-Eisfahrrad mit orangeweißgrün gestreiftem Stoffdach, links schwang sich ein großer, hagerer, einbeiniger Mann auf plumpen hölzernen Krücken an ihnen vorbei.

tige Mumie dieses mächtigen Löwen, starken Stiers, goldenen Horus', dieses gewaltigen Spenders königlichen Samens.«[153]

Acácio lachte fröhlich.

»Obwohl einer der verehrtesten Deutschen, Friedrich, der zweite Preußenkönig dieses Namens, Friedrich der Einzige, der Große Fritz, der Spatzenkrieger, der kleine, hässliche, kinderlose, schwule Luc, der hasardierende Fürstenphilosoph Frederic, der demütige Staatsdiener, der absoluter war als der Großtürke, der Pazifist, der halb Europa in blutige Kriege stürzte, auch so einen krummen Zinken hatte. Sehen Sie sich die von Eckstein angefertigte Totenmaske an. Oder den Flötisten in dem zugegeben etwas boshaften, aber sehr hübsch anregenden Gemälde *The Toilette*, dem vierten der sechs Tableaus der Graphic Novel *Marriage à-la-mode*, die Hogarth zur Erbauung und Meliorisierung des geneigten Publikums und seiner eigenen schwächelnden Börse gezeichnet hat. Sehr einfühlsam!«

Er grinste wieder, machte eine kleine Redepause.[154]

»Ramses und der Alte Fritz müssen Açorianos gewesen sein. Oder Russen.«[155]

Acácios Deutsch hatte eine warme, melodiöse Färbung, die Moje keinem deutschen Dialekt, aber auch keiner anderen Sprache zuordnen konnte.

»Nein nein, ich bin ein waschechter Açoriano. Ich habe in Deutschland lediglich studiert, Philosophie, alte Sprachen und andere Studia humanitatis, die Allerlei-, die Salonwissenschaften gewissermaßen. Und natürlich, als gut gottgeistiger Gesell,

---

[153] Drei Polizisten, ein schwerbewaffneter Tschugger, ein unterwürfiger Wachtmeister und ein Konstabler mit Schlagstock rannten an ihnen vorbei. Es klang, obwohl fast ein Gleiten, wie das Schlagen übermütigen Stahls gegen funkelnden Stein, Gesteh gesteh! Beinahe hätten sie eine an der nächsten Straßenecke auf ihrem linken, ausnehmend wohlgeformten Bein balancierende junge Frau mit glatt zu einem Pferdeschwanz gebundenem Haar umgerannt, die ihren rechten, schief abgelaufenen Schuh in der Hand hielt, um unter der papierenen Einlegesohle nach dem Nagel zu suchen, den sie sich eingetreten hatte.

[154] Ein Sprengwagen fuhr vorbei und spritzte Wasser auf die Straße.

[155] Der Sprengwagen bog in eine Nebenstraße ab.

der *Die Gottespest* gelesen hat und albern fand, Theologie. Aber auch, fragmentarisch und spezialistisch zwar, doch liebhaberisch, ein wenig Logik, Mathematik und Physik, ohne die Wortedrechsler wie ich zwar ungeheuer eindrucksvolle, aber philosophisch vollkommen folgenlose Logosphärenfeuer abbrennen, die dem Zuhörer zwar einen faszinierenden Moment lang durchs Bewusstsein irrlichtern, aber wie Traumgespinste, die zum Zeitpunkt des Erwachens zwar noch ein paar benommene Sekunden lang nachleuchten, aber zwei, drei wache Augenblicke später rückstandslos vergangen sind.«[156]

Er lächelte versonnen.

»In Heidelberg, Tübingen, Marburg und Freiburg, an den Hohen Schulen mit den berühmten philosophischen Seminaren, zuletzt in Berlin, West-Berlin, Dahlem genau gesagt, an der sogenannten Freien Universität, in der Rostlaube. Auf die kursierenden internationalen Rankinglisten gab ich nichts. Was die wert waren, konnte man schon daran erkennen, dass sie von post-metaphysischen US-amerikanischen Universitäten angeführt wurden. USA und Philosophie ist wie England und Kochkunst. Gibt es, ist dann aber nicht von da.«

Moje staunte.

»Sie sind ganz schön herumgekommen. Heutzutage wechselt kaum jemand die Universität.«

»Ja, Bologna! Teil von jener Kraft, die stets das Gute will und stets das Böse schafft. Ich hatte zwischendurch sogar vor, im sozialistischen Leipzig zu studieren, an der Karl-Marx-Universität. Aufbruch! Arbeiterklasse! Intelligenz! Faust und die DDR, ein unwahrscheinliches, geradezu lautréamontsches Zusammentreffen, surrealistisch dadaesk. Oder an der Martin-Luther-Universität Halle-Wittenberg mit ihren zwei von Heinrich Heine verspotteten, indigniert-morosen, phantasielos-täppisch auf ihren Postamenten lungernden zahnlosen Löwen. Beide Hohe Schulen sind, wenn ich das so sagen darf, nicht

---

[156] Ein scheppernder Kehrwagen mit orange blinkender Dachlaterne fuhr laut piepsend an ihnen vorüber.

weit weg von Kaisersaschern. Das hätte mich gereizt. Aber kurz vor meinem Doktor in Theologie zelebrierte die Farce Deutsche Demokratische Republik ihr hoch anrührendes Ende. Zudem hatte ich genug vom Studieren.«[157]

»Sie haben promoviert?«

»Ja, so heißt es komischerweise auch heute noch, wenn jemand einen Doktorhut erhält. Zuerst in Philosophie, dann in Theologie, den beiden deutschesten aller akademischen Fächer.«

Seine dunkelbraunen Augen dunkelten tiefer ein.

»Zwei Inauguraldissertationen, *Gottes Unendlichkeit denken. Zu Immanuel Kants Gottesbegriff* und *Christi Liebe fühlen. Zu Friedrich Schleiermachers Christologie.* Sie verstehen, dass ich nach der Beschäftigung mit dem gottesbegriffslegalisierenden Nichtkirchgänger des aufklärerischen achtzehnten und dem religionsbegriffserneuernden Prediger des kommodifizierenden neunzehnten Jahrhunderts von Theorie und Diegesis genug hatte. Mir war nach sieben Jahren Schreibtisch mehr nach jungem, frischem, mimetischem Leben als nach dem betrachtenden Bestimmen des Vorhandenen, egal wie groß die Defizienz des besorgenden Zu-tun-habens mit der Welt theoretisch auch sein mochte. Obwohl, muss ich zugeben, es mir durchaus auch Lust bereitete, mich in idiosynkratische Thesenkonstrukte zu versenken, besonders wenn sie allgemein, abstrakt und komplex daherkamen.«

Er lachte mit katzenartigem Schnurren.

»Als Philosophieadept lernt man schwierige Wörter.«

---

[157] Ein gebeugter Mann mit dicker dunkler Hornbrille, zobelschwarzem Hut, langem Kaftan und einem ihm aus Kinn und eingefallenen Wangen wuchernden langen, silberschwarzen Bart, der über dem Bauch in seidigen Ringellöckchen endete, ging, von hinten kommend, langsam an ihnen vorbei. Nach zehn Metern blieb er stehen, drehte sich zur Straße, sah nach rechts und links und schritt vorsichtig auf die andere Straßenseite und übers Trottoir zu einem schmalen, gebückten Haus. Er drückte den Klingelknopf und trat, nachdem die Tür zuerst schmal, dann weit geöffnet worden war, sich tief verbeugend ins Dunkel des Hauses ein.

Die Augen hellten wieder ins Ergründlichere auf.

Er schnallte sich an.

»Das Einfache zu handhaben bekommt, wenn man sich durchs Komplizierte hindurchgearbeitet hat, eine schöne, eine geradezu elegante Leichtigkeit.«

»Und dann fahren Sie Taxi? Sie wären der ideale Lehrer.«

»Nein nein, ich bin nicht Taxifahrer. Und als Pädagoge mit vorgegebenem Lehrauftrag wäre ich unbrauchbar. Ich bin zu freiheitsliebend und glaube, mit Verlaub, nicht an die eine schwitzende Wahrheit, an die eine αλήθεια, veritas, אמת , truth, правда, 真相. Nein, ich bin ein einfacher Perieget, schon Cicerone wäre zu hochtrabend. Ich führe den Neugierigen zu den Sensationen meiner verlorenen Insel wie Vergil seinen Schützling Dante durch die Abgründe des Infernos und über die Hänge des Purgatorios.«

»Zum Gipfel des Paradisos führen Sie nicht?«

Acácio grinste breit.

»Sehe ich aus wie Beatrice? Aber keine Sorge, ich werde Ihnen nicht nur die grauenvollen und bedauernswerten Seiten São Miguels zeigen. Wonne und Lust sollen auch mit dabei sein.«

Dachte Acácio an den Besuch eines einschlägigen Etablissements?

»Leben Sie von ihren Führungen?«

»Gut philosophisch gesprochen, ja und nein. Die Gespräche während der Führungen muntern mich auf, meinen Unterhalt bestreite ich nicht damit. Zwar besitze ich außer diesem wundersamen Automobil nur ein winziges Häuschen, aber auch einen kleinen Gemüsegarten, einen reich tragenden Apfelbaum, eine zahme Milchziege und ein halbes Dutzend Leghorn-Hühner, sodass ich als kinderloser Hagestolz – immerhin über die Ehe hat mir die Philosophie meine blauen Augen geöffnet – nur wenig Geld benötige.«

Er schmunzelte.

»Ich habe Vergnügen an Menschen, die nichts suchen, ihre Sinne aber gleichwohl wandern lassen. Wobei es mir gleich ist, warum sie nichts suchen.« Er räusperte sich. »Möchten Sie etwas Bestimmtes sehen, Senhor Moje?«

»Nein, ich wüsste nicht was, ich kenne São Miguel nicht. Zeigen Sie mir, was sich anzusehen lohnt. Gern auch, was nicht in Fremdenführern steht.«

Acácio startete den Motor. Moje schnallte sich an.

»Aber erzählen Sie bitte erst einmal von sich. Ihre Biografie klingt spannend.«

Acácio gab behutsam Gas, der *Prefect* fuhr ruckfrei an. Sie bogen nach einer weiten Linkskurve nach rechts in die Rua das senhoras, wo sie an einer kulissenhaften Reihe flamingorosa und ibisrot angestrichenen Lebensmittelläden vorbeifuhren[158],

---

[158] Neben den Türen der Lebensmittelgeschäfte hingen kunstvoll gemalte Ladenschilder, *Padaria Dawson DBC, Tabacaria Grogan, Laticínios Grogan, Charcutaria Youkstetter, Peixaria Hanlon* (*Cinco peixes pelo preço de quatro*). Über dem leeren Schaufenster der Bäckerei spannte sich eine weit ausladende, blauweiß gestreifte Stoffmarkise. In der offenen Tabakladentür wehte ein bunter Plastikperlenvorhang, durch den bläulichbraune Rauchschwaden drangen. Rechts und links neben der Milch- und Käseladentür standen je ein großes, altes, hölzernes Butterfass. Im linken wuchs ein junges, silbergrünes Olivenbäumchen, im rechten ein gelbgrüner Japanischer Lebensbaum. Mitten über der Tür ragte ein dickes Eisenrohr, an dem eine zerbeulte Aluminiummilchkanne pendelte, aus der Hauswand. Der Rollladen des Schweinemetzgereischaufensters war zu einem Fünftel heruntergelassen. Dahinter lagen auf der schräg geneigten Auslage dicht neben- und übereinander Dutzende Ketten schwarzer, weißer und roter Würste angeblich eichel- und kastaniengefütterter Schweine. Von der verschatteten Decke hing dunkelfleischfarben eingetrocknetes Geselchtes an martialischen Eisenhaken herunter. *Gott sei Dank ist mein Vater kein Fleischhauer.* Im operationssaalhell ausgeleuchteten Meeresfrüchtegeschäfts entschuppte eine junge, schmale, freiwillig zölibatär lebende Fischfachverkäuferin einen etwa einen Meter langen spitzgoscheten Hecht. Neben der offenen Eingangstür balancierte ein silbrig flirrender, sechs Fuß langer, schlanker, torpedoförmiger Fisch aufrecht auf seinem gekrümmtem Schwanz. Der Barrakuda (kein Torpedo) starrte mit starren, erkenntnislosen, staunenden Knopfaugen senkrecht in die Luft und spritzte aus seinem leicht geöffneten Maul einen dünnen, betörenden Strahl bläulichgrün gefärbten Wassers drei Fuß hoch in die helle Luft. Das nach einer zierlichen parabolischen Wende wieder herabfallende Wasser fing er mit seinem Maul auf, ohne dass es spritzte.

die von zwei irischgrün gestrichenen Irish Pubs (*Byrne's, Kiernan's*) flankiert und von je einem ebenfalls irischgrün gestrichenen Irish Pub (*O'Rourke's, Fogarty's, Doran's, Collin's*) voneinander getrennt waren.

»Ein phänomenologisch bedenkenswerter Begriff, spannend klingen. Heideggersch irgendwie oder bollnowsch. Physikalistisch existenzialphilosophisch gewissermaßen.«

Acácio lenkte lässig, aber konzentriert.

»Haben Sie auch Philosophie studiert, Senhor Moje?«

»Sprechen Sie mich gern ebenfalls mit Vornamen an, Acácio. Ich heiße Rochus. Und achten Sie bitte auf den Verkehr.«

»Aber natürlich, der Verkehr! Der Verkehr hat immer mein Hauptaugenmerk!« Er sah wieder aufmerksam nach vorn.

»Rochus. Ein schöner, ein klangvoller Name. In den meisten Landstrichen Deutschlands findet er sich heutzutage bedauerlicherweise nur noch sehr selten. Die Pest ist nicht mehr präsent und das jiddische Rauches hat ihm einen Beiklang gegeben, der vorsichtige Eltern davor zurückschrecken lässt, ihren Filius Rochus taufen zu lassen. Wenn ich richtig informiert bin, gibt es mehrere Hypothesen zur Etymologie. Am einleuchtendsten scheint mir die Herkunft von roche, roca oder rocha. Rochus hätte dann die gleiche Bedeutung wie Kephas oder Petros.«[159]

Er lenkte mit der rechten Hand. Die linke lag, wenn sie nicht den perlmuttenen Kugelkopf des auf der Bodenplatte verankerten, in einer Gummimuffe steckenden auberginefarbenen

---

[159] Rechts zog ein Gasthof vorbei, *Dunphy's Restaurant and Irish Pub, Happy Hour 5-7 pm excepto às sextas-feiras*. Auf dem halbkreisförmigen Steinbogen über dem weit aufgesperrten Hoftor waren die Spuren einer ehemals angebrachten Leuchtröhrenschrift (*Palais Andalusia*) und eines Leuchtröhrenherzens gerade noch lesbar. Hinter dem Tor erstreckte sich unter einer mittelalterlich animierten, aus grob behauenen Kanthölzern gezimmerten Galerie ein von Katzenköpfen gepflasterter Innenhof. In der Mitte blühte eine dreißigtausendblättrige Linde. Zwei junge Männer in grauen Kavalleriepferdelederhosen bauten hellholzige Biertischgarnituren auf, an deren Enden sie mit langen Schnüren große, radiergummirote, metallisch glänzende Luftballons knüpften.

Schaltknüppels bewegte, auf seinem linken, entspannten Oberschenkel. Die behutsam behaarten Hände waren sehr schön.

»Ein außergewöhnlicher, vielschichtiger Mann, dieser Simon bar Jona, der sich von Jesus nicht die staubigen Füße waschen lassen wollte. Erster unter den Jüngern, aber auch Gewalttäter. Christusbekenner, aber auch Christusversucher und Christusverleugner. Sünder, der Gesetzestreue heuchelte und Tischgemeinschaft mit Heiden mied, aber auch ihr Täufer war. Prediger der ersten Jerusalemer Gemeinde, von einem Engel aus Gefängnisketten befreit. Menschenfischer, Märtyrer, Missionar. Krankenheiler, Totenerwecker. Spender des Heiligen Geists. Nachfolger des Herrn. Fels, auf den der siegreiche Galiläer seine Kirche baute. Schlüsselverwahrer. Petrus super cathedram.«[160] Acácio duftete erfrischend nach Pfefferminz. »Das Neue Testament sichert uns armen, zweifelnden, erbarmungswürdigen Sündern zu, dass unsere geliebte Regina Ecclesia Sancta nicht von den Pforten der Unterwelt überwältigt werden kann. Ein überaus schönes, anspielungsreiches Bild. Ja, Petrus war vielschichtig. Ein Mann mit vielen Charaktereigenschaften. Man muss ihn ja nicht gleich heiraten.«

Eine schmale Straße kreuzte. Acácio sah nach links, ohne Moje anzusehen, dann nach rechts. Kein Auto, kein Motorrad, kein Fahrrad.

»Doktor Rochus Moje.«

Acácio sprach den Namen sehr weich aus.

---

[160] Hinter einer Kurve kam ihnen auf beiden mit ordentlichsauber glattgeschliffenen quadratischen Granitplatten parkettierten Bürgersteigen ein dichter Fußgängerschwarm entgegen. Männer mit dünnen Bambusspazierstöcken in schwarzen Anzügen, weißen, krawattenlosen Hemden und medaillenverzierten Strohhüten, Frauen mit kupferroten Haaren in duftig weiten weißen Sommerkleidern, rosawangige Kinder in kurzen Hosen und Röckchen. Einige größere Kinder schoben zierliche Puppenwagen mit Puppen (*Heilige Jungfrauen aus Gummi, abwaschbar, aus Lourdes?*) oder zogen an kräftigen Schnüren blank polierte, olivgraue, rotsternige Spielzeugpanzer hinter sich her, auf denen kleinere Kinder saßen. Alle waren sehr fröhlich, gingen, liefen, blieben stehen, lachten, hüpften, umarmten einander, die Männer klopften sich dabei gegenseitig auf die Rücken. Viele sangen.

»Ein schöner, ein sprechender Name. Lateinisch romanisch slawisch. Mein gelehrter Fels.«[161] Er schaltete einen Gang hinunter. »Außerdem erinnert er an den elegantesten Fisch im Meer, den Rochen. Wenn die Etymologie des Fischnamens mit der von Rochus wohl auch nichts zu tun hat.«

Er warf einen kurzen Blick nach rechts aufs Trottoir, auf dem zwei betrunkene, vielleicht auch bekiffte junge Männer an mehreren alten Männern vorbeitorkelten, die, Fuß an Kopf am inneren Gehweg aufgereiht, nackt unter alten Zeitungen (*Mensageiro do Sagrado Coração, Eco do Agricultor*) lagen und schnarchten. Sie bogen nach rechts durch den Strom der ihnen immer noch massenhaft entgegenkommenden Fußgänger in die nahezu unbelebte Barragem do Eiletor ein.[162]

Acácio schaltete wieder einen Gang höher.

---

[161] Links drehte auf dem linken Trottoir der kreuzenden Straße ein blinder Drehorgelspieler in schlottrigem Frack, kanariengelb-eisvogelblau karierter Halsbinde und schwarzer Melone mit absinthgrünem Hutband die Kurbel eines vierrädrigen Leierkastens und kaute abwechselnd an einem zähen Brotkanten und dem Ende einer fettigen Pferdesalami. Auf dem Orgelkasten saß, bewegungslos und gelangweilt wie ein Affengott, ein mit einem schmutzigroten Lederband am Instrument festgebundenes schwanzloses Berberäffchen in Karnevalslivree. Vor dem Bauch hielt es einen ramponierten schwarzen Zylinderhut mit der Öffnung nach oben in der einen und einen Schellenring in der anderen Hand. Rechts in der kreuzenden Straße schwang eine violett uniformierte Straßenfegergruppe schmale langstielige Besen durch die Rinnsteinrinnen. Sie sang unter der Aufsicht eines aufmerksamen Oberstraßenfegers, der auf einer Trillerpfeife pfiff und Wasser aus einer Gießkanne in die Rinne laufen ließ, ein altes azorisches Straßenfegerlied in c-Moll.

[162] Über der Haustür des Hauses Nummer 153 blinkte eine kunstvoll gebogene Neonröhre *Cabaré dos comediantes*. Im Vorgarten hing an einer Stange ein geborstenes hölzernes Hinweisschild, *Cubicula locanda*. Ein unrasierter Mann, der mit seiner rechten Hand ein Bündel alter Kleider auf der Schulter und mit der linken Hand eine Zigarette rollte (*Does Cyril spend too much on cigarettes? Far too much*), sah mit offenem Mund zu einem bis zu den Hüften nackten Paar hinauf, das hinter einem Fenster im ersten Stock stand, einem Mann und einer Frau. Rechts stand der vielleicht dreiunddreißigjährige Mann. Er hatte seinen rechten Arm um die vielleicht einundzwanzigjährige Frau gelegt. Seine linke Hand streichelte ihre perfektrunde rechte Brust, ergriff die Warze wie eine Erbse oder einen Stecknadelkopf mit Daumen und Zeigefinger, stoppte, verhielt. *Henri IV und Gabrielle d'Estrées*. Im Stockwerk darüber öffnete sich ein Fensterflügel. Ein fließender, flirrender Glanz flog wie ein scheuer weißer Vogel die Straße entlang. Acácio schob die Unterlippe vor.

»Doch genug jetzt von Petrus, Felsen und Unterwelt! Habe ich Sie schon gefragt, ob Sie auch Philosophie studiert haben, Rochus?«

»Ja, haben Sie. Und nein, habe ich nicht. Nur Vergänglicheres. Jura, wie Sie offenbar wissen. In Hannover.«

Acácio schob die Unterlippe vor.

»Nun ja. Das Kohlundpinkel-Residenzstädtchen hat vielleicht nicht den prickelndsten Campus. Da hat auch die Benennung nach Leibniz nicht geholfen. Es ist aber immerhin lokalisierbarer als Weißnichtwo oder Bielefeld, das nur als moralfreies System existiert. Und die Jurisprudenz vergänglicher als die Philosophie? Das behaupten die Philosophen natürlich gern. Nur die Theologen nicht, die Jurisprudenz und Philosophie für gleich ephemer halten. Dabei geht's in allen diesen Erkenntnisweisen um die Stärkung von Wahrheit, Leben und Gerechtigkeit. Und gegen Lügen und Irrtümer, Tode und Verkümmerungen, Privilegien und Aggressionen. Sollte es jedenfalls.«

Er nahm den Fuß vom Gas. Durch das frische, wagemutige Blätterwerk eines Pappelhains leuchtete es rot, vielleicht eine Wasserrutsche. Dahinter schwenkte ein hoher schlachtschiffgrauer Baukran einen von Zement überkrusteten Eisenkübel langsam im Halbkreis von links nach rechts.

»Auch ich bin mir übrigens, wenn Sie gestatten, nicht sicher, dass Ihre, nun ja, Hypothese in der von Ihnen formulierten Allgemeinheit vollumfänglich bewiesen werden kann.«

Er trat das Kupplungspedal, bremste.

»Spricht nicht gegen die Abwertung der Juristerei, dass sich gerade in ihr überproportional viele bedeutende Schriftsteller finden? Obwohl dieses Verhältnis, von der generischen Seite betrachtet, natürlich nicht überrascht, gründet die Rechtswissenschaft ja wie die Literatur auf Fiktionen.«

Er stoppte das Auto. Vor ihnen rangierte ein alter, ungewaschener, oranger Betonmischer *Mercedes-Benz 2224*. Die Trommel drehte sich kreischend, aus dem Auspuff hinter der Fahrerkanzel quollen kleine, schwarze, stotternde Rauchwölkchen.

»Finden Sie es nicht komisch, dass so viele Männer glauben, es gebe eine Menschengattung, die allen anderen überlegen sei, arisch, hutunisch, nipponisch, vogonisch, und dass ein Weib nur dann rechtschaffen genannt werden dürfe, wenn es sich verhalte, wie der ewig einzig anbetungswürdige Jahwe, Gott, Allah es in seinem erforschlichen Ratschluss gewollt habe, gehorsam, treu und bescheiden und jederzeit für die gesamte Familie ein frisch gewaschenes flauschiges Handtuch bereithaltend, nicht nur am 25. Mai?«

Hinter dem Betonmischer trug ein Mann mit erbsündblauem Arbeitshelm und ausgewaschenem Blaumann eine etwa sechs Meter lange, vielleicht zehn Zentimeter dicke, an den Enden hin und her wippende, butterblumengelbe Plastikröhre über das Baugrundstück. Acácio schmatzte jetzt ein wenig beim Sprechen.

»Alle anderen sind natürlich Froschsternemanzenschlampen und Untermenschen.«

Anscheinend war es nicht leicht, den Betonmischer rückwärts im richtigen Winkel in die Baustelleneinfahrt zu lenken. Ein bauhelmweiß behelmter Bauarbeiter ging vor dem Mischer hin und her und gab Zeichen.

Acácio drehte sich zu Moje, der etwas irritiert schien.

»Entschuldigen Sie bitte die kleine Abschweifung. Mein Hang zu Seitenpfaden. – Wo waren wir stehengeblieben? Ach ja, Philosophie. Vielleicht gibt es ja mehrere Philosophien.«

Der lotsende Bauarbeiter war stehen geblieben, winkte mit der Wasserpumpenzange, mit der er den Fahrer des Betonmischers dirigierte, Richtung Auto.

Acácio kurbelte das Seitenfenster herunter, beugte sich hinaus.

»Olá, Fernão!«

»Ahoy, Haroldo! Aonde vais?«

Acácio antwortete nicht. Er zog den Kopf wieder ein, schloss das Fenster. Der Betonmischer hatte eine zementgraue Staubwolke aufgewirbelt, die aufs Auto zuschwebte. Acácio gestikulierte entschuldigend in Richtung Fernão, der lachte, und wandte sich wieder an Moje.

»Bitte sehen Sie mir die Unterbrechung unserer Unterhaltung nach, Rochus. Fernão ist ein alter Freund. Er hat Kunst studiert, Malerei, um mit dem Tag seines Diploms damit aufzuhören und als Hilfsarbeiter seinen Lebensunterhalt zu verdienen. Er war den unheiteren Habitus des modernen Künstlers leid. Wir treffen uns einmal im Monat mit Freunden in der *Gruta-Bar*, um uns bei Räuberschach und einigen Apocalypsos über die neuesten Entwicklungen in der Park- und Gartengestaltung auszutauschen. Fernão liebt hohe Gräser. Aber wer tut das nicht. Sogar Abaelard.[163] Im Seewind brandende, wedelnde, singende, wogende, flutende, rauschende, schaukelnde, schwingende, pendelnde, driftende, biegende, wiegende, wippende, wirbelnde, wispernde, im Sonnenlicht flirrende, silbrig, golden, kupfern, messingsch, bronzen, stählern, bläulich, rötlich, bräunlich, weißlich, bläulich, grünlich. Patagonisches Eisenkraut, Amerikanisches Pampasgras, Mexikanisches Federgras, Rutenhirse, Prärie-Bartgras, Gelbes Indianergras, Moskitogras, Afrikanisches Liebesgras, Südafrikanische Kugelbinse, Südafrikanische Segge, Japansegge, Japanwaldgras, Japanisches Blutgras, Welsches Weidelgras, Italienische Hirse ... *Ich verliere mich, verstecke mich faul in der Fülle der Gräser ... Kleine Seele, springst im Tanze, legst in warme Luft den Kopf, hebst die Füße aus glänzendem Grase, das der Wind in zarte Bewegung treibt ...*«

Er strich sich belustigt verlegen über die azoranische Nase, nuschelte grinsend *Ringelnatz, Kafka* und stellte den Motor ab.

»Dann zieht der Staub nicht so ins Auto.«

Seine Stimme war wieder fest.

»Gesteins- und Zementstäube haben was Apokalyptisches.«

Moje stellte sich vor, auch zu dem *Gruta-Bar*-Kreis zu gehören.

»Ihr Freund hat Sie Haroldo genannt.«

---

[163] Von weither ertönte ein hohldumpfes Hornsignal. Ein junger Mann in schwarzer Zimmermannskleidung schob fluchend ein Fahrrad an ihnen vorbei, auf der Längsstange ein ausgefein zurechtgeputztes Mädchen mit einem adretten Handtäschchen, aus dem zwei Hahnenfüße herausragten.

»Mein zweiter Vorname. Alte Freunde nennen mich Haroldo. Schon meine Großmutter hat mich nur Haroldo gerufen. Wenn Sie mögen, sprechen Sie mich auch gern mit Haroldo an.«

»Ich bleibe vorerst bei Acácio, wenn es Ihnen recht ist. Vielleicht in einigen Jahren.«

Acácio räusperte sich.

»Mehrere Philosophien also. Das heißt, meiner heutigen Ansicht nach, zwei. Ein Zwillingspärchen abendländischer, vornächtlich aktiver Schleiereulen sozusagen. Zwei Zwergschleiereulen, die aber viele für ein einziges Eulchen halten. Jedenfalls die im Binitätsglauben erzogenen Weisheitsjünger, denen die beiden dämmerungssichtigen Vögelchen, die gleichzeitig und gleichenorts oder, wer weiß das schon, lange nacheinander und an weit voneinander entfernten Orten geschlüpft sind, lediglich für zwei Hypostasen des einzigen, im Wesen unveränderlichen, ewig mit sich selbst identischen Weisheitsvogels gelten.«

Der Fahrer hatte mithilfe Fernãos den Betonmischer, der unverständliche Rauchzeichen ausstieß, glücklich auf die Baustelle gefahren. Acácio winkte Fernão, der die Zange in die rechte Oberschenkeltasche seines Overalls gesteckt hatte und mit einem Plastikschlauch, aus dem Wasser tropfte, wedelte, einen Abschiedsgruß, startete den Motor wieder und gab behutsam Gas. Der feindliche Staub hatte sich noch nicht gelegt.

Moje wunderte sich nicht, dass Acácio wieder grinste.

»Das Narrativ von der einen unteilbaren Philosophie war schon zu Sokrates' Zeiten nur noch ein erbaulicher Mythos. Dessen schlichter Refrain wurde jedoch von einem Schwänlein, das weder allzu ironiebegabt war noch übermäßig viel Menschenkenntnis besaß und vielleicht deswegen auf seinem Aristophanes schlief, so melodiös gesungen, dass bis heute der Glaube an die prinzipielle Einheit aller Philosophie das Selbstbewusstsein der Sinnuniversalisten und Betonsakraliker stärkt, die schon die unnatürliche, gottlose Spaltung der Weisheitslehre in Philosophie und Theologie für Sünde halten.«

Acácio schien bester Laune zu sein. Er kurvte um einen zerbeulten blechernen Abfallkübel herum, der umgekippt und mitsamt Füllung auf die Straße gerollt war. Zwischen dem Müll lag ein überfahrener Fuchs und ein roter, mit weißen Ziffern bedruckter Plastikball.

»Habe ich mich verständlich ausgedrückt?«

»Ich kann Ihnen folgen, Acácio, auch wenn Sie sich durch verwachsene Pfade schlagen. Als Vertragsrechtler habe ich es regelmäßig mit komplexen Formulierungen und komplizierten Begriffen zu tun. Fahren Sie also gern idealistisch fort. Zumal Idealismus nur schadet, wenn man ihn ernst nimmt.«

Moje lachte. Acácios unbändig bewegte Augen blitzten.

»Obwohl mein Studium schon dreißig Jahre zurückliegt, falle ich immer noch in einen idealistischen Jargon, wenn ich Deutsch spreche. In anderen Sprachen passiert mir das nicht. Jedenfalls nicht unabsichtlich. Idealistisches Deutsch klebt wie Teufelsdreck. Es enthält Suchtstoffe.«

Er stoppte das Auto wieder. Vor ihnen drängelte ein Pulk sechzehn- siebzehnjähriger, gold- bronze- kupferhaariger Mädchen[164] von links aus einem großen, alten, ehrwürdigen Schulgebäude über einen Zebrastreifen.

Acácios betrachtete die Szene besinnlich. »Mädchenchormädchen. Ich liebe Mädchenchormädchen. Mädchen und Mädchen-

---

[164] Ihre reizenden Muskeln und ihre stramme glatte Haut waren in türkisfarbene Jäckchen und Röckchen, weiße Blusen und Söckchen und schwarze Ballerinas gekleidet. Über dem von dorischen Säulen flankierten Hauptportal der Schule stand in einem Fries in gewaltigen, in der Sonne leuchtenden goldenen Majuskeln LYCEV PASSOS MANVEL CELLA SILVESTRIS. Die große, runde, falsch oder gar nicht mehr gehende pädagogisch unpädagogische Uhr über dem Fries zeigte fünf vor fünf. *Ende der Stunde des Affen? Des Tigers?* Eine der jungen Frauen hielt die Hände unter ihrem Bauch verschränkt, den sie weit vorstreckte. Die anderen lachten, Arme einander um den Nacken gelegt, Finger ineinander gehakt. Vier Nachzüglerinnen mit Kompotthüten auf den Köpfen (weiß schwarz grau blau) kamen mit weit ausholenden Schritten im Gänsemarsch nach. Ein Abbé in einem violett schimmernden Seidenjustaucorps folgte bedächtig, selig lächelnd. *Ein Töchterinstitut, ein Mädchengymnasium? Lyzeum passt viel besser als Gymnasium. Oder vielleicht doch nicht? Vielleicht beides nicht? Wolf, nackt.*

chöre haben auch etwas Idealistisches. Sie sind nachgerade transzendent transzendentale Vergegenwärtigungen himmlischen Jauchzens und Jubelns. Watteausche Belcantokallipygen. Scheue, reine, prinzipienlose Glückszufälle.«

Er verjagte eine Fliege, die sich auf seine prachtvolle Nase gesetzt hatte, schaltete einen Gang herunter und fuhr zwischen zwei durch braunrote Seile gesicherte Baugruben hindurch, die vier Straßenbauarbeiter, zwei rechts, zwei links, mit breiten Schippen aushoben. Ein Lampenputzer auf einer hohen Leiter putzte eine Gaslaterne.

»Natürlich folge ich Ihrer idealistischen Aufforderung mit dem allergrößten Vergnügen.«

Seine gute Laune schien Mojes ironischer Seitenhieb auf idealistisches Denken nicht gemindert zu haben. Er grinste lyrisch.

Vielleicht gefiel ihm der Schlag sogar.

»Sind Denker, die umfassend über die Funktionsweise des Verstands aufgeklärt sind, nicht notwendig nicht nur Freunde des Söllers und des Offenbaren, sondern auch Liebhaber der Höhle und des Verborgenen, gewissermaßen Homines solares und Homines nocturni, Olympioniken und Troglodyten ineins? Keimt nicht die ein und andere unersetzliche, inkomparable, für ein volles Leben unentbehrliche Lust allein hypogäisch?«[165]

Sie bogen vom Kreisel in die zweite Ausfahrt ein. Avenida Pontanova. Acácio hatte jetzt beide Hände am Lenkrad.

»Lässt sich nicht manche fröhlich ausschweifende Orgie, die von einer bürgerlichvernünftigen Öffentlichkeit nur missverstanden werden würde, ausschließlich im Verborgenen in

---

[165] *Auf der Mittelinsel eines kleinen Kreisels sah ein verstümmelter, von vierzehn numidischen Brandpfeilen durchbohrter, schmutzigmarmorner Sankt Sebastian mit steinernen Augen verzückt in die Höhe. Im saftiggrünen, borstigen Gras lagen zwischen der in der erkenntniswilligen Sonne glitzernden, von staubiggrauen Disteln umstandenen Porphyrsäule mit ionischem Kapitell, auf dem der sanguinisch sich sonnende Heilige stand, und einer Ohtobüssstassioh (Linie S) orangegelb, orangerot, orangeorange leuchtende Koloquintenschalen Gestrandete Schiffchen, kielobenliegend. Leuchtende Zeichen. Auf dem Flachdach des narbig-rissigen Haltestellenbetonunterstands drehte sich langsam ruckelnd ein riesiger, rostiger Lautsprechertrichter.*

ungestörter Freiheit feiern? Natürlich haben auch Helligkeit, Transparenz, Offenheit ihren Reiz. Aber würde nicht die ein oder andere höchst belebende Erregung erheblich gemindert, schlüge sie nicht sogar in Abhorreszenz um, tauchte man das Objekt der Faszination in Sonne und Licht?«

Die Fliege summte im Fond. *Fliegengesumm. Gutmütiges Fliegengesummmmmm.* Ein Hahn im Stimmbruch erinnerte sich, dass er sein Morgenkrähen vergessen hatte und holte es nach.[166]

»Ich liebe Eingehülltes, nur schemenhaft Erkennbares, im Dunkel Agierendes. Verschattete Märtyrerbildnisse über Nebenaltären in vergitterten Nischen dämmriger Kirchen. Braunviolette, von Nebelschleiern durchzogene Heidegründe unter wirbelnd sich türmenden umbragrauen Sturmwolken. Fremde, unbekannte, fastnachtsmaskierte Frauen. Nackte Körper hinter dünnen Seidentuchbahnen in der glutroten Glut chinesischer Zimmerlampions.«

Auf dem Trottoir[167] stand eine Traube sicherheitshalber einander an Händen haltender bleicher, rotbäckiger Kinder, vier fünf sechs Jahre alt[168]. Ohne sich zu rühren (*Kein Haus, in dem nicht ein Toter war oder ist oder sein wird*), schauten die Kinder zum weit

---

[166] Auf dem ausgetretenen Treppenabsatz des ersten Hauses links saß eine ältere, trauerdunkel in ein schwarzes Witwenkleid, ein graues Schultertuch, schwarze Socken und derbe dunkelbraune Schuhe gehüllte Frau auf einem Küchenhocker vor der offenstehenden Eingangstür ihres Hauses. Sie zupfte einem bäuchlings auf ihren Knien liegenden, weißschwarzgefleckten graubraunen Huhn mit vorgerecktem Kopf, weit nach hinten ausgestrecktem Bürzel und abstehenden, aber nicht weit gespreizten Flügeln die letzten kurzen Federn aus der Haut. Ein neben der Frau stehender geflochtener Einkaufskorb war bis zum Rand mit Flaum und Federn gefüllt.

[167] Sie fuhren im Schritttempo an einem am rechten Straßenrand stehenden bibelgrauen Salonleichenwagen mit offener Heckklappe und zurückgezogenen, königlich blauen Fenstervorhängen vorbei (*C. Kelleher (H. J. O'Neill), Agência funerária, R. Praia Norte 164, Ponta Delgada*). Der von *Coleman-Milne* umgebaute, sorgfältig polierte *Mercedes E 320* war leer, kein Sarg, kein Insasse.

[168] *Das von Angst und Unverständnis verzogene Greisengesicht eines säbelbeinigen Mädchens mit krätzig aussehendem Ausschlag um den dicklippigen Mund herum (Oder ist's Brombeermarmelade?) glänzte vor verwischter Tränen. Ein Junge hielt einen langen, an einem Ende angebissenen Lakritzstriemen in der rechten Hand, in der linken die Schnur eines bewegungslos auf dem Bürgersteig liegenden Kreisels.*

geöffneten Fenster im ersten Stock des einige Meter zurückgesetzt liegenden Wohnhauses Nummer 9. Ein Mensch (ob Frau oder Mann, konnte Moje nicht erkennen) streckte seinen schwachen Oberkörper und die dünnen Arme mit einem Ruck weit aus dem Fenster vor. Fast sah es so aus, als ob er sich hinausstürzen wollte. Erschreckt, zog er (oder sie) sich aber sofort wieder hinter das Fenster zurück, drehte sich hastig um und verschwand im Dunkel des Zimmers des (oder der) Toten[169].

Acácios linke Hand lag wieder auf dem Schaltknüppel.

---

[169] *War's ein plötzlicher Tod? Ein leichter? Ein gut ausgeführter? Ein langer, ein schwerer? Ein Zaudern, ein Zerren, ein Ziehen? Ein langsames Dahinscheiden? Eine Frau, ein Mann? Ein Kind? Eine Frau und ein Kind? Ein Zwerg, malvenfarbig, runzlig? Krankheit, Unfall, Suizid, Alter, Geburt? Führten alle alle notwendigen Gespräche? Waren die letzten Gespräche interessant? Anstrengend? Konventionell? Blieb Wesentliches ungesagt, unbesprochen, ungeklärt? Raufte sich jemand die Haare, schlug sich die Brüste, riss sich mit Fingernägeln die Arme blutig, warf sich auf den Boden, bekam Krämpfe? Gab's ein letztes Wort? Mehr Licht! I should have never switched from Scotch to Martinis. Où est mon horloge? Glaubte der Verstorbene an ein Leben nach dem Tod? Den Himmel? Die ewige Sicherheit der kommenden Erlösung? Die Hölle, das Fegefeuer? Verteilte er, was ihm gehörte, bevor er starb? Hat er ein Testament hinterlassen? Hinterließ er etwas Wertvolles? Schulden? Wurde ihm das Viaticum gereicht? Nahm er's gläubig? Ängstlich? Resigniert? Hat man die Uhren im Haus angehalten und die Spiegel mit Stoff bedeckt? Ist der Leichnam groß? Schwer? Hat ein Leichenbeschauer den Tod festgestellt? Wurde dem Toten ins Herz gestochen, um sicher zu gehen? Wurde er gewaschen? Wurden ihm die Kopfhaare geschnitten? Die Fingernägel? Wurde er aufgebahrt? Arme über oder unter der Decke? Mit einem Kreuz in Händen? Wie ein Reh auf Tannengezweig und Blattwerk? Gibt's eine Kondolenzliste? Wurden aus Gefälligkeit Namen von Leuten eingetragen, die nicht persönlich kondoliert haben? Empfindet jemand Trauer? Erleichterung? Klagt, frohlockt jemand? Wurde Totenwache gehalten? Wurden dem Toten Münzen auf die gebrochenen Augen gelegt? Riecht's nach Tod im Sterbezimmer? Wird der Tote, die langsamen Füße voraus, würdig die Treppe hinuntergetragen werden können? Wird er in Erde begraben werden? In krümeliger, lehmiger, steiniger, heiliger Erde? The graveyard is a lonely place, they lay you down and throw dirt in your face. Wird er in einem Sarkophag gelegt werden? In ein hohes Gewölbe, aus dessen Bogendeckenzwickel Putten schauen? Lang hingestreckt, auf dem Rücken liegend? Wird er verbrannt, die Asche in einer Urne bestattet werden? Wird am Grab eine emaillierte Fotografie an ihn erinnern? (Damit man sich nicht nur zum Beispiel an den Schnurrbart oder die Augenbrauen erinnert.) Wird die Trauergesellschaft groß sein? Wird's eine Totenmesse geben? Wird Der Mond ist aufgegangen gesungen? Wird eine Seelenmesse gelesen? Wird eine Leere bleiben? Wird der Tote noch lange in Erinnerung bleiben? Jahre, Jahrzehnte, Jahrhunderte? Was von ihm? Gedanken, Ticks, Anekdoten? Wird er posthum eine Autobiografie schreiben? Wird ein Maulbeerbäumchen gepflanzt werden? Maulbeerbäumchen, Maulbeerbeerbäumchen, Maulbeerbeerbeerbäumchen?*

»Als ich noch ein kleiner Junge war, kam meine Großmutter Anna jeden Abend mit einer schönen, alten, grünbekappten Blendlaterne von *Bing* zu mir ins Zimmer. Dass sie von *Bing* war, wusste ich, weil auf der Laterne das gleiche kleine Plättchen mit dem in einem W liegenden B angebracht war wie auf dem Spielzeugbus, den sie mir geschenkt hatte, nachdem wir von Furnas nach Ponta Delgada gezogen waren. Und dass dieser große, dunkelgrüne, mit einem kleinen Schlüssel aufziehbare Doppeldeckerbus aus Blech von *Bing* war, wusste ich, weil Großmutter immer von *Bing*, der größten Spielzeugfabrik der Welt sprach, wenn sie sah, dass ich mit dem Bus spielte.«

Er machte eine kleine Pause.

»Beim Auspacken des Busses aus der Schachtel soll ich leuchtende Augen gehabt haben wie Shirley Temple in *Bright Eyes*, wenn sie *Lollipop* singt, hat mir mein Vater erzählt ... Meine Großmutter kam also jeden Abend zu mir ins Zimmer, schaltete die Nachttischlampe aus, setzte sich neben mich aufs Bett und erzählte mir eine Gutenachtgeschichte.«

Seine Stimme wurde sirupweich, fiel in ein tiefes Register.

»Der Bus steht heute auf dem Kaminsims im Wohnzimmer.«

»Sie haben ja eine sentimentale Seite, Acácio.«

Acácios Stimme wurde wieder fester. Er lachte.

»Noch ein Idealismus. Großmutter aber, azorisch realistisch wie sie war, liebte Drama. Ihre Geschichten erzählten von realistisch denkenden, materialistisch agierenden Figuren, hungrigen Wölfe, gierigen Piraten, gefräßigen Ziegen, sadistischen Schneidern, handfesten Wesen, die sich nicht durch zarte, abstrakte Ideen beirren ließen. Immer, wenn es am spannendsten war, fragte sie mich, ob ich schon groß genug sei, die Bösewichter, die canalhas, nicht nur zu hören, sondern auch zu sehen, und ob ich sie auch sehen wollte. Natürlich war ich groß genug, wollte ich die Kanaillen sehen. Großmutter kramte in ihrer Kitteltasche, holte eine Wäscheklammer, einen Kamm, einen Tischtennisball hervor. Ich hielt die Zauberlaterne vor die zitronengelbe Zimmerwand, an der mein Bett stand, und schon bleckte der Wolf die Reißzähne, zückte der Pirat den Krummsäbel, biss die Ziege in den Kohl, schnitt der Schneider die Daumen ab.«[170]

Er schaltete in den zweiten Gang, drosselte das Tempo fast auf Schrittgeschwindigkeit. Sie zuckelten hinter drei Autos und einer offenen Pferdekutsche her, die das Tempo vorgab.

»Ich sehe die Schattenbilder meiner Großmutter noch heute vor mir und klarer als alles, was mir je im Licht der Sonne begegnet ist.«[171]

Acácio räusperte sich.

»Na ja, als fast alles.«

---

[170] In der Auffahrt eines brutalistischen Kastenhotels, auf dessen Flachdach hunderte Länderfahnen schlapp an schräg gepflanzten Masten hingen – *Blau Weiß Gelb Rot Schwarz Grün Orange Violett. Sterne Ahornblätter Drachen Vulkane Zepter Säbel Wellen Halbmonde Segelboote Kokospalmen Quadrate Papageien Doppelkreuze Arbeiter Hahnenschweifweberfederbüschel Fürstenkronen Hacken Schwerter Olivenzweige Speere Dreiecke Palmfarnzweige Kanonen Affenbrotbäume Ruder Kondore Fische Muskatnüsse Kleidermuster Bücher Streifen Räder Flammen Zuckerrohr Säulen Schneeberge Adler Jurten Eichenlaub Kreise Tulpen Dolche Hüte Strahlen Zedern Wappen Bischofskrücken Quetzale Zacken Palmen Schlüssel Kraniche Schirme Gewehre Stöcke Türme Turteltauben Äxte Zahnräder Inschriften Reichsäpfel Trigramme Schilder Olivenblätter Haderer Kreuze Paradiesvögel Schlangen Kakaobohnen Öllämpchen Pfeile Flüsse Rinder Segelschiffe Lorbeerkränze Jungfrauen Tempel Armillarsphären Bananenbüschel Fregatten Rauten Palmenzweige Löwen Bänder Keile Bisonköpfe Mahagonibäume Teppichmuster Zahlen Kappen Doppeladler Mitren Dreizacke Delfine Handschuhe Ländersilhouetten* –, in der Auffahrt eines brutalistischen Kastenhotels stand ein grün-schwarz gestreifter, orangerot gefleckter Bus. Der lakaienweiß behandschuhte Fahrer gab aus dem Laderaum neben dem Hinterrad kleine, vollkommen gleich aussehende Alu-Rollkoffer an ein Dutzend ordentlich in einer Schlange stehende japanische Touristen Touristinnen Touristnnnie aus. Alle trugen die gleichen Stoffhütchen. Zwei im Bus sitzende ältere, ebenfalls mit den gleichen Hütchen behütete Japaner Japanerinnen Japanernnnie schauten der Gepäckausgabe durch die Busfenster hindurch interessiert zu.

[171] Auf der rechten Straßenseite flimmerte durch eine nicht sehr breite Lücke zwischen zwei fünfstöckigen, maroden Häusern einen Augenblick lang ein in der blendend leuchtenden Sonne großartig hell strahlender Spiegel surreal meerblauen, knisternd schimmernden Wassers hindurch. Die sich gegenüber stehenden, einander sich zuneigenden Mauern der beiden die Baulücke einrahmenden Häuser wurden von zwei zwischen ihnen eingezogenen, schräg in den Boden gerammten Gerüsten aus langen, geteerten Mastbäumen gestützt. *Noch gibt's ja das Meer. Ins Wasser fassen. Und doch kann man's Meer nicht lieben.*

Er kurbelte sein Seitenfenster einen Spalt weit auf.[172]

»Aber was ist ein Wolf gegen seinen Schatten?«

Die Fliege schaukelte auf einer kleinen weißen Stoffmaus, die an einem Bindfaden am Rückspiegel hing. Es schien Moje, als schaute sie Acácio an.

»Meistens dauerte das erhellende Schattenspiel nur ein paar Augenblicke. Großmutter fragte noch, kaum hatte sie den lebendigen Schatten an die Wand gezaubert, ob ich die Ziege, den Wolf, den Piraten, den Schneider erkannt hätte, zog dann aber sofort, ohne auf Antwort zu warten, die Hände wieder aus dem Lichtkegel, der gewittergelb wie das der Laternen in Guillermo del Toros Vampirfilm Cronos leuchtete. Dann erzählte sie die Geschichte mit drei, vier kurzen Sätzen schnell zuende. Zuletzt küsste sie mich, wünschte mir Gute Nacht und ging mit der Laterne wieder hinaus. Damit ich mich nicht fürchtete, ließ sie meine Tür einen Spalt offen, damit ein wenig Licht und Alltagsgeräusch aus den übrigen Zimmern in mein Schlafzimmer kommen und mein aufgewühltes Gemüt kalmieren konnte. Wie jeder große Künstler wusste sie um die Nachwirkung ihrer Kunst.«

---

[172] Links mühte sich eine kleine rundliche Frau einen Hügel hinauf, den kleine, moosbewachsene Felsbrocken und zerzauste, verkrüppelte Holzstrünke sprenkelten. *Birke, eigenartig.* Der schmale, lavaschwarz sich windende Weg, der mit einigen steinernen Stiegenstufen trittsicherer gemacht worden war, endete an einer niedrigen, windschiefen Holzhütte. Aus dem kurzen, an die Außenwand gemauerten Kamin aus grob behauenem Felsgestein stieg stummer, träger, graublauer Rauch. Die kleine, rundliche Frau trug ein bauschigweites, juwelenweißes Brautkleid mit gefälteltem, tief den Rücken hinunterhängendem Spinnwebschleier. In der einen Hand hielt sie einen Brautstrauß, in den lange, blassbunte Bänder eingeflochten waren. In der anderen eine grobe, schmuddelige Kattuntasche, in der sich drei erdige, zerklüftete, allheilende Kartoffeln, ein halber bei einem alten, blinden Straßenhändler gekaufter Blumenkohl, eine Docke roter Zwiebeln (*Rossa di Toscana*), eine fleischige Frühtomate, eine gebackene Kalbshaxe und ein Zeitungspapiertütchen dünne Bohnen aneinanderdrückten. Einige Meter hinter ihr trottete ein mürrisch blickender, nachlässig in einen schwarzen Anzug gekleideter, schlecht rasierter Mann mit einem langstieligen Käscher über der Schulter den Pfad hinauf, drehte sich plötzlich um, sah kurz den Abhang hinab, spuckte aus, drehte sich wieder zurück, trottete weiter.

Die Fliege auf der Stoffmaus putzte sich die dunklen Augen und die durchsichtigen Flügel. Im Auto vor ihnen lag auf der Hutablage hinter der Heckscheibe ein dunkelbrauner, schwarzmähniger Pekinese. Moje fragte sich, ob der Hund echt war oder eine Puppe, vielleicht sogar ein ausgestopfter Balg. Er bewegte sich nicht.

»Als ich etwas älter war und schon viele Nachtgeschichten gehört hatte, kam ihr der geniale Einfall, einmal eine ohne Schattenspiel zu erzählen, *Das verräterische Herz* Edgar Allan Poes. Aber weil sie mir nicht sagte, was sie vorhatte, und wie üblich mit der Laterne gekommen war, wartete ich, während sie erzählte, natürlich gespannt darauf, dass sie ihre Hände in den Lichtkegel halten würde, die, anders als sonst, bloß einen winzig schmalen Spalt breit geöffnet war.«

Aus einem Abflussrohr straßenaufwärts rann ein Film dünnflüssigen, ockergelben Lehms die Straße hinunter.

Der Pekinese war echt. Er gähnte mit lang heraushängender, schlabbernder Zunge.

»Aber erst als der Mörder seinem Opfer mit der Blendlaterne ins getrübte Geierauge leuchtet, damit ihn der widerliche Anblick zur schauerlichen Tat motiviere, hob Großmutter ihre Hände. Sie schob sie aber nicht vors Licht, sondern packte die Laterne, drehte sie in meine Richtung, öffnete mit einem schnellen Griff die immer noch geschlossene Blende und leuchtete mir den grellen Lichtstrahl direkt in die weit geöffneten Augen. Mir ist fast das Herz stehengeblieben. So erschreckt hat mich kein Hitchcock.«

Er lachte.

»Die feuchten Küsse meiner Großmutter waren fürchterlich, ihre Aufführungen aber wunderbar konkrete, aristotelisch kathartische Mimesis.«

Der Pekinese lüftete sich, streckte sich, legte sich wieder hin.

»Sie erzählte überhaupt gern Geschichten aus der Weltliteratur, Camões' *Os Lusíadas*, Cervantes' *Don Quichote*, Coopers *The Last of the Mohicans*. Sie können sich denken, wie die

Geschichten meine Phantasie anregten. Der klagend sein schwarzes Auge verdrehende Adamastor, das finstere, schändliche Gesicht, der schwarze, struppige Bart, der hässliche, in einen Berg verwandelte Riesenleib am Ende der Welt.«

Der Pekinese war aufgesprungen, starrte Moje keuchend an, bellte.[173]

»Was liebte es meine Großmutter, das Grausen der Reisenden zu schildern, die über den Rand der Welt sich beugten und hinabschauten. Don Quixote mit dem Tjostspieß unterm Arm und dem Kammerschertopf auf dem Kopf, der fette Sancho Panza, der klapprige Rocinante, die Windmühlen. Und natürlich die beiden edlen Wilden Chingachgook und Uncas, aber auch Magua, der ewig betrunkene Hurone.«

Nachdem er einen Moment lang nachdenklich gewirkt hatte, lachte er jetzt wieder.

»Sie sind mir allesamt als Schatten präsent.«

Er grinste glucksend.

»Ich finde es entschieden komisch, dass unser im Jahr der glorreichen Französischen Revolution geborener, finanziell so erfreulich erfolgreicher amerikanischer Dichterkollege James Fenimore Cooper von einem sechzehnten Spross eines reichen Zollbeamten des Plagiats bezichtigt wurde. Selbstverständlich völlig zurecht. Aber absolut albern. Natürlich nimmt sich ein Künstler, was immer er für brauchbar hält, egal ob ein anderer oder er selbst es als Erster gefunden hat. Warum sollte er auf eine gute Idee verzichten, wenn sie ihm einen Geniestreich ermöglicht?«

Der Pekinese hatte sich beruhigt und wieder hingelegt.

»Vielleicht hätte er angeben sollen, wo er seine Informationen herhat, Acácio?«

»Er hätte seine Quellen nennen sollen?«

---

[173] Links ragte, zwei- dreihundert Meter entfernt, ein hoher, backsteingemauerter Schornstein von trostreicher Röte empor, aus dem ein dünnes, festes, violettgraues Rauchfähnchen in den Himmel stieß. Ganz schön hoch. Wer den putzen will, muss schwindelfrei sein. Vor dem Schlot drückte sich ein Dutzend breiter, grauer Wellblechbaracken eng aneinander, ein fast quadratisches, von hohen, stacheldrahtbewehrten Betonmauern umzäuntes Rechteck.

»Sollte das nicht jeder Berichterstatter?«

»War Cooper Journalist?«

»Sind wir nicht alle sechzehnte Kinder eines Zöllners, Acácio?«

Acácios Grinsen wurde sardonisch. Es dauerte ein paar Sekunden, bevor er weitersprach.

»Einmal hat Großmutter sogar eine Madeleine in eine Teetasse getunkt. Als Schattenspiel.«

Offenbar war Acácio noch nicht wieder völlig im Hier und Jetzt.

»Mich führt nicht der Geschmack, sondern der Anblick des Tauchens des Gebäckstücks in eine Tasse in die Kindheit.«

Er schnalzte mit der Zunge. Das Auto vor ihnen beschleunigte, überholte die großrädrige Kutsche, die jetzt direkt vor ihnen auf dem unfruchtbaren Kopfsteinpflaster dahinrumpelte. Der durch die Beschleunigung aufgeschreckte Pekinese war wieder aufgestanden und hatte sich wie ein Vorstehhund mit erhobener Vorderpfote in Fahrtrichtung hingestellt. Acácio schloss das Seitenfenster, strich sich mit dem Zeigefinger der linken Hand über die linke Augenbraue und lenkte den *Prefect* auf die rechte Fahrspur.[174]

»Tja, Erinnerungen.«

---

[174] Die hankenstarke, in der lichtpfeilenden Sonne glänzende, nervös zitternde Goldisabell, die die gepolsterte Kutsche *klippidiklapper klippidiklapper klippidiklapper* zog, warf wiehernd den griechischwohlgeformten Kopf, als sie langsam an ihr vorbeifuhren. Das in dem ledergepolsterten Landauer mit Groomsitz, auf dem allerdings niemand saß, sitzende, unerlöst aussehende, vielleicht mittdreißigjährige Ehepaar, das mit seinen Händen die blinzelnden Augen verschattete, blickte missmutig zu ihnen herüber. Der fette Kutscher, der einen großen, abgewetzten Kutscherzylinder und einen alten, weiten, offen stehenden Kutschermantel trug, klopfte mit dem straffen Lederzügel der laut hufeisenklappernden, augenverdrehenden, die Gurgel preisgebenden Stute auf den langgestreckten Hals (*Forellen bringen sich im Kampf gegen die Angelschnur hin und wieder selbst um*), rief besänftigend *Calmo, Bucéfalo, calmo, irmão!*, klatschte zur Anregung des Kreislaufs mit einer Art neunschwänziger Geißel auf die Kruppe des Pferdes (Nicht alle mögen das), grinste zahnlückig und schrie auf Englisch zu ihnen hinüber, *Nothing to be done! Nothing to be done!*

Acácio räusperte sich.

»Sie müssen wissen, sentimentale Erinnerungen, Vorurteile, Ressentiments sind mein Steckenpferd. Vielleicht ist intellektueller Investigativismus die Leidenschaft des Aufklärers, wenn er sich bemüht, Philosoph zu sein.«

Sie bogen vor der grässlich wiehernden Mähre wieder auf die linke Fahrspur ein.

»Großmutter Anna. Ihr Lieblingsbuch war die Bibel. Wie oft hörte ich sie laut lachen. Für sie waren die meisten Menschen gutherzige Trottel, die ihre Handlungskonsequenzen nicht überblicken und sich hauptsächlich an die Handvoll schlichter Lebensmaximen hielten, die sie von ihren Eltern geerbt hatten. Gewöhnlich stritt sie sich mit Vater abends bei Tisch lautstark über Fußball. Sie las *Record* und war Anhängerin von *Sporting CP*, er hatte *A Bola* abonniert und war Fan von *Benfica*. Manchmal entwickelten sich aber auch gewissermaßen lutherische Tischgespräche, in denen wir politische Tagesereignisse diskutierten. Meistens erklärte Vater die Welt, während sie kurz, aber prononciert kommentierte. Eine ihrer lakonischen Einlassungen, die mir in meinem Erinnerungsnetz hängen geblieben sind, lautete, man müsse, wenn man in einer wohlgefälligen Demokratie wie der US-amerikanischen eine politische Karriere anstrebe, die den Teint nicht ruiniere, den geneigten Wählern, also den Georges, Toms, Abrahams und Bens, nur einige nach ihrem Lieblingsnektar duftende Wortblüten bieten, und schon wäre man ihr Mann. Ob die zukünftigen Früchte giftig seien oder nicht, kümmere die vor süßer Begeisterung taumelnden süßen Bienchen im übersüßten Wirbel ihres wonnigen Pollenflugs nicht.«

Moje stutzte. Wusste Acácio, dass er gerade in den USA gewesen war?

Acácios eben noch scharfes Gesicht hatte sich wieder zu heiterem Lächeln entspannt.

»Natürlich bergen solche Manipulationen auch Gefahren, aber was wäre Dichtung ohne Risiko?«

Sie hatten zu einem blauweiß gestreiften, sehr langsam, wohl Streife fahrenden Polizeiauto aufgeschlossen.[175]

Die Fliege war vom Lenkrad aufgeflogen, krabbelte wieder über Acácios großzügig fakturierte Nase. Diesmal verscheuchte er sie mit einem leisen Zischen, aber nicht unfreundlich.

»Deixa lá isso!«

Offenbar war er kein Fliegenmörder.

Der Polizeiwagen bog, nachdem er seine Richtungswechselabsicht vorschriftskonform mit dem linken Blinker angezeigt hatte, nach links in die Straße ab, Acácio lenkte geradeaus.

»Wo waren wir stehengeblieben? Sehen Sie es mir bitte nach, wenn ich gelegentlich vom Thema abkomme.«

Er sah in den Rückspiegel.[176]

»Aber ist fokussiertes, systematisches, kontrollierendes Denken nicht allein bei konventionellen Fragen der Wissenschaft, der Technik und des nackten Überlebens richtig und sinnvoll?« Er sann einen Moment lang nach. »Sucht freier Lebenssinn nicht immer neue, unerschlossene Welten? Erfüllt sich wahrhafte Freiheit nicht erst im Unbekannten? Der geradezu cherubinische Plan Rimbauds, durch Ausschweifung aller Sinne im Unbekannten anzukommen.«

---

[175] Ein erdbraunes Straßenschild mit schwarzer Aufschrift *Medicina forense* zeigte nach links in eine sehr schmale, sehr gerade, sehr lange, von sehr hohen Berliner Bogenlampen gesäumte schmale Straße, die sich in unkenntlicher Ferne zwischen den beiden kleiner werdenden, nach der Sonnenbaulehre Bernhard Christoph Fausts erbauten Häuserzügen (*dass das Haus den Menschen zum Tempel werde*) mit ihren schmalen, von wenigen niedrigen Büschen bestandenen Rasenvorgärten verlor. In der rechten Einmündung, die in einen verhärteten Ziegenweg überging (*Oder ist's ein Weg für Schafe?*), stand ein von zwei Ochsen, die von einem hageren, älteren Mann geführt wurden, gezogener hölzerner Wagen. Auf den auf dem Wagen hoch aufgeschichteten Getreidegarben räkelte sich eine nicht mehr junge Frau auf dem Schoß eines auf dem Rücken liegenden jungen Mannes, den weiten Rock über Bauch und Oberschenkel des Mannes gebreitet.

[176] Ein *Zehnder 225* überholte sie knatternd, zwei Frauen in schwarzer Lederkluft und schwarzen lederüberzogenen Retro-Halbschalenhelmen, eng aneinandergeschmiegt. Die Sozia hatte ihre Arme fest um die Fahrerin geschlungen.

Die Fliege summte wieder im Fond.[177]

»Ich glaube übrigens nicht, dass unser orgientrunkener Franzose mit Ausschweifung meinte, schnüffelnd durch Blasen, Globen und Schäume zu streunen, so unterhaltsam ein neugieriger, schwanzwedelnder Hund auch immer sein mag.«

Offenbar hatte ihn Rimbaud (oder Rimbauds Hahn) wieder aufs heitere Gleis geführt.

»Außerdem sprudeln mit einem Gesprächspartner wie Ihnen nur so die Gedanken.«

»Viel habe ich zum Gespräch nicht beigetragen.«

»Sie hören zu und denken mit. Also wo waren wir stehengeblieben?«

»Bei den zwei Arten Philosophie.«

»Ja, natürlich, unseren beiden Weisheitsvögelchen!«

Die Fliege war auf den Kappenschirm Acácios geflogen, putzte sich.[178]

---

[177] Der von Sonnenglast überschüttete Himmel war beinah rundum ungriechisch himmelblau. Nur zwei kleine lichtweiße Wölkchen segelten unter ihm hinweg. Hinter einem von jungen Müttern und kleinen Kindern trostlos belebten kleinen Kinderspielplatz mit zwei Bänken, einer Schaukel und einem mit feinem Sand gefüllten Sandkasten stand hinter einem kunstvollen, schmiedeeisernen Geländer eines prophetischen französischen Balkons in der Beletage einer palazzoartigen Villa ein Herr in schwarzen Reithosen, glänzenden schwarzen Stiefeln und silberblinkenden Sporen neben einer verschämt mit ihrem weißen Sonnenschirm spielenden blassen Fräulein in Weiß. Das Geländer erinnerte Moje an Gustave Caillebotte, die schimmernden Stiefel daran, dass ihm der Schuhputzer, bei dem er gestern nach dem Verlassen der schönen *Nausikaa* seine Schuhe hatte putzen lassen, gesagt hatte, dass sie besonders schön blitzen, wenn man sie mit Champagner poliert: *Quando os sabatos são polidos com champanhe, toda a cidade de Ponta Delgada se reflecte neles.*

[178] Auf der rechten Fahrbahn kam ihnen eine gemächlich dahinziehende Reihe von hoch mit roten Nelken beladenen zweirädrigen Karren entgegen. Alte knarzige Männer mit kräftigen Wanderstöcken führten die schläfrig dahinschleichenden kleinen Eselchen, die die Karren zogen. Eines, das schräg grinste, wurde von seinem Führer liebevoll Friedel, Brüderchen gerufen. Ein von zwei schweren Ochsen gezogener großrädriger Pritschenwagen rumpelte hinter der Karrenreihe her. Auf dem Wagen standen zwanzig große, starke, bunt gekleidete Mägde, die lachten und sangen, mit leeren, zusammengedrückten, aus Korb geflochtenen Kiepen auf den Rücken. *Trüget ihr selber, spartet ihr Esel und Ochs.*

»Zwei Weisen Philosophie also. Die eine, die blinzelnde, allbegreifende, die sogenannte wissenschaftliche Philosophie, die das Totsein als bloßes Nichtsein oder Nichtfunktionieren definiert und den Tod verleugnet, scheint mir die ärmste und trockenste aller denkbaren geistigen Tätigkeiten überhaupt zu sein. Weniger eine Skylla als eine Charybdis. Sie frisst ihren Adepten die ästhetischen Sinne vom Leib und den transzendenten noch dazu und liefert stattdessen Pfiffvarietäten, die schlauen, nicht immer harmlosen Flößern zur Verständigung dienen. Pfeifen, Herr Doktor, ja ja, das ist das Richtige für uns und unser Geschäft. Von Gesang, von Musik, von Geist keine Spur ... Heilige Katharina von Alexandria! Dagegen ist Jura frisches, grünes, pralles, geradezu dionysisches Leben.«

Die Fliege hatte aufgehört, sich zu putzen.[179]

»Ist Unkünstlerischeres, Unerotischeres, Unlebendigeres als diese allein im eindimensionalen Nutzenverständnis profanen Wissens herumstöbernde Philosophie vorstellbar? Ein modertrockener, ausgestopfter Eulenbalg. Eine Buchhalterlehre bezopfter Mandarine zur Verlangweiligung der Welt. Eine antiquarische Museumswissenschaft, die die Todesseite unseres Denkens offenbart. Eingesargte Gedanken in Mumientruhen. Trockenes, bleiches, kraft- und saftloses Sprachheu.[180] Kein Wunder, dass keine lebendige, leidenschaftliche Seele sich mit ihr beschäftigt. Sie gefällt allenfalls dem, der wahre Philosophie

---

[179] Links glitt ein großer Holzhof voll riesiger Stapel geschälter Baumstämme, Sparren und Pfetten vorbei (C. Shlink, *Madeira quadrada, Cavalos de carroça, Cavalos de cavaleri*a), danach ein Hundetierheim.

[180] Rechts zog hinter einem von Stacheldraht gekrönten, vier Meter hohen Maschendrahtzaun und einem ungepflegten Parkplatz aus schmutzigen, ölverschmierten Betonplatten die lange, braunrote Backsteinfassade einer in ein Obdachlosenasyl umgewandelten Kaserne dahin. In den Ritzen zwischen den Parkplatzplatten wuchsen kräftige Büschel fahlgrünen Krauts, Breitwegerich, Portulak, Vogelmiere (*Chrut und Uchrut*). Ein Parcours verrosteter, verbogener Krockettore schlängelte sich zwischen Fassreifen, Ketten und mehreren Haufen alten Eisens. In einigen der Kasernenfenster lag Bettzeug, vor anderen streckten sich Wäschespinnen voller wollener, landsergrauer Unterhosen.

mit abfragbaren Erkenntnissen und lehrbaren Methoden identifiziert. Ihre Liebhaber ziehen in ihrem Phantasielosigkeitsdelirium von Erkenntnisaas zu Erkenntnisaas und errichten riesige Grabkammern uninteressantester Sekundärliteratur, die armen studentischen Tertiäranalytikern zahllose, absolut bedeutungslose Themen für ihre mit Kärrnerfleiß bewältigbaren Bachelor- und Masterarbeiten bietet. Immerhin muss niemand fürchten, dass außer dem vom Professor zur Begutachtung verurteilten Assistenten irgendjemand das analytisch gediegene Machwerk liest.«

Er gluckste.[181]

»Wenn ich während meines Studiums einen Analytiker traf, stellte ich mir vor, wie er sich nach seinem analytischen Tagwerk zu seiner elfenbeinernen Galatea ins wöchentlich dienstags frisch bezogene Bett legte und mit ihr Begriffe für den Geschlechtsverkehr analysierte: *Wir dürfen Ficken von Pimpern und*

---

[181] Die brusthohe, hie und da efeubewachsene Mauer eines hügeligen, weglosen, dicht von verwitterten, flechtenüberwucherten Grabmalen bedeckten Gottesackers schwamm an ihnen vorbei. *Heiliges Feld. Ob's hier schneit?* Unter einer riesigen Ulme (*Ein Baum zum Ausgraben und übers Meer Fahren*) gruben zwei Totengräber, um die vier oder fünf grünblau funkelnde Libellen flogen, mit blinkenden Spaten ein Grab für einen am Schlagfluss gestorbenen Weber. *Aus Gräbern leuchtet der Himmel so hell.* Im behelmten Türmchen der Friedhofskapelle Maria Stella Maris (*Chronisch trauriger italienischer Stil*) bimmelte dünn das dürftige Totenglöcklein. *Everybody gonna prey on the very last day, when they hear the bell ring the world away.* Aber auch der kalte Geruch geweihten Steins. *Sollte ich ein ernstes Gesicht?* Am Fuß der sonnenwarmen, von schläfrigen Mauereidechsen bewohnten Feldsteinmauer (*Hinter der Mauer Friede*) lief eine aufgeblähte, schwangere, lepragraue Wuchererratte mit langem krätzigem Schwanz (*Die würden nicht mal Chinesen in die Suppe tun*) leichtfüßigweich durch einen Streifen dürrwelkgelbes, strudelig platt liegendes Gras. Ein sich den Himmel verdienender schwarzweißgefleckter Kater ohne Schwanz strich aktiv unaggressiv hinter ihr her. *Welch eine Differänz ein schwing-schwang-schwong-schwingender Schwanz macht, nicht erst im Kochtopf!* Das Pärchen verschwand lautlos hinter einem Stapel stockfleckiger Sandsäcke, auf dem ein schweres, zerfasertes Seemannstau, vielleicht auch ein Bullen- oder Henkersstrick lag. *So einen Kater hätt' ich ungern auf der Brust, erst recht nicht im Traum. Da bräucht's keinen glotzenden Schimmel oder Rappen. Oder Oktopus. Ob's hier Erdhörnchen gibt? Große, fette, saftige, schmackhafte Biber? Windigo, Windigo. I had a dream, Vladimir.*

Pudern nicht nur nach ihren äußeren Attributen unterscheiden, sondern müssen auch die ökonomischen, sozialen, intellektuellen und psychologischen Beziehungsgeflechte berücksichtigen. Wir sollten auch die Genderproblematik und den Postkolonialismus nicht vernachlässigen. Was meinst du, mein Hase? Dann tat er mir ein wenig leid und ich blieb höflich.«

»Sie neigen zu unverschleierter Ausdrucksweise, Acácio.«

»Nur gelegentlich.«

Moje lächelte unbestimmt.

»Sie scheinen ein zweiter Sokrates zu sein.«

Sie passierten ein einsames, schmales, dreistöckiges Wohnhaus mit einem Geschäft im Parterre, *Cães jovens. Meias de nylon. Batatas farinhentas. Aberto do anoitecer ao amanhecer.*

Die Fliege auf dem transparenten Kappenschirm rührte sich nicht mehr. Vielleicht schlief sie.

Acácio grinste wieder philosophisch.

»Es heißt, zum Lernen sind auch Greise jung genug, am Ende naht das Wissen auch dem Sträubenden.«

Er räusperte sich.

»Aber meinen Sie den Sangeslehrer Platons oder den unterm Pantoffel stehenden Wolkenkuckucksheim-Sokratididion des Aristophanes?«

»Platons Sokrates natürlich. Leider weiß ich nicht allzu viel über ihn und seinen Daimonion. *Kriton, Apologie, Symposion,* mehr Sokratisches habe ich nicht gelesen. Philosophie habe ich leider nie systematisch betrieben, nicht einmal Rechtsphilosophie. Ich habe mich lieber mit Musik, Malerei, Theater und Literatur beschäftigt. Allerdings nur als Dilettant.«

Drei verbeulte, rostige, rissige Ölfässer, die um einen signalroten Hydranten herum lagen, glitten lautlos an ihnen vorbei. Vor dem Hydranten schillerte eine ölige Wasserpfütze Regenbogenfarben.

Acácio hatte vor der Pfütze die Geschwindigkeit gedrosselt, fuhr jetzt wieder so schnell wie vorher.

»Die Schöpfungen der Transzendenz, der Ewigkeit, der Uneindeutigkeit. Des Gestern und Morgen, des Überall und Nirgends. Sie sind die einzig wirksamen Remedien gegen gnostische, theologische und ethische Absolutismen, gehören sie ja weder zu den Humaniora noch zu den Scientifica. Wenn sie auch gern, er machte eine kurze Pause (offenbar suchte er ein Wort), in die Deiktika hineingeistern und sich ihrer bedienen.«[182]

Sie hatten die Stadt hinter sich gelassen.[183] Frisch eingesäte, furchige Äcker und heuschreckenversehrte, von Maulwurfshügeln übersäte Wiesen säumten die Straße.[184]

Acácio legte die Linke aufs Steuer und nestelte mit der Rechten eine Schachtel *Montecristo Puritos* aus der linken Innentasche seiner Lederjacke.[185]

---

[182] Eines der großen, unbebauten Grundstücke gegenüber war von einem etwa einen Meter hohen Wildzaun aus entasteten Fichtenstämmen und großmaschigem Drahtgeflecht umgeben. Auf dem mit schiefen, zerbrochenen Betonplatten belegten Bürgersteig vor dem Zaun saß ein barfüßiger, nachlässig gekleideter Greis unter einem blassgelben Campingsonnenschirm auf einem rostigen Rohrklappstuhl und las, die blutleeren Lippen zart bewegend, in einer blassrosa Zeitung, neben sich ein qualmender Holzkohlegrill, auf dem zwei Schweinsnieren brutzelten. *Warum eigentlich rosa? Sport? Aber was hat Sport mit Rosa zu tun?*

[183] Rechts standen auf einem großen mit Sand bestreuten Platz ein altertümlicher Trecker, ein langer Wildwest-Planwagen und zwei grasgrüne Pippi-Langstrumpf-Wohnwagen. Über dem Eingang eines kleinen, mit 8,7 cm breiten mattweißen und schrillroten Streifen bemalten Zirkuszelts hing ein glänzendweißes Transparent, auf dem in großer, googlebunter Schrift, *Circo infantil Oklahoma. O maior circo do mondo* stand.

[184] An einem kurzen, schief stehenden Fahnenmast flatterte azorenblau-azorenweiß die Azorenflagge mit dem goldenen Habicht. Unter dem flachen Zeltdach eines dicht mit roten Punkten unterschiedlicher Größe angemalten weißen Kinderkarussells drehten sich ein fliedergrauer Holzesel, ein mit Glöckchen behängter russischer Schlitten, zwei schimmelweiße und zwei fuchsienrote Holzpferde, eine thénardblaue offene Kapitänskajüte (*Find the captain's age!*) und ein aufgeständertes, cholerisch leerlaufendes Fahrrad. *Geschwindigkeit Geschwindigkeit, Schnelligkeit Schnelligkeit, aber immer im Kreis, immer im Kreis.*

[185] Vor einem mit Wüstentarnfarben gemusterten Plastikzelt (*Cinema. Hoje às 23h55 DR M THE GAMBLER. Com legendas em português e acompanhamento ao piano. Só Adultos*) machte ein koreanischer Gaukler auf dem obersten Holm einer kurzen Leiter, die sein auf einem Tatami liegender japanischer Assistent auf hochgestreckten Fußsohlen balancierte, einen einarmigen Handstand.

»Gestatten Sie, dass ich rauche? Wenn ich mein Fenster einen Spalt öffne, zieht der Rauch rasch ab. Sie dürften kaum etwas merken.«[186]

Er hielt die Schachtel in Richtung Moje.[187]

»Darf ich Ihnen auch einen Zigarillo anbieten?«[188]

»Nein danke. Aber rauchen Sie nur! Mich stört Tabakrauch nicht.«[189]

Acácio nahm eine der wohlgeformten Zigarillos aus der Schachtel, steckte sie zwischen seine Lippen, die sie festhielten, öffnete das Dreiecks- und das Seitenfenster auf seiner Seite zweifingerbreit, bog auf die EN1-1A Richtung Osten und zündete sich mit einem massiven silbernen Feuerzeug, das schon zu brennen schien, als er es aus seiner Westentasche zog, den würzigen Zigarillo an.

»Ich habe von Frau Gruta gehört, dass Sie in Botanik beschlagen sind, Rochus.«

---

[186] Auf einer an einem hohen Ast einer schütteren Buche hängenden hölzernen Schaukel mit zwei unterschiedlich hoch angebrachten Sitzen saßen eine Strohpuppe mit überlangen Armen und ein trauriges Mädchen. Das traurige Mädchen sang ein trauriges Lied. Zwei junge Elefanten balancierten engfüßig auf winzigen Tambouren und reckten unter der Anleitung zweier pygmäischer Wärter die kurzen Rüssel hoch. Einer der Elefanten defäkierte, der andere hob vor Freude ein Hinterbein.

[187] Ein derbbrüstiger, sehnigarmiger, schwielhändiger Athlet, barknieig in kurzer Eisbärfellhose, rang mit einem auf seinen Hinterbeinen tanzenden riesigen Braunbär. Die Hände und Unterarme des Mannes waren von lohfarbenen Hirschlederriemen umwickelt. Der Bär trug einen eisernen Maulkorb und derbe, bärentatzenbraune Mokassins. *Zwei Berserker. Aber auch Berserker heiraten.*

[188] Neben einem Schieß- und einem Büchsenwurfstand (*In England werfen sie auf Kokosnüsse, Coconut Shy*) und einer Bude mit einem klackernden Glücksrad pries ein Plakatständer den Zirkus an, *Cem cavaleiros, vinte focas, leões, tigres executam os seus truques. Zirkustiere, auch hier.*

[189] Links lagen in einem eingezäunten Areal unter einem breitschultrigen Baum eine brandgezeichnete, langhornige, ausgemergelte Kuh mit einer riesigen Bronzeglocke um den Hals (*Eine Kuh, eine Kuh, eine Q-Q-Kuh. Bimmelbammel, Bammelbammel, Bammelbimmel. Verlorenes Vieh, kommt bestimmt bald an einen Drehspieß über offenes Feuer*) und ein weißes Gazellenkälbchen mit einem Spielzeugglöckchen unterm Kinn (*Klingeling, Klingeling, Klingeling*).

Die Fliege saß wieder auf der weißen Maus.[190]

»Was hielten Sie davon, zum Lagoa das Furnas und den heißen Quellen und dann zum *Parque Terra Nostra* zu fahren?«[191]

Er hielt den Zigarillo in der rechten Hand.[192]

»Der schönste Garten der Azoren, ja der Welt, wenn ich ein wenig unbescheiden sein darf. Hibiskus, Azoren-Lorbeer, Wacholder, Sicheltannen, orientalische Palmen, Strelizien, Kamelien, Gagelbäume. Blühende Gagelbäume wecken positive Gefühle.«[193]

Er lächelte aufmunternd.[194]

»Magnolien, Azaleen, Farne, Ginkgos, Amaryllen, Hortensien, Bananenbäume, Mauer-Gänseblümchen, Eisenhölzer,

---

[190] An dem Baum, unter dem die Kuh und die Ziege lagen, lehnte eine Wiedehopfhacke. Einige Meter daneben badeten drei plustrige Hühner in einer roten, regenwassergefüllten Schubkarre. Hinter dem Baum standen auf einer geschwungenen, steilen Anhöhe ein verfallener Taubenturm und mehrere heliotropfarben blühende Rhododendronbüsche. Ein dickschwänziges Zicklein verfolgte neugierig den hüpfenden Reigen acht unterschiedlich großer, junger, nackter Mädchen um einen jungen, blühenden, wilden Kirschbaum.

[191] Drei Sennerinnen (*Schwestern?*) in langen schwarzen Röcken und braunen Wickelblusen ruhten sich, auf Sensen gestützt, von ihrer schweren Arbeit aus. Die jüngste hatte einen schlafenden Säugling an der entblößten linken Brust. In einem niedrigen, wassergefüllten, starke Holzbottichhaftigkeit ausströmenden Holzzuber drehten sich zwei nackte gewaltige Männer mit dichten, langen, seitwärts gebogenen blutbuchenlaubfarbenen Vollbärten stampfend umeinander und schlugen ihre muskulösen, tätowierten Arme um ihre mächtigen, kantigen Brustkörbe (*Advokaten, Gerichtsdiener, Untersuchungsrichter?*).

[192] Ein alter, aufgegebener Bauernhof kam in Sicht. Die Tragstützen des Dachs waren eingeknickt, Ziegel fehlten. Vor dem weit offenen Tor einer windschiefen Scheune lag ein magerer, räudiger Kettenhund mit zu engem, würgendem Halsband und sah apathisch drei spielenden Straßenjungen in kurzen Hosen zu.

[193] Zwei von den Buben schossen mit Gabel-Steinschleudern, die sie aus Holz, Kautschukschnüren und Leder selbst gebastelt hatten, schwirrende Kieselsteine auf schwarzäugig piepsende Vögel, eine schreiende, ihre grünen Augen aufreißende Katze und die letzten blinden Glasscherben, die noch in den Fenstern des Bauernhauses hingen.

[194] Die rechte Außenmauer des Hauses schien sich zitternd zu bewegen. Der kleinste der Jungen trug einen verbogenen, scharfgratigen Wurfstern in der einen und eine Spielzeughandgranate in der anderen Hand. *Oder ist's eine echte?*

Rhododendren, Knöpfchen-Knöterich, Araukarien. Araukarien beruhigen die Rauchringe des entzweiten Gemüts. Ich habe ein Vergrößerungsglas dabei, falls Sie sich eine Blüte genauer ansehen möchten. Buchsbaumalleen, Grotten, Höhlen.«

Moje reagierte nicht. Offenbar hatte er nicht aufmerksam zugehört.

»Pyramidale Libanon-Zedern, Hermon-Ölbäume, auffiedernde En-Gedi-Palmen, Jericho-Oleander, buntborkige Platanen, Terebinthen, Wein. Ein eisenhaltiges Thermalbad mit sehr angenehmer Temperatur, 40 °C.«

Moje fühlte sich erschöpft.

Wie kommt Acácio darauf, dass 40 °C angenehm sind?

»Fahren Sie mich, wohin Sie es für gut befinden.«

Was für ein Satz. Kein Wort zu viel, keiner zu wenig. Goldilocks Prinzip. Grammatikalisch richtig. Grammatik. Alte Sprache, emotionslos.

Einfach eine Weile an nichts denken, schauen, die Landschaft vorüberziehen lassen. Vorüberziehen lassen. Landschaft. Am Faden der Sprache. Hügel, Täler, pneumatische Wolken, Schatten werfende Büsche, Bäume, Blumen. Blumen.

Wann habe ich das letzte Mal geküsst? Wann wurde ich das letzte Mal geküsst? Das letzte Mal. Kant, Nelson, Küss mich, Wasianski, Kiss me, Hardy!

Sehr grün alles.

Die fedrigen Rauchstöße, der würzige Rauch des würzigen Tabaks des würzigen Zigarillos (*Immerhin riecht er nicht amerikanisch nach Honig und Dörrpflaumen*) erinnerten ihn an die *Teutobert*-Manager des *Nausikaa*-Traums.

Komisch, dass auf den Tischen keine Aschenbecher standen.

Die Fliege putzte sich wieder, weltvergessen, selbstvergessen.

Isn't self-forgetfulness what we all want?

Schön, dass Acácio keine Musik angestellt hat.

Links sprangen Kinder über den mit schmutzigem Wasser gefüllten Straßengraben, in den sie ihre Fahrräder geworfen hatten, und erkletterten die Böschung.

Gräben, Gräben, Massen Gräben. Massengräber.
Ob's hier auch unterirdische Gräben gibt? Dachsgänge, Maulwurfstunnel, Wühlmausröhren?
Nach Furnas ging's bergauf. Das Tachometer zeigte 30 mph. Sie besichtigten die schwefligen Fumarole und Solfatare des Lagoa das Furnas und die neogotischen *Capela de Nossa Senhora das Vitórias* am stillen Südwestufer[195] und besuchten die nach mosaischem Weihrauch, äthiopischem Bienenwachs, feuchtem Stein und fruchtiger Banane inkarnatorisch duftende doppeltürmige *Igreja de Nossa Senhora da Alegria* in Furnas, die, mit dem Muttergottesstandbild links und dem Großmuttergottesstandbild rechts neben dem über dem Altar hängenden Gekreuzigten, nichts von einem Seelensilo hatte.[196] Nach einem Spaziergang durch den vom Bostoner Orangenhandelspionier Thomas Hickling im sechsten Jahr des Amerikanischen Unabhängigkeitskriegs[197] rund um seine Sommerresidenz *Yankee Hall* angelegten *Parque Terra Nostra* mit seinen Hunderten Kamelienarten (das zarte Aroma der Duftkamelien erinnerte Moje an Gerti), seltsam belanglosen Gesprächen über die fraktale

---

[195] Gewissermaßen ein bescheidenes christliches *Taj Mahal*, gestiftet vom unglücklichen José do Canto als Einlösung eines Gelübdes zum Andenken an seine jung verstorbene große Liebe Maria Guilhermina Taveira Brum do Canto, die er als Zweiundzwanzigjähriger, sieben Jahre älter als sie, geheiratet hatte. Großzügiger Philanthrop, Bibliophiler (seine Bibliothek umfasste über achtzehntausend Bände, darunter sämtliche einhundertzehn portugiesische Ausgaben der *Lusíadas* von Camões, die bis 1892 erschienen waren, und einhundertfünf Übersetzungen), Mitglied der *Academia das Ciências de Lisboa*, Großgrundbesitzer, Reformbotaniker (als erster Açoriano kultivierte er Tee und Ananas und zog Kamelien und Sicheltannen) und maßloser Landschaftsarchitekt, pflanzte er in seinem von englischen Gärten inspirierten Park auf sechs Hektar Fläche über sechstausend Arten Bäume und Sträucher.

[196] Als sie vor den nach Waldhonig duftenden Altar traten, ordnete ein sein linkes Bein nachziehender Küster, dessen lehmfarbene Haut auf der rechten Gesichtsseite zuckte wie die einer irren Mähre, die von Bremsen geplagt wird, einen frischen Strauß weißer Callas in der linken Kapelle des falschen Querschiffs in einer vor dem Standbild des auf die Knie gefallenen, mühsam sein Kreuz auf dem Rücken balancierenden Christus stehenden Bodenvase.

[197] *We are a nation of escaped convicts, younger sons, persecuted minorities, and opportunists. We are founding fathers.*

Schönheit vulkanischer Aschewolken (Schirmpilz-, Blumenkohl-, Bärenklaublüten-, Kleeblattwolken, quellende Formen, quallendes Morfem), die Verzückungen der Gottesmutter Maria[198] (*Ora pro nobis!*)[199] und zwei *Bicas* auf der Terrasse des Hotels *Terra Nostra* hatte Moje genug.

»Fahren Sie mich bitte zurück ins *Ogygia*, Acácio. Ich fühle mich ein wenig erschöpft.«

»Möchten Sie wirklich schon wieder ins Hotel, Rochus? Sie haben seit heute Morgen nichts gegessen und sollten Hunger haben. Außerdem wünschten Sie etwas zu sehen, was nicht in Fremdenführern zu finden ist. Ich kenne einen Ort, der beides stillt, ihren Hunger und ihre Neugierde auf Außergewöhnliches. In der Nähe von Sete Cidades gibt es ein, lassen Sie es mich Restaurant nennen, das *Caissa*, das in keinem Reiseführer steht. Vasco, der Prinzipal, empfängt ausschließlich Freunde und Freunde von Freunden. Gewissermaßen ein Cercle privé.«

Moje wollte aber nicht. Vielleicht fuhr Cela heute Abend doch nachhause und bediente in der *Gruta-Bar*. So weit war der Weg von Sete Cidades, wo Eratós Haus stand, nach Ponta Delgada ja nicht.

»Vielleicht morgen.«

»Das *Caissa* ist morgen nicht geöffnet. Es öffnet nur einmal im Monat.«

---

[198] Die beglückende englische Verkündigung (*Qui tu a mis dans cette position, Marie? C'etait le sacré pigeon, Joseph!*). Die beglückende Schwangerschaft ohn Übelkeit noch Erbrechen. Die beglückende, schmerzlose Geburt ihres lieben Sohnes Jesu mit den zwei linken Füßen. Die beglückende sanfte Bravheit seiner Kindheit und Pubertät. Seine beglückend ehrbar ehrliche Tätigkeit als ehrbar ehrlicher Zimmerer. Seine beglückend ruhmvolle Wanderpredigt- und Wunderrabbizeit. Seine beglückende rettende Passion und heilende Kreuzigung, die er trug wie nur einer. Die beglückende Vergänglichkeit alles Irdischen.

[199] Der Gedankenaustausch führte zu keiner philosophisch bedeutsamen Erkenntnis, weshalb er nicht ausführlich nachgezeichnet werden soll. Das vielleicht Berichtenswerteste ist noch, dass Acácio Vulkanismus, Gottesmuttergefühlsleben und Sterblichkeit mithilfe der Schilderung einer möglicherweise nicht einmal selbst erlebten Marienprozession am Fuße des Ätna in eine einzige Geschichte zusammenzufabulieren versuchte.

»Dann hätte ich, mit Verlaub, den Besuch halt verpasst.«

»So etwas wie das *Caissa* haben Sie noch nicht erlebt. Ich kenne niemanden, der schon einmal da war und nicht jede spanische Liebesnacht gegen einen Abend dort tauschen würde.«

»Jede spanische Liebesnacht? Sind Sie etwa Chauvinist, Acácio?«

Acácio überhörte die zweite Frage.

»Jede. Sogar tausendunddrei Liebesnächte. Das *Caissa* ist, gewissermaßen, auf Jahre ausgebucht.«

»Dann hat sich die Frage, ob wir hinfahren, allemal erledigt.«

»Für mich sind heute Abend zwei Plätze reserviert.«

Moje sah Acácio misstrauisch an. Acácio blieb verbindlich.

»Jedes Jahr erhalte ich einmal zwei Plätze. Ich bin mit Vasco befreundet. Heute ist es wieder soweit.«

»Und warum wollen Sie gerade mit mir da hin? Wenn Sie den Besuch des Restaurants schon mit einer Liebesnacht vergleichen, sollten Sie ihn nicht für die Anbahnung einer solchen verwenden? Warum verschwenden Sie eine solche Gelegenheit an mich?«

»Ich kann mir für heute keine bessere Begleitung vorstellen als Sie, Rochus. Und was die Liebesnacht betrifft, warten wir den Abend ab. Ich bin mir sicher, dass wir nicht enttäuscht werden.«

Kicherte Acácio? War das *Caissa* ein Bordell?

»Ist es weit?«

»Eineinhalb Stunden. Wenn wir jetzt losfahren, können wir vor dem Abendessen noch einen Aperitif trinken.«

»Gut, Sie haben mich, Acácio. Wenn es mir nicht gefällt, egal aus welchem Grund, fahren Sie mich aber ohne Widerrede auf der Stelle ins *Ogygia* zurück.«

»Selbstverständlich, Rochus, ohne auch nur den kleinsten Mucks.«

Von fern zog langsam eine Prozession von vielleicht hundert in skarabäusschwarze, bodenlange Lederschürzen gekleideter, schimmelweiß geschminkter Geißler schweigend auf sie zu, ob Männer oder Frauen, war nicht zu erkennen. Moje und Acácio sahen sich das Schauspiel eine halbe Minute lang schweigend an, setzten sich schweigend ins Auto und fuhren schweigend davon.

Der Himmel leuchtete makellos quellblau (Cyanometerintensität im Zenith 41°. *L'Azur! l'Azur! l'Azur! l'Azur! Les rois de l'azur!*), die Luft floss mild, 18 °C, aus Süd strömte ein sanfter, unhörbarer Wind.

18

Die Fahrt zum *Caissa*[200] verlief ruhig, es gab kaum Verkehr. Zwar wurden sie ungefähr nach der Hälfte des Wegs, kurz hinter Célula da floresta[201], von zwei großen, schwarzen,

---

[200] Vierundzwanzig Meter breit, zwölf Meter hoch, sienagelb verputzt. Zwei vier Meter breite, vier Meter vorkragende Seitenflügel. (Am linken eine bis zur Dachtraufe reichende Holzleiter.) Ecklisenen aus handbehauenem Basaltstein. Duffenglischrotes Mansardwalmziegeldach. *A roof and a tomato, oh, such a beauty!* Sechs Meter breiter oktogonaler Turm, drei Meter über den Dachfirst ragend. *Der Blick muss entzückend sein.* Im Putz des Turms ein Riss. *Ein Blitz?* Drei Zeilen ein Meter zwanzig hohe Kreuzstockfenster, Mansardfenster kleiner. Geschlossene, malachitgrüne, gestemmte Jalousienläden. *Jalousie. Oh oh oh.* Ein Laden aber war anzüglich klaffend ausgestellt, wie jene beiden auf der wahrscheinlich im letzten Jahrzehnt des sinnigen fünfzehnten Jahrhunderts von möglicherweise Francesco di Giorgio Martini oder Pietro di Francesco Orioli geschaffenen metaphysischen Architekturvedute. Sechs Meter breiter, drei Meter aus dem Querhaus ragender Portalmittelrisalit. Ein Meter breite, malachitgrüne Rundbogentür. Unverputzte, schmucklose Agraffe. Ovales Thermenfenster. Halbkreisstiege. Breite, ausgetretene Stufen. Quadratischer Topiari-Garten. Übermannshohe, hell- und dunkelgrüne Formschnittschachfiguren aus Eibe und Buchs. Rasen. Weiße, gelbe, rote, rosa, violette Tulpen-, Narzissen-, Hyazinthenbüschel. *Tulpen- Narzissen- Hyazinthenmädchen.* Lotrecht auf das Haus zulaufender Weg. Wegplatten aus Luxulyanit.

[201] Moje blinzelte gerade verschlafen zu einem weit vor der Küste stehenden weißen, hohen, melancholisch-vierschrötigen Leuchtturm hinüber, auf dessen flachem Dach riesige quadratische Standarten und Dreieckswimpel geheime Botschaften sendeten.

rasend schnell fahrenden offenen Cabriolets überholt[202], doch schon nach einer halben Minute waren sie Moje und Acácio auf der kurvigen Küstenstraße wieder aus den Augen verschwunden.

Als sie kurz vor halb sieben das *Caissa* erreichten, hatte die fast einhundertfünfzigeinhalb Millionen Kilometer entfernte, schrecklich schöne Sonne noch genau zwei Stunden, bevor sie, nach Durchlauf ihres an diesem Tag in Ponta Delgada exakt dreizehneinhalb Stunden langen Tagbogens, bei 17° über West untergehen würde.

Der gut dreihundertsiebenundsechzigtausend entfernte, zunehmende, schon zu etwas mehr als 80 % von der mütterlichen Sonne beleuchtete kindische Mond war zwei Stunden zuvor bei 3° über Ost aufgegangen.

Eine schwache südliche Brise (3 Bft) trieb einzelne Wolkenflocken Richtung Nord. *Ob sie wohl wachsen, hoch breit tief, wenn sie wieder über das Meer segeln? Von sportlichen Luftturbulenzen durcheinandergewirbelt werden? Sich vereinen und wieder zerreißen? Sich zu einer rasenden Sturmwolkendecke zusammentun? Zu einem Wolkenzoo?*

Die Temperatur betrug weiterhin 18 °C.

Sie hatten von Furnas aus 48,7 englische Meilen (zirka 12,2 altpersische Parasangen (etwa 2,4 bequeme Tagesmärsche) oder 2,4513 × 10-15 Parsec) zurückgelegt, 8,6 (2,2 (0,4), 0,4485) auf der EN2-1A und der EN4-2 bis Maia, 34,5 (8,7 (1,7), 1,7994) auf der EN1-1A Richtung Westen bis Várzea, 4,5 (1,1 (0,2), 0,2347) auf der EN9-1A Richtung Osten, 1,1 (0,3 (0,1), 0,0574) auf dem Stichweg zum *Caissa*.

Acácio hatte bis auf eine halbe Minute, während der er leise die Melodie von *Winde, die von Süden wehn* pfiff, auf der gesam-

---

[202] Im ersten befand sich der Fahrer allein. Im zweiten standen neben und hinter dem Fahrer sechs sich an der Windschutzscheibe, am Überrollbügel und aneinander festhaltende Männer, alle in dunklem Anzug, Weste, weißem Hemd, Krawatte oder Fliege und dunkelbraunen oder schwarzen Schuhen. Drei trugen schwarze *Stetson-Penn*-Bogarthüte, zwei dunkelgraue Staubmäntel.

ten, anderthalb Stunden dauernden Fahrt eine leichte, klare Stille gewahrt. Moje hatte kaum seine Anwesenheit gefühlt.

Zweihundert Meter vor Sete Cidades wurden sie von einem nach links unauffällig in den Wald abgehenden Weg[203] zum *Caissa* geführt. Acácio stellte den *Ford Prefect* hundertfünfzig Meter vor dem sonnenbeschienenen, in seiner Spiegelsymmetrie an Palladio erinnernden Gebäude ab[204]. Es gab keinen Hinweis, dass es sich um ein Restaurant handelte, kein Schild, keinen Schaukasten. Es hätte auch eine luxuriöse Seniorenresidenz, eine diskrete Schönheitsklinik oder eine verschwiegene psychiatrische Privatklinik sein können. Der quadratische, blauweiße Azulejo aus neun Fliesen, links neben der Eingangstür in den feinkörnigen Putz eingelassen[205], war unbeschriftet.

Acácio klopfte mit dem bronzenen, knollennasigen Frauenkopftürklopfer, um den ein blaues Band geschlungen war, erst einen, dann drei dumpfhohle Schläge auf den vulkanisierten Kautschukknopf der Haustür. *Motiv der Fünften, verkehrt herum.*

---

[203] *Kurz vor der Kuppe des kurvigen, erst bergauf, dann bergab führenden Weges waren von irgendwoher Tierschreie zu hören, vielleicht Gewieher, Muhen, Blöken. Moje konnte die Laute nicht identifizieren, obwohl er das Seitenfenster öffnete. Hinter der Kuppe kam ihnen ein Hirte mit eschener Schäferschippe und einem in ein Tuch eingewickelten winzigen Lamm auf dem Arm entgegen. Oder war's ein Kätzchen? Jedenfalls kein Zicklein.*

[204] *Vor ihnen standen zwanzig Oldtimer, ein Ford Woodie, ein* Lincoln Continental Convertible, *ein schwarzer* Buick Riviera, *ein sahnefarbener* Chevrolet Nomad, *ein* Buick Estate Wagon, *ein französischgrauer* Dodge, *ein schwarzer* Wolseley (Roseley?), *ein* Mercury, *ein gipfelblauer* Oldsmobile, *ein* Tucker Torpedo, *ein* Pierce-Arrow Cabriolet *mit* Suicide Doors, *ein muschelgrauer* Chrysler, *ein GM* Bubble Tops, *ein Jolls-Joyce, ein rubinrot glänzender* Cadillac Eldorado, *ein brauner* Packard Convertible, *ein traumblauer* Melmoth Sedan, *ein Ford Ranchero, ein 1928er Peugeot Type 184 Landaulet, ein uralter, markenloser Lieferwagen (*Lunita Laredo, Alimentos frescos*) und ein das Licht verschluckender grafitgrauer* Koenigsegg CCXR Trevita.

[205] *Ein über ein Schachbrett mit durcheinandergewirbelten Schachfiguren tollenden Mops und eine mit hochgerecktem Kopf auf dem umgeworfenen schwarzen König sitzende Krähe. (Moje dachte an Wilhelm Buschs Raben Hans Huckebein (*Kein Prophetenernährer*), der sich nach dem hinterlistig errungenen Sieg über Hund und Katz stolz auf dem gestohlenen Knochen reckt. Und Spitz und Kater fliehn im Lauf, der größte Lump bleibt obenauf!!)*

Quadratisches Klopfalphabet. Sonnenfinsternis. Wintersonne, Schneesonne.

Ein junger, schöner Mann[206] mit vollen roten Lippen (*Russian Red* (MAC)) öffnete, begrüßte *Senhor doutor Moje* und *Haroldo* (*Hat uns Acácio also angemeldet*), bat ohne Dienstbeflissenheit in das nach Kampferholz duftende Foyer[207] und führte sie durch die gegenüberliegende Tür, neben der ein zartes Pastellporträt eines lachenden Pförtners hing, über eine eichene Schwelle in einen hohen, von sechs Dutzend runden, kunstvoll geschliffenen, mattgläsernen Art-déco-Lampen hell erleuchteten, die gesamte Hausbreite einnehmenden, zwölf Meter tiefen, von einer schmiedeeisernen Pfeilerreihe in zwei Abteilungen längsgeteilten Raum. Die Deckenleuchten spiegelten sich in sattgrünen und tiefroten quadratischen Bodenfliesen, die von gelben, blauen, weißen und schwarzen Fugen[208] eingefasst waren.

Rechts hantierten sieben Köchinnen in einer offenen Küche. Links standen dreiundfünfzig hibiskusrot gepolsterte Eichenstühle um zwei neun Meter lange, mit Fayencegeschirr, Kristallglas, Silberbesteck, mitraisierten Servietten, lampenbeschirmten Kerzenleuchtern und Bouquets aus kühlen, porzellanweißen und -roten Kamelien reich gedeckte, auf Yürük-Teppichen stehende Eichentische. *Stühle, Teppiche und Tische machen einen großen Unterschied. Wo Stühle, Teppiche, Tische und Depilation sind, ist Zivilisation. Nichtwildnis.*

Ein sehr schöner junger Mann rückte mit ernster Miene ein Weinglas um eine Winzigkeit zur Tischmitte hin. Eine sehr hübsche junge Frau dirigierte mit züngelnd kichernder, pornophoner Stimme die vorbereitende Vorbereitung, bis die Stellung der

---

[206] *Illogically pretty. Elizabeth Peytons Swan. Leonardo DiCaprio.*
[207] Ein von einer Kuppel überwölbtes, von Hängelaternen illuminiertes, freskenverziertes Oktogon mit schwarz-weißem Fußbodenbelag in Schachbrettmuster aus Carrara-Marmor und Impala und drei tiefer ins Haus führenden Türen, zwei sienagelbe Korridortüre rechts und links und eine venezianischrote auf der der Haustür gegenüber liegenden Seite.
[208] Gelb, Blau, Weiß, Schwarz: etablierte Farben für die etablierten Breiten- und Längengrade eines Fußbodens oder einer Zimmerdecke.

Gegenstände auf dem Tisch zueinander und zu den ihn umgebenden Stühlen ihren funktions- und relationsästhetischen Vorstellungen genau entsprach.

Aus unsichtbaren Lautsprechern schlugen leise die ersten Takte der *Opening Move* der im Jahr der portugiesischen Nelkenrevolution veröffentlichten LP *Red Queen to Gryphon Three* der Progrockband Gryphon, *Dam dam dam, dam dam dam, dam dam dam*.

Moje blieb kurz hinter der Eingangstür verblüfft stehen. Zwischen den schmalen, bodentiefen Fenstern der gegenüber liegenden Seite des Raums standen vor langen, silbern gerahmten Spiegeln acht Skulpturen der *Banality*-Serie von Jeff Koons, *String of Puppies, Saint John the Baptist, Fait d'Hiver, Wild Boy and Puppy, Bear and Policeman, Pink Panther, Michael Jackson and Bubbles, Ushering in Banality*, links vor der ebenfalls spiegelverkleideten Wand seine anmutig ihr Kleid hebende arktischblaue *Metallic Venus*, in der Vase ein Strauß duftender, ovidweißer Zuchtnarzissen.

Acácio lächelte wissend.

»Vasco ist so etwas wie die unwahrscheinliche Chimäre aus Bonhomme, Kapitalist, Elitarist und Anarchosyndikalist. Auch wenn wir nicht alle infolge einer eiaculatio seminis inter vas naturale mulieris entstanden seien, seien wir, ist er überzeugt, im Wesentlichen doch alle gleich liebenswert, ob arm oder reich, Frau oder Mann, schön oder nicht.«

Er sah in die Weite.

»Vielleicht die Folge seiner Blindheit in der Kindheit. Erst mit fünf stellte sich sein Augenlicht ein. Ein medizinisches Wunder.«

Er räusperte sich.

»Sie werden sehen, dass er keinen Unterschied zwischen sich, den Gästen und den Helferinnen anerkennt.«

Er hielt einen Moment inne.

»Es ist nicht leicht, im Deutschen hierarchie- und weisungsfreie Arbeitsverhältnisse treffend auszudrücken. *Angestellter* passt nicht, *Personal* auch nicht, *Mitarbeiter* nur halb. Im *Caissa* haben alle Helfer und Helferinnen das Recht, jederzeit mit ihrer Arbeit aufzuhören und nach Hause zu gehen oder sich zu den Gästen zu setzen, ohne befürchten zu müssen, getadelt zu werden oder den Lohn gekürzt zu bekommen. Ehrlich gesagt, erhalten sie ihr Geld schon bei Vertragsabschluss.«

Geld, Symbol der Schönheit und der Macht.

Acácio lächelte sanft.

»Vasco glaubt an Selbstverantwortung.«

In der Küche zischte leise ein Flambierbrenner.

»Sie sehen, er ist noch großherziger als der schon überaus großherzige Hausvater in Matthäus' Weinbergsgeschichte. Aber dass jemand seine Generosität ausgenutzt hätte, ist noch nicht vorgekommen. Höchstens, dass eine Köchin oder Kellnerin ihren Platz mit einem Gast, der selbst gerne kochen oder bedienen wollte, getauscht hat.«

Er winkte einer Köchin, die gerade mit einem Schneebesen in einer Plastikschüssel rührte. Sie schickte ihm einen roten Kussmund.

»Der gute Vasco bezahlt außergewöhnlich gut, man könnte sagen, fürstlich. Sparsame Studenten können vom Lohn eines *Caissa*-Wochenendes ein ganzes Semester lang leben. Da möchte natürlich jeder gern wiederkommen.«

Aus der Eingangshalle hörten sie das C des Gefängnisklopfcodes. Der DiCaprio-Doppelgänger, der ebenfalls stehengeblieben war, deutete eine Verbeugung an, drehte sich um, öffnete die Tür zum Foyer, trat über die Schwelle hinein, machte die Tür hinter sich zu. Nach einer halben Minute kam er mit einem von einem weiß-rot gewürfelten Tuch abgedeckten Korb zurück und übergab ihn einer der Köchinnen, die ihn aufdeckte, hineinschaute und sofort wieder zudeckte, anmutig errötend.

»Vielleicht träfe es *Festbegleiter*. Richtig verstanden wären auch *Hetäre* oder *Kurtisane* nicht abwegig.«

Vorbei an zwei graziös an der schimmernden Eingangswand stehenden, delikat mit Schnitzwerk und Marketerien gefassten italienischen Kredenzen[209], zwischen denen eine hohe, elefantengraue, schmucklose Vase mit mehreren Stängeln Weißer Affodillen stand, den beiden festlich gedeckten Speisetischen und der Küche gingen sie durch eine hohe, ebenfalls schmale Doppeltür auf eine breite, mit zimt-, pfirsich- und honigfarbenen Terracottaplatten belegte, von jungem, schilfdünnem Moso-Bambus und niedrigen, zibebenfarbenen Backsteinmäuerchen eingefasste Terrasse hinaus, hinter der sich ein hundert Meter langer, von dichtem Mischwald und beschirmendem Farn gesäumter, von einem Dutzend leichter Korbstühle aufgelockerter Rasengrund, vieläugig gänseblümchengesprenkelt ohne tiefere Bedeutung, hinunter zum Lagoa Verde zog.

Die nur von niedrigen Kräuselwellen bewegte Oberfläche des Sees glitzerte vom Widerschein des gegenüber im Sonnenlicht liegenden bewaldeten Kraterrands smaragd-chrysoberyll-turmalin-katzenaugengrün. *Seeblick. Sieht kalt aus. Zugefroren und vereist sähe er isländisch oder japanisch aus.*

Auf dem irischgrünen Gras schimmerten zwei weitere Skulpturen von Jeff Koons, ein düsteres bronzenes *Lifeboat* (*Ein brauchbares Rettungsboot wär's nicht*) und ein unbekümmert jugendlicher Siebenerstrauß prachtvoller *Tulips* in den Heil verheißenden Farben des bukolischen Regenbogens, Rot Orange Gelb Grün Blau Indigo Violett. *ROGGBIV. Regenbogen, was sonst. Warum ist im Regenbogen Indigo? Sieben sieben sieben, immer die sieben. Ob Koons vom gottgesetzten Regenbogen weiß?*

Über dem *Lifeboat* flatterten zwei Azoren-Samtfalter.

Etwa vierzig Personen standen in kleinen, lebhaft sich unterhaltenden Gruppen auf der vom noch schleichenden Schatten des Hauses schon fast gänzlich eingehüllten Terrasse und dem von den ewigschönen Augenblümchen diskret weiß gepunkteten, noch vom westlichen Licht lieblich durchstrahlten eng-

---

[209] Auf der linken stand eine große, rotfigurige Kalpis, Achilleus und Aias beim Brettspiel, kampfbereit mit Speer und Schild in Händen, auf der rechten ein Kantharos, ebenfalls mit dem Peliden und dem Telamonier beim Brettspiel, aber mit auf dem Boden liegenden Waffen.

lischsaftigen Rasen. Die Hälfte der Männer und Frauen war siebzehn, achtzehn bis Mitte zwanzig Jahre alt und trug wie der luftig schöne Sylphide, der die Haustür geöffnet hatte, eine schneeweiße, hoch geschlossene, an Ärmeln, Kragen und Knopfleiste azurblau bestickte, bis knapp unter die Knie reichende russische Baumwollbluse über pfauenblauen Jeans und turnschuhweiße Sneaker. Die andere Hälfte, nicht uniformiert, war deutlich älter, Ende zwanzig bis Mitte siebzig.

Zwischen ihnen rannte ein großer, außerordentlich schwarzer Labrador Retriever umher. *Herumtollen. Ist, wer herumtollt, frei?*

19

Acácio wurde von hinten, von der Terrassentür aus, von einer sonoren Stimme begrüßt.

»Olá, Haroldo! Eu estou muito feliz!«

Acácio drehte sich um, breitete die Arme aus und umarmte einen etwa gleichaltrigen, schlanken, mittelgroßen, sorgfältig rasierten weißhaarigen Mann mit mittelmeerländischem Teint und kurzem Pferdeschwanz. Er trug eine dunkle Sonnenbrille, einen taubengrauen Seidenanzug über einem venezianischweißem Seidenhemd mit hohem, breit umgeklapptem Stehkragen, wiesengrüne Seidensocken und tiefschwarze Lackschuhe. Sein maurisch gemusterter anthrazitfarbener Seidenschlips wurde von einer breiten silbernen Krawattenklammer zusammengehalten.

»Olá, Vasco! Como vai!«

»Min liebä Haroldo! Schöön, dass du cho bisch! Los mi di aaluege! Du zieest guat üs.«

»Das liegt daran, dass ich mich so freue, wieder im *Caissa* zu sein! Ich fühlte mich schon auf Entzug. Es ist fast ein Jahr her, dass ich das letzte Mal hier war.« Er strahlte übers ganze Gesicht. »Du hast wieder umdekoriert, Vasco. Die beiden griechischen Krater, toll! Krieg und Spiele! Und die Koons! Ich liebe

Koons! Koons ist Kunst für den fröhlich Pubertierenden in uns. Die Krater und die Koons passen wunderbar zusammen! Griechisch übermütiger Ernst und jugendliche Verantwortungslosigkeit!«

»Ach, was hatte ich mit sechzehn Lust an Unfug! Eine schöne, unschuldige Lust. Diese wunderbare jugendliche Albernheit, der es reicht, dass etwas witzig ist.«

Er sah ein wenig melancholisch drein.

»Mit witzigen Leuten ist aber weder Staat noch Kirche zu machen, weshalb die albernen jungen Leute nach kurzer Karenzzeit von den Alten unwiderruflich aus dem Unschuldsparadies vertrieben werden. Schwuppdiwupp und aus die Maus.«

»Und so werden wir bürgerlich ernsthaft und verbindlich und brauchbar und glauben an die Politik und das Heilige.«

Vasco lachte aufmunternd.

»B'hüetis! Aber du jo nit so sehr.«

Acácio drehte sich zu Moje, wieder strahlend.

»Wir haben Glück, Rochus. Bei meinen beiden letzten Besuchen hat uns Vasco mit Werken von Neo Rauch und Rosemarie Trockel erschreckt.«

Vasco nickte lachend.

»I lieb Camp. Camp un Öpfelsinen. Un Mannichfaltichkeit. Abgesehe devo, dass Camp vo Mannigfaltigkeit läbt. Da brauchet's au mol Rauchs un Trockels. Aber, i geb's zue, numme churz. Villicht war e ganzer Aabig zue lang.«

Acácio lachte.

»Dann darf ich dir auch gleich Dr. Moje vorstellen. Ein Schiffbrüchiger. Du hast vielleicht von dem Feuer auf der *Nausikaa* gehört.«

Vasco wandte sich helllächelnd Moje zu und streckte ihm beide Arme und Hände entgegen. An den sonnengebräunten Fingern schimmerten breite, handgeschmiedete Silberringe.

Moje dachte an Schlagringe.

»Schöön, würklich schöön, grüessech!«

Er nahm Mojes Hände in seine.
Was heißt diese Geste?

Sein weiches, gutturales Deutsch und seine unaufgeregte Reichtumsstimme waren wie füreinander geschaffen, passten zueinander, ineinander.

»Caro doutor! Ich freue mich ungemein, dass Haroldo Sie hat dazu bewegen können, den Abend mit uns zu verbringen. Er ist ein begnadeter Verführer. Ich kenne keinen überzeugenderen, eloquenteren Propagandisten als ihn. Von ihm könnte selbst Mephistopheles noch etwas lernen.«

Er lachte.

»Gueten Abig im *Caissa*!«

»Guten Abend, Senhor ...«

»De Thélème, Vasco Emanuel João de Thélème. Habe die Ehre!«

Er lächelte herzlicher.

Das jung-alte Gesicht eines reichen Mannes, der sich noch nie Sorgen um Geld hat machen müssen.

»Aber nennen Sie mich Vasco, jeder hier nennt mich Vasco.«

Auch Moje lächelte. *Der Dritte, der mit Vornamen angesprochen werden will.*

»Sehr gern, Vasco. Ich muss zugeben, dass ich zunächst wenig Neigung hatte, hierher zu kommen. Jetzt freue ich mich aber, hier zu sein, und bin sehr gespannt auf den Abend. Acácio hat ein wahres Loblied auf Sie und Ihr gastliches Haus gesungen.«

»Vielen Dank, ich fühle mich außerordentlich geschmeichelt. Aber Haroldo neigt zu galanten Übertreibungen. Er ist ein sehr leidenschaftlicher Mann und ein sehr, sehr guter Freund.«

»Ich hoffe, wir werden Sie nicht enttäuschen, lieber Rochus. Darf ich Sie überhaupt Rochus nennen?«

Moje war nicht überrascht, dass der Wirt seinen Rufnamen kannte. Der gepflegte schwarze Hund schnüffelte am *Lifeboat*, hielt Ausschau. Ob er etwas suchte? Seine schlanken Flanken flimmerten in der Sonne.

»Guten Abend, Rochus.«

Celas Stimme.

Moje drehte sich aufgeregt um.

Locker zusammengebundener, duftiger Chignon mit über die Schultern wippenden Strähnen, gürtelloses, knöchellanges, orchideenweißes Musselinkleid, langer, breiter, bläulichblauer Kaschmirschal, honigbraune griechische Sandalen.

»Cela.«

Offenbar war sein rückwärtiges Auge abgelenkt gewesen.

Sie umarmte ihn, hoch sich auf die Zehen des linken Beins stellend, rechtes Bein abgewinkelt, und gab ihm rechts und links einen Wangenkuss.

»Ich bin deine Begleiterin heute Abend.«

Sie sah ihn mit strahlendem Lächeln an.

»Onkel Vasco hat mir die Einladung zum Geburtstag geschenkt. Er meinte, mit einundzwanzig sei ich reif genug fürs *Caissa*. Einundzwanzig! Er neigt ein wenig zu väterlicher Übersorge. Ich liebe ihn und er mich, glaube ich, auch ein wenig.«

Vasco lachte.

»Jeder liebt dich, Cela. Und nicht nur ein wenig. Wer könnte dich nicht lieben?«

Er verbeugte sich und ging zur nächsten Gästegruppe. Cela löste sich von Moje, wandte sich an den grinsenden Acácio.

»Liebster Haroldo, wie schön, dass du Rochus mitgebracht hast! Und dass du so fröhlich bist! Du hast aber auch allen Grund dazu! Darf ich dir deinen heutigen Cicisbeo vorstellen? Er wird dir gefallen.«

Sie winkte dem schönen jungen Mann, der der Tischeindeckung den letzten Schliff gegeben hatte, jetzt aber vor dem Bambusgehölz am Rand der Terrasse stand und träumerisch zwischen den Bäumen zum See hinunter blickte.

Die Kraft des Sinnens beim Stillestehn. Ob er darauf wartet, dass Robben aus dem erstaunlichen Wasser steigen? Wagalaweia! Wallala weiala weia! Oder Fische springen? Fische, fishes, poissons, pescados. Peixes peixes peixes. Oder ein wilder Eber aus dem Unterholz bricht?

Im obersten Gezweig des hochgeschossenen Bambus saßen zwei Afrikanische Buchfinken.

»Phaon, Lieber, versteck dich nicht! Du gehörst allen. Verlass deine Eremitage, komm zu uns!«

Der Buchfink mit der rotbraunen Brust flog kurvig wellend davon. Phaon wendete seinen träumenden Kopf zu Cela, nickte, ging ruhigbedächtigaufrechten Schritts zu ihnen.

»Lieber Phaon, ich möchte dir Rochus und Haroldo vorstellen. Rochus ist mein Begleiter heute Abend. Und das ist Haroldo, dein Begleiter.«

»Boa tarde, Rochus. Boa tarde, Haroldo.«

Cela nahm Acácios rechten Arm, hängte sich ein.

»Lieber Phaon! Haroldo ist der gebildetste Mensch, den ich kenne! Es ist unglaublich, was er alles weiß. Du kannst dich mit ihm über alles unterhalten, Fibonacci, japanische Töpferei, Erbsünde, was auch immer! Er ist schlagfertig, sein schneller Witz hätte selbst Voltaire eifersüchtig gemacht. Und er liebt alles Schöne. Kunst, Musik, Poesie, Philosophie. Besonders angetan hat's ihm die deutsche Romantik. Er kennt alle Lieder von Rückert, Eichendorff und Heine und alle Opern von Lortzing, Marschner und Wagner auswendig.«

Sie sah Acácio liebevoll an.

»Ich hoffe, ich habe niemand Wichtigen vergessen.«

Acácio errötete.

»Vielleicht Lenau, Weber.«

Cela lachte.

»Natürlich! Lenau, Weber! Dass mir gerade die durchrutschen konnten! Verzeih, aber du hast mir so oft den *Freischütz* und den *Faust* vorgesungen, dass mir ist, als seien sie von dir.«

»Die sind bestimmt von ihm«, warf Vasco, der gerade mit einem leeren Tablett an ihnen vorbei kam, grinsend ein und blieb stehen. »So, wie er sie vorträgt, können sie von keinem anderen sein. Obwohl mein Gedächtnis und mein Deutsch miserabel sind – ich hätte weniger Eier essen sollen –, ist mir von seinen Gedichten, sogar von seinen deutschen, ein ganzer

Schwung in Erinnerung geblieben, so ans Gemüt gehend hat er sie rezitiert. Wie wenn ein Messer sich ins Herz dreht. Hört mal, diese Strophe hat mir immer besonders gut gefallen.«

Er streckte seine Brust, schob den rechten Fuß ein wenig vor den linken, nahm mit der rechten Hand die Sonnenbrille ab, klappte sie zusammen und hakte sie, einen Bügel in die äußere Jackentasche steckend, an sein Jackett, fuhr mit dem Zeigefinger kurz zwischen Kragen und Hals, hob den Kopf, schaute über die Rasenfläche und den See hoch ins Weite, hielt sich das Tablett mit beiden Händen wie eine Weiheschale halbarmweit vor die Brust und seufzte mehr als dass er sang, unhörbar atmend:

»*Den der Wandrer fern vernommen,*
Niagaras tiefen Fall,
hört er nicht, herangekommen,
weil zu laut der Wogenschall.
Und so mag vergebens lauschen,
wer dem Sturze näher geht;
doch die Zukunft hörte rauschen
in der Ferne der Prophet.

Ich kann zwar nicht genau sagen, was die Zeilen bedeuten, aber klingen sie nicht wunderbar?«

Er setzte seine Sonnenbrille wieder auf und ging wieder davon, selig lächelnd.

Cela strahlte.

»Haroldo, Lieber, du bist ein Zauberer!«

Sie gab ihm einen Wangenkuss.

»Doch nun zu dir, Phaon.« Sie zögerte kurz, ihre Stimme senkte sich um eine Terz, wurde fast tonlos. »Auf deine Schönheit muss ich ja nicht besonders hinweisen.«

Phaon blieb gleichmütig. Offenbar wusste er, dass alle ihn für schön hielten (*Beautiful beautiful beautiful beautiful*).

»Phaon war Segellehrer auf Lesbos – ihr wisst, wohin der singende Kopf des Orpheus getrieben ist –, lebt aber seit einigen Monaten in Furnas, wo seine Familie ursprünglich herstammt.«

Ihre Stimme war wieder fest.

»Sicherlich hast du von seinen Urururgroßeltern gehört, Haroldo, den Cardos de Palma.«

Acácio nickte. Cela wandte sich zu Moje.

»Die Cardos waren Salbenreiber, die Ende des neunzehnten Jahrhunderts nach Kythera ausgewandert sind, weil auf den Azoren niemand Sinn für Kosmetik hatte. Ich fürchte, wir Açorianas und Açorianos waren lange Zeit ziemlich naturbelassen.«

Sie lachte und drehte sich wieder zu Acácio.

»Außerdem spielt er zauberisch Laute. Als ob Apollon selbst ihn gelehrt hätte. Du musst dir sein Spiel unbedingt anhören, Haroldo! Du wirst von seinen Vorschlägen, Tremoli, Doppelschlägen, Pralltrillern, Mordenten hingerissen sein. Er liebt die Flamen des sechzehnten und siebzehnten Jahrhunderts. Adriaenssen, van den Hove, Hacquart. Sweelinck aus Amsterdam, wo die Meisjes herkommen. Van Eyck, de Moy. Und natürlich spricht er wie du fließend niederländisch. Ich bin mir sicher, ihr werdet euch mögen, Haroldo. Jedenfalls wirst du keinen Grund haben, dich von einem Felsen zu stürzen.«

Acácio bemerkte, dass er noch seine Sunvisor-Kappe trug und nahm sie ab.

»Ach Cela, ich werde meinem jungen Leben doch nicht gerade in dem Augenblick ein Ende machen, in dem es zu beginnen beginnt.«

»Ach Haroldo, wenn ich ein Mann wär.«

Acácio lächelte verlegen.

»Ach Cela.«

Er sah Phaon mit großen Sehnsuchtsaugen an.

»Lieber Phaon, ich liebe die Niederländer. Ein freier, ein gewitzter Menschenschlag. Das Goldene Zeitalter. Was für ein Lebensgefühl. Die Buchhändler, die Buchdrucker, die Juden, die Protestanten, die Hugenotten. Spinoza, Descartes. Huygens, Grotius. Rembrandt, Vermeer, Rubens. Hals, Ruisdael, Terborch. De Hooch, Wouwerman, Brouwer.«

Er schluckte.

»Phaon. Was für ein schöner Name. Wenn dich die alten Flamen begeistern, kennst du natürlich auch Hendrick Vroom. Ist es nicht fabelhaft, wie er seinen glücklich überlebten Schiffbruch für seine Kunst zu nutzen wusste?«

Acácio schien die Anwesenheit Celas und Mojes völlig vergessen zu haben.

»Lass uns zum See hinuntergehen, Phaon. Über Vroom und seine Farbentheorie lässt sich's am besten mit Blick auf grünes Wasser disputieren.«

Er steckte seine Kappe in die Innentasche seiner Jacke.

»Darf ich dir vorher noch etwas zu trinken bringen, Phaon?«

Er ging zur Terrassenbar, kehrte mit zwei schlanken Silberbechern *Madeira 1952 Barbeito Verdelho* wieder.

»Bevor wir über Vroom reden, möchte ich aber über eine musikhistorische Frage mit dir disputieren, wenn es dir recht ist. Hatten die Madrigalisten des sechzehnten Jahrhunderts die gleiche Lust an der Kunst des feinstmöglichen Übergangs von einer Harmonie zur andren wie Carolus Hacquart hundert und Richard Wagner zweihundert Jahre später?«

Er gab Phaon einen der Becher.

»Und gehört nicht auch Chopin, der, wie dir gewiss auch schon in den Sinn gekommen ist, am Ostersonntag heute vor zweihundert Jahren getauft wurde, zu diesen Liebhabern zartester Differenzen, nervösester Nuancen, unmerklichster Übergänge?«

Moje wurde von einem Hauch zärtlichster Wehmut durchzogen. Acácios Rede war in ihrer überfließenden Fülle reines Liebeswerben. Gerne hätte er dem Gespräch der beiden zugehört, aber der verliebte Acácio und der schöne Phaon waren schon auf dem Weg zum See hinunter, als Phaon zur Antwort ansetzte.

The music crept by me upon the waters.

Der Ton von Phaons Stimme war süß wie Ahornhonig.

Der Retriever raste lautlos über den Rasen Richtung Ufer. Ein Gast hatte ihm einen Stock geworfen.

Kriegen Hunde eigentlich auch Seitenstiche?

Cela sah bezaubernd aus. Moje strahlte.

»Cela, ich freue mich ja so, dass du auch hier bist. Wenn mich Acácio nicht so hartnäckig überredet hätte, wäre ich nicht gekommen. Ein ganz außergewöhnlicher Mann. Aber sag, woher wusstest du, dass ich kommen würde? Hat dich Acácio angerufen?«

Cela lächelte fröhlich, humoreskisch.

»Ach, Rochus, Haroldo brauchte nicht anzurufen. Ich war mir sicher, dass du kommst.«

»Du warst dir sicher?«

»Vollkommen. Seit Mamas Anruf heute Morgen, dass du mit Haroldo unterwegs bist. Aber auch vorher schon. Ich war mir sicher, dass du, sobald du von Mama gehört hättest, dass ich mit Papa weggefahren bin und erst morgen wiederkomme, das vorhergesagte schöne Wetter für eine Fahrt über die Insel nutzen wollen und sie nach einem Fremdenführer fragen würdest, der dich über die Insel fahren könnte.«

Sie lächelte verschmitzt.

»Ich habe Haroldo schon gestern gebeten, sein Auto zu waschen. Das Auto war doch frisch gewaschen?«

»Es war sogar gewachst und poliert.«

Cela lachte.

»Ja, was er macht, macht er perfekt.«

»Was bin ich froh, dass Acácio mich überreden hat. Ich hab's ja nicht für ausgeschlossen gehalten, dass du heute Abend vielleicht doch wieder in der *Gruta-Bar* bedienst. So weit ist Sete Citades von Ponta Delgada ja nicht entfernt.«

»Wenn du dich störrig angestellt hättest, hätte dir Haroldo von Vascos Pflanzenbuchsammlung erzählt und seinem exzellent erhaltenen Exemplar des *Viridarium reformatum Valentinis*.«

Moje lachte jetzt auch.

»Der *Valentini* hätte nicht gereicht, mich hierher zu locken. Ich habe selbst einen schönen zuhause.«

»Und sämtliche zehn Bände von Bauers *Flora Graeca*, erste Ausgabe?«

Moje blieb einen Moment lang stumm.

»Tja. Dieser Versuchung hätte ich vermutlich nicht widerstanden.« Er stotterte fast. »Herr Thélème hat die *Flora Graeca* hier im *Caissa*?«

»Vasco, Rochus! Hier sprechen sich alle mit Vornamen an. Ja, in seinem Arbeitszimmer.«

»Darf ich sie sehen?«

»Bestimmt, aber später, nach dem Essen. Jetzt sollten wir Vasco nicht von seinen anderen Gästen abziehn. Darf ich sie dir übrigens vorstellen? Vasco möchte, dass sich seine Gäste kennenlernen.«

Moje nickte aufgeregt. Die *Flora Graeca*! Erst, als Cela sich bei ihm eingehakt hatte, um mit ihm die Vorstellungsrunde zu drehen, antwortete er stotternd.

»Eine schöne Sitte.«

»Wir Açorianos sind, wenn auch vielleicht noch nicht lange, keine Barbaren, lieber Rochus, trotz unserer kurzen kosmetischen Geschichte.«

Nach vielem Händeschütteln bei Koons gottesbundschillernden *Tulips* angekommen (*Tiptoe through the tulips with me*), strich Moje mit der rechten Hand behutsam über die gelbschimmernde Blütenglocke. Sie war makellos glatt gerundet. Er hätte sie gern mit dem Fingerknöchel angeschlagen, beschnuppert und mit der Zunge angeleckt, genierte sich aber vor Cela.

»Du hast mir nicht erzählt, dass du kürzlich Geburtstag hattest.«

»Nicht kürzlich. Mein letzter Geburtstag ist über zehn Monate her. Ich musste erst den richtigen Begleiter für meinen *Caissa*-Abend finden.«

Sie drückte sich fester an ihn.

Moje war irritiert. Hatte Cela nicht erzählt, verlobt zu sein?

»Wann hast du denn Geburtstag?«

»Am 13. Juni. Ich bin genau hundert Jahre jünger als Pessoa.«

»Bist du auch so eine multiple Persönlichkeit wie er?«

Sie sah ihn belustigt an.

»Möchtest du einen Madeira?«

»Sehr gerne!«

Mildes Weinfeuer.

»Iss ein Stück schwarze Schokolade dazu. Schwarze Schokolade steigert den Appetit.«

Sie bückte sich zum Retriever, der sich vor sie aufs Grün gelegt hatte. Er machte Faxen, gab Pfötchen, kreuzte die Vorderbeine, streckte den Hintern hoch, senkte den Kopf, ließ sich stöhnend auf die Seite fallen. Sie streichelte ihn lachend. Der hübsche, überzeugende Glanz seines glatten schwarzen Fells.

»Du lieber Feldman, mein Huckleberry! Kaschperlscht du wieder? Du hast's gut! Oder würdest du lieber den Mond anbellen und Hasen und Rehe jagen oder eine feurige Hündin?«

Feldman wedelte mit dem Schwanz.

»Bellen und jagen also. Armer Feldman, du bist auch nur ein Mann.«

Cela sah zu Moje hoch.

»Kannst du dich erinnern, gestern einen Fünfhunderteuroschein in unsere Musikerspendenbox gesteckt zu haben? Unserem Marsias sind die Augen übergegangen.«

Moje musste lachen.

»Nein, kann ich nicht. Aber es ist schon recht. Er hat wirklich sehr schön gespielt. Soweit ich das in deiner Nähe überhaupt beurteilen kann.«

20

In unserem kaum von lebendigem, noch weniger von verlebendigendem theologischem Denken geprägten Zeitalter, in dem statt der Einsicht, dass es lebensnotwendig, ja heilsbedeutsam ist, einen eigenen Namen zu haben[210], das alberne Missver-

---

[210] Die Bibel weiß noch von der Unaustilgbarkeit der Eigennamen, der unauslöschlichen Äquivalenz von Name und Mensch: *Ich habe dich in meine Hand geschrieben, du bist mein*, aber auch von der unwiderstehlichen Verführung, sich einen Namen zu machen (*Adam in medio, Eva super folia*).

ständnis des Goethewortes herrscht, dass Name Schall und Rauch sei[211]; in unserer analytisch fragmentierenden, allein nach instrumentalfunktionalem, materiellem Nutzen fragenden Epoche werden reine Eigennamenskataloge von unseren narrationsökonomisch urteilenden Literaturkritikern leider nur selten enthusiastisch rezensiert[212], was bedauerlicherweise dazu geführt hat, dass auch mancher Schriftsteller den in ihm angelegten Sinn für Eigennamenslisten verloren und es fehlenden Antriebs wegen versäumt hat, die neugierigen Leser mit Namensreihen zu erbauen, selbst wenn sie sprechend oder wohltönend wären.[213]

Wäre es denn nicht überaus interessant zu erfahren, wie die beinahe zwei Schock, das heißt zweimal sechzig Buben hießen, die Till Eulenspiegel ihre linken Schuhe gaben, damit er ihnen, wie er versprach, ein hübsches Schau- und Seiltänzerstück auf dem über die Saale gezogenen Seil zeige, welchem Versprechen die Buben auch vertrauten, denn alle alle, auch die Alten, meinten, es sei wahr, weshalb sie nicht damit rechneten, dass Till sie piesacken, triezen, aufpudeln, ägrieren, verjuxen, frikassieren, foppen, paradieren, utzen, ausspotten, feigeln, auffüttern, trätzen, verhohnepiepeln, torquieren, fuchsen, trakassieren, sekkieren, gegeneinander aufhetzen würde.

Oder die hundert vom schwarzen Schiff mit acht Segeln und mit fünfzig Kanonen, das eines silberhellen, herzerfreuenden Abends die Stadt beschoss und dem Erdboden gleichmachte und nur ein lumpiges Hotel verschonte und gen Morgen den hohen Mast beflaggte, also die hundert, die unter der goldenen Mittagssonne an Land kamen, in den Schatten traten, einen jeglichen aus jeglicher Tür fingen, in schwere schwarze Ketten

---

[211] *Namen! Was sind Namen? What's in a name? Es ist ja gleichgültig, ich werde euch beide Artur nennen! Nenn's Glück! Herz! Liebe! Gott! Gefühl ist alles.*

[212] Jedenfalls Eigennamensregister in literarischen Werken. Nichtliterarische Eigennamensverzeichnisse, zum Beispiel auf Mahnmalen oder in Proskriptionen und Mitgliederverzeichnissen, gelten nicht als literarisch kritisierbar.

[213] Wie glücklich waren doch die Alten, die bei Apollodor, Hyginus, Ovid noch Listen von Hundenamen lesen durften!

legten, vor Jenny brachten und sie fragten (es war schreiendstill am Hafen an diesem faunischen, brütenden Nachmittag), *Welchen sollen wir töten?* und sie sagen hörten *Alle!* und *Hoppla!*, wenn der Kopf fiel?

Würde nicht jeder gern die Namen der Patienten des Zauberberg-Sanatoriums während des Aufenthalts Hans Castorps im Berghof lesen, die weitverbreiteten und die seltenen, die sprechenden und die tönenden, die großspurigen und die schlank geschriebenen, die altmodischen und die fremdländischen? Und nicht nur diejenigen derer, mit denen Castorp zu tun hatte oder die ihm auffielen oder die sein sonst so umständlich ausführlicher Biograf aus sonst einem Grund zu erwähnen beliebte? Hätte sich die Namenskomik des Lübecker Nobelpreisträgers und Marzipanironikers (*Eine üppige Magenbelastung ist dieses Haremskonfekt*) ja endlich einmal ins Weite ergießen können.

Oder die der Patienten, Pfleger und Pflegerinnen, Handwerker, Kuchimeitschi, Verwalter und Ärzte der Irrenanstalt Randlingen? *Gerade von Anstaltsinsassennamen mag man sich überschwemmen lassen.*

Oder die der Ahnen und Verwandten Ford Prefects, des Außerirdischen aus dem Beteigeuze-System? Macht Zaphod Beeblebrox, der Name des Halbcousins Ford Prefects, nicht neugierig auf die Namen anderer Orionbewohner?

Oder die der Ausgestoßenen, die kurz nach Mitternacht am 26. Juni 1767[214] um ein qualmendes Lagerfeuer auf dem Pariser *Cimetière des Innocents* saßen (dem *allerstinkendsten* Ort des Königreichs) und den in einer Nibelungenhöhle des seit Jahrmillionen erloschenen, in der Auvergne gelegenen, eintausendachthundertfünfundfünfzig Meter hohen Vulkans Plomb du

---

[214] *Acht Tage vorher hatte der Ausguck des in der Südsee schweifenden, mit Kanonen bestückten britischen Dreimasters Dolphin zufällig das paradiesische, Sex gegen Eisen tauschende Tahiti entdeckt, das von Captain Samuel Wallis drei Tage später betreten und zu Ehren des monogamen und geistig noch gesunden George III., König von Großbritannien und Irland, King George Island getauft worden war.*

Cantal zu sich selbst gereiften, später zum Tode verurteilten, aber wieder, weil er unmöglich ein Mörder sein konnte (*Der un'n Mörder? Nit m-ö-ö-ö-glich, nit m-ö-ö-ö-glich*), freigelassenen Jean-Baptiste Grenouille, nachdem er sich den üppigen Rest seines unübertrefflichen Meisterparfüms, das er durch Enfleurage von vierundzwanzig ausgesucht schönen, auf der Schwelle zur Frau stehenden Mädchen gewonnen hatte, über Kopf und Leib gegossen hatte, in orgiastisch-orgastischer Gier zerfleischten und sich einverleibten?[215]

Um den traurigen Mangel an gegenwärtigen literarischen Eigennamenslisten ein wenig zu beheben[216], aber auch aus unbändiger Freude an literarischen Eigennamen überhaupt (Namen sind, wie Klänge und Literatur, reiner, schöner, gött-

---

[215] Es mag zwar Zufall sein, aber ein erwähnenswerter, dass Grenouille gerade an den Iden des April zum Tod verurteilt wurde, genau zwei Jahre bevor Louis Antoine de Bougainville auf seiner siebenundzwanzigmonatigen Weltumsegelung Tahiti, seinen *Jardin d'Eden*, nach zehn Tagen Aufenthalt wieder verließ, und, ebenso genau, neunundneunzig Jahre bevor Abraham Lincoln, Präsident der *Divided States of America*, am Karsamstag des Jahres 1865 an seiner Kopfverwundung nach dem theatralischen Pistolenattentat (*Sic semper tyrannis!*) des Konföderiertensympathisanten und Shakespeare-darstellers John Wilkes Booth (Brutus in *Julius Caesar*), Sohn des Shakespeare-Darstellers Junius Brutus Booth (Richard III. in *Richard III.*), starb.

[216] Es gibt in einer schlüssig geschaffenen Welt nichts Nebensächliches, also auch keine Person, die es nicht verdiente, ja nicht verdienstig fordern dürfte, mit dem eigenen Namen genannt, also sichtbar gemacht und erinnert zu werden Selbst wenn ihre Namen unsinnig (Aum-Hek, Wal-Ak, Lub-Mor' Ma, Aum-'Baum, Lyum-Pyjaum) oder ihre Anonymität wie bei Mynona, bei kleinen Blumenmädchen und jungen Näherinnen, beim unbekannten Soldaten oder bei unsichtbaren Zentralkanzleiherren, die in einem gräflichen Schloss entlegene, unsichtbare Dinge verteidigen (*Das Schloss sucht nach Ihnen*), sinnkonstitutiv zu sein scheinen. Es erscheint uns daher geradezu unverständlich (wiewohl natürlich nicht schlechthin unverständlich), dass sogar der geschätzte Umberto Eco, der ja um die unüberschätzbare Bedeutung von Eigennamen wusste (*Nomina nuda tenemus*), es versäumt hat, uns die Rufnamen oder wenigstens die Hypokoristika der in seinem Roman *Il nome della rosa* auftretenden, für die Schilderung des Zeit- und Lokalkolorits so wichtigen weiteren fleißigen Mönche, Minderen Brüder, päpstlichen Legaten, französischen Bogenschützen, toten und lebendigen Ketzer und einfachen Leute mitzuteilen.

licher Betrug)²¹⁷ seien daher im Folgenden die Vor- und Zunamen aller bisher noch nicht namentlich genannten *Caissa*-Gäste sowie die Vornamen aller sie begleitenden jungen Frauen und Männer als auch aller Kellnerinnen und Köchinnen aufgeführt, obwohl sie gewöhnliche Menschen waren.²¹⁸

Um auch den Lesern und Leserinnen, die sich an reinen Eigennamenslisten nicht zu erfreuen vermögen, beim Durchgehen der Eigennamenpassage eine gesellschaftlich akzeptierte Lust zu bereiten, seien²¹⁹, *kursiv* hinter die Namen gesetzt, auch einige Signalements der *Caissa*-Liebhaber mitgeteilt (Berufe, Hobbies und andere Adiaphora), soweit wir sie haben in Erfahrung bringen und uns merken können, hauptsächlich Alter, Familienstand, Aussehen und Kleidung. Aber auch Schuhwerk und Accessoires, interessiert sich ja jeder für Sandälchen und Stiefelchen, Hüte und Hütchen (*I have fit on a hat*), Clutches und

---

[217] James Augustine Aloysius Joyce, der, wie alle Vigilen, Gewitter und große Worte fürchtende *Nilknospenrosebuddy* (*A breeze. A caper in the trees. And I'm a rose, buddy!*), das global-irische Emotionenereignis Joyce, Joyce, der uns alle, jeden von uns, gelesen hat, ja, uns Joyce (jedenfalls einer der babelisierend phantomasierenden Halluzinationsavatare von uns Joyce) schrieb noch Namenslisten (*It's no trouble to make lists*). Und nicht nur parodistische, sondern auch, um nicht allein schon in die Endstation Himmlische Ewigkeit eingegangene, sondern auch irdisch zukünftige irische Helden und Heldinnen listig zu rühmen, säkulare, klerikale und heilige. Wobei einige Namen uns Heutigen (wir schreiben den 28. Februar 2022, vierter Tag nach der Zeitenwende (wie altertümlich-längstvergangen sich die neunzehnhunderter Jahre schon heute anhören)) geradezu heilsprophetisch anmuten: *Morgan Robertson, weissage uns, weissach wie's ist!*: Bacibaci Beninobenone (*Commendatore, Doyen der Freunde der Smaragdinsel*), Vladinmire Pokethankertscheff (*Grandjoker (Le Grand Vladimir), Nekro-Tsar, Narr*), Mynheer Trik van Trumps; andere nebelprophetisch: Pierrepaul Petitépatant und Hi Hung Chang: *Sie äußerten sich ausnahmslos in den stärkstmöglichen und verschiedentlichsten Ausdrücken hinsichtlich der namenlosen Barbarei, bei welcher Zeugen zu sein sie soeben aufgerufen worden waren.*

[218] Alle Anwesenden wurden von Moje, unbedacht, entweder als weiblich oder als männlich gelesen, obwohl mancher Mann auch weibliche Seiten zeigte, weibliche Ansichten, weibliche Überzeugungen, schöne weibliche Gesten, Gebärden und Körperhaltungen, schöne weibliche Stimmen, Gesichter und Mienen, und manche Frau männliche Seiten, männliche Ansichten, männliche Überzeugungen, schöne männliche Gesten, Gebärden und Körperhaltungen, schöne männliche Stimmen, Gesichter und Mienen.

[219] Niemand, der unserem Bericht bis hierher gefolgt ist, soll verlorengehen.

Handtäschchen mit eingenähten Taschentuchtäschlein, für Frisuren, Bärte, Tattoos und Steckenpferde, selbst wenn sie nicht immer überzeugen und in Kauflaune versetzen. *O du lieber Lubitschin Lubitschin Lubitschin, o du lieber Lubitschin, alle sind hin!* Puristen mögen über die Zusätze ohne Bedenken hinweglesen.

Sófocles Guy de Brisay Breyner do Borgonha e Avis e Filipina e Bragança e Saxe-Coburg-Gotha – *Geboren 30. Januar 1935, Agrarier, Besitzer eines Schlossweinguts bei Porto, Monarchist, als Student (Cambridge) Polospieler (Number Three), Goethe- und Schopenhauerleser, Liebhaber schöner Grundsätze, Hegelverächter (Hegel, der geistige Kaliban), eine Tochter, drei Söhne – Meerkühle Augen, schwere, lappige Augenlider, zottige Augenbrauen, Zwicker, am Kinn ausrasierter, kurzer, eisgrauer Backenbart, eingesunkene Schläfen, große fleischige Ohrmuscheln, abstehende Ohrläppchen, wulstige Lippen, starke Raubtierzähne, Narbe auf der linken Wange, warme Gattopardo-Burt-Lancaster-Stimme, Altersflecken in der Farbe herbstlich vertrockneten Buchenlaubs auf Handrücken und Gesicht, austerngrauer Nadelstreifenanzug (Zegna, Fabric Nr. 1) mit Weste (zugeknöpfter unterster Knopf), Gardenie im Knopfloch, jacarandafarbenes Seidenfazelet, weiße Schuhe, eine Perpetual 1 (H. Moser & Cie.) am rechten Handgelenk, Gehstock aus polierter Eberesche mit chryselefantinem Knauf und eiserner Spitze*

Floresta – *26, Archivarin, zweifache Dorfsekretärin, Leiterin einer Stepptanzgruppe (zusammen mit Francisco) – Rabenhaar (Oh die Lust, die Hand durch ihr Nackenhaar zu schieben), Jiu-Jitsu-Meisterin (schwarzer Gürtel, 5. Dan), chinesische Brille aus Tsi-Nan-Fu mit sechseckigen, in Metall gefassten Brillengläsern, Eltern Kaufleute (Stoffe Nähmaschinen Wolle Garne)*

Quinta Breyner – *Am 6. Februar 1952 in der Stunde des Hasen um sieben Uhr dreißig als Tochter eines portugiesischen Diplomaten in London geboren, sprach gleichzeitig in zwei oder mehr Sprachen, Jägerin (Ich geh zur Chasse, wenn der Master pennt), bei Hörnerschall aber nur waldgrün, nie friseusenweiß gekleidet, leichter Sonnenbrand am Hals trotz großzügiger Salbung mit Dior Bronze Baume de Monoi Ultra Frais Aprés-Soleil sofort nach dem Sonnenbad, platinblond, seit* vierzig Jahren Ehefrau von Sófocles Breyner (vorher zwei Jahre verlobt), zwei Söhne, elegante Handschrift – Diana-Dekolleté, Tournüre, Opossummuff (in dem sie zwischen den Essensgängen ihre Unterarme verschwinden ließ), extrem federplustrige Federboa, mattgrünes Barett (Caubeen) mit leicht nach allen Richtungen schwankender, dünner, fast senkrechter Habichtfeder, silberne Glasperlenabendhandtasche (Chanel; Silberperls! Die matche grad mei blonde Curls), Hangisi Blue (rechts) und Green (links) Satin Jewel Buckle Pumps (Manolo Blahnik), tabakgefüllte Tonpfeife hinterm Ohr, Schildpattlorgnon, Jagdpeitsche, beim Sitzen um Schoß und Beine geschlungenes langgefranstes Plaid

 Francisco – *Schuldiener, Leiter einer Stepptanzgruppe (zusammen mit Floresta), Landvermessergehilfe (Quinta wusste nicht, was Landvermesser sind (Was um Gottes Willen machen Landvermesser? Wer um Himmels Willen braucht Landvermesser? Jäger brauchen keine. Und was machen Landvermessergehilfen? Und das macht dir Spaß?)), lyrischer Tenor, deutliche (fast zu deutliche) Artikulation, Schlafwandler, flinker Gang (in den Gelenken wie elektrisiert), Karpfenimitator, Ehrentambourmajor der Ponta-Delgadaer Prinzengarde Türkis-Weiß-Schwarz, immer warme, leicht auffahrende Hände, Kirchenchormädchenschwarm, Schönheit eines Sängers, Hymnologe, hätte lieber im achtzehnten Jahrhundert gelebt* – Lugend aus seiner Blusentasche über der gewölbten Brust ein weißes Lämpchen

 Eugénia Bessa-Luis – *Humanistin (sie sprach ihren Vornamen französisch aus, Eugénie, und sprach auch sonst am liebsten Französisch (Oui, oui, vous entendez bien, ce sont de mots français. J'aime un zeste de citron dans mon vin. Ah, des baisers avec la langue, j'adore ça, ma petite Sibylle. Mes ancêtres avaient tous une tendance au suicide, mais aucun ne l'a jamais fait. Pornographie, bien sûr, quoi d'autre? Et le tour est joué), schrieb auch Französisch, aber ohne Akzente (S'il manque des accents, même un flux de pensées banal se transforme en un tourbillon d'idées)), Destillateurmeisterin (Je ne bois du café qu'avec un canard), hatte vor einiger Zeit eine kurze, weil platonische Affäre mit einem französischen Premierminister (Crac, mes petites, pour la France!), Zigarettenraucherin (Parisienne sans filtre, Sirène filtre (Le plaisir de la fraîcheur))* – Träumerischblau über-

fließende Augen, schimmerweiße Zähne, halbgeöffnete, feuchte, schwellendrote Lippen (die Farben der Trikolore), Frisur wie Colette in der Pantomime Rêve d'Égypte, mattkarminrote Scheschia der Ersten Eskadron der Chasseurs d'Afrique mit krokusvioletter Baumwollquaste an Stängelfranse, aprilfliederrosa Boyfriend-Blazer, blauweißrot gestreifter Foulard, bordeauxrote Birkin Bag (Krokodilleder), hahnenkammrote Tom-Ford-Korsett-Pumps mit echtgoldvergoldeten Stilettoabsätzen (Gucci), kurzes Bambusstöckchen

Sibila – *Eventmanagementauszubildende, jüngste Dorfvorsteherin São Miguels, wollte als Jugendliche Trapezkünstlerin werden, Soldatentochter -enkelin -urenkelin -ururenkelin -urururenkelin -ururururenkelin – Bei Zorn schwertlilienviolett aufflammende Augen, glatte Kinderstirn, zarte, langfingrige Hände, coelinblauer Bob (Wasserwellenlook), hinter jedem Ohr (Das weibliche Sinnesorgan!) ein Tropfen Peau despagne*

Augusto Bessa-Luís – *Ehemann (Hoher Gatte) von Eugénia Bessa-Luís, Bergwerksunternehmer, Stadtrat (locum tenens), Asperger-Autist, leidenschaftlicher Bastler von Buddelschiffen (Clipper), Sammler von Erstdrucken literarischer, philosophischer und künstlerischer Manifeste, Sueca-Spieler, von hartnäckiger Jugendlichkeit, ein wenig lasterhaft aussehend, linkes Auge ein wenig kleiner als das rechte, viel zwinkernd, hatte eine von Pfingsten letzten Jahres bis vergangene Ostern währende Phase schwerer Schlaflosigkeitsattacken hinter sich – Pflaumenfarbiges Samtjackett mit astrachanbraunen Ellbogen-Patches, floral gemusterte French-Challis-Krawatte, beulige Kniehosen, rauchgelbe Strümpfe, schmeichelnde Fernsehmoderatorenstimme, creme-farbene Comb-over-Frisur, angewachsene Ohrläppchen*

Fanny – *21, Agrarwissenschaftsstudentin (viertes Semester), Beste ihres Abiturjahrgangs, Zigarilloraucherin, Mitglied der Coligação Democrática Unitária, Zwillingsschwester (zweieiig) Carolas – Pixieschnitt, alabasterweiß lackierte Fingernägel (Kester Black French White), geschminkt wie Audrey Hepburn in Breakfast at Tiffany's, nichtvoyeuristischer anatomischer Blick*

Mario Barreno – *32, Sohn Erbe Feminist, Bewunderer Alexandre Dumas' des Jüngeren, Lettre-International-Abonnent, Liebhaber orien-*

talischer Zigaretten (Mit einer Salem №6 lässt sich am ehesten eine leere Länge durchmessen), Quäker (Ich bin der einzige auf den Azoren), Gelegenheitswerbekomiker bei der Agentur Murchzo e Murchzo (Glück muss man haben), Dreitagebart, kurze dicke Hände, die gepolsterten unteren Fingergelenke edelbesteint beringt, Besitzer eines Juwelen-Leihhauses, Spekulant in US-amerikanischen Bankaktien, unruhig ehrfürchtig – Frack mit Geheimtaschen, Lunor-Klappbrille, in der Wolle gefärbter Pileus, kapitalistische Senator Zeigerdatum Armbanduhr (Glashütte)

Célia – 19, 1,84 Meter, virtuose Klavierspielerin (Chopin Liszt Skrjabin Cage) ohne berufspianistische Ambition, Abiturientin, Organisatorin ihrer Schulentlassungsfeier (Escola superior para as filhas № 1001), Eltern Inhaber eines Ledertaschen- und Schuhgeschäfts – Verblüffende Ähnlichkeit mit der Frau auf Elizabeth Peytons Portrait Chloe, rechts hinkend (Knieverletzung (Meniskusquetschung (unglücklicher Sturz (Skiurlaub vor einer Woche (Langlauf in St. Moritz)))))

Martha Barreno – Geboren 30. Juni 1960, Feministin (Sogenannte weibliche Dinge interessieren mich nicht), mit Mario Barreno weder verheiratet noch verwandt (zufällige Familiennamensgleichheit), Züchterin ausschließlich ewig weiblichblauer Blumen. Mögen Sie blaue Blumen? Ja, wenn Sie sie pflücken. Weiße Blumen meine ich nicht. Dann werden wir sie gemeinsam pflücken) – Tiefe rauchige Altstimme, zusammengewachsene Augenbrauen, fette gewichtslose Hände (das Verbindungshäutchen zwischen dem Mittel- und Ringfinger der rechten Hand reichte fast bis zum obersten Gelenk), von zartestem Flaum überzogene Halswülste, milchblaue Schluppenbluse mit silberner Paillettenaufschrift (HMS Calypso), hyazinthviolette Judith-Leiber-Eidechsenlederclutch, Seidenbloomer in Yves-Klein-Blau

Henrique – Vielleicht Mosambikaner, Apnoetaucher, Speläonautiker, Sphagistiker (Hakuna Matata. Et hätt noch immer jot jejange), Charleston-Tänzer, Student am Departamento de Ciências Agrárias der Universidade dos Açores in der Bischofsstadt Angra do Heroísmo auf der Nachbarinsel Terceira – Kleiner athletischer Körper, Dreadlocks, Elefantenorden an einer dünnen silbernen Halskette (Erbstück vom Urgroßvater), silberner Ohrring links

Loula Lycisca Jorge – *Lyrikerin (drei veröffentlichte Gedichtzyklen (Rolas, Supermulheres, Castelos (Editora Antonia-Maria d'Alma, Lisboa))), Titularprostituierte des Tempels der verborgenen Götter am Ufer des heiligen Ganges bei Varanasi, selbstvergessen vulkanisch leidenschaftlich – Schräg stehende graublaue Wildkatzenaugen, Lorgnon, Pagenfrisur, Halskette aus Wassertropfen, senforangegelbe Fendi-Baguette-Bag, auf der kurvigen Hüfte sitzender kurzer, safrangelber Kilt, seidenlaubenvogelschwarzseidener Gucci-G-String, pantherschwarze Louboutins, kleines Yin-Yang-Tattoo links neben dem Bauchnabel, drei Schönheitspflästerchen (eine Fliegen-, eine Mondsichel-, eine Stern-Mouche) auf dem Po, Lieblingsgeste: verschlungene Hände vor der Brust (Ach der Ruf des Herzens!)*

Carlos – *Rezeptionist im Hotel Azor in Ponta Delgada (Woher kommst du? Wohin geht's? Welcome!), Windsurfer, Lambadatänzer, gelegentlich Komparse in Fernsehkrimis (Meistens einer der Gaffer am Tatort), Sammler von Autogrammkarten berühmter UFA-Schauspielerinnen der 1920er Jahre*

Ly Jorge – *Pilot, Sammler alter Feld- und Münztelefone, Signalflaggen und Harsthörner (Das älteste ist ein am 2. März 1476 in der Schlacht bei Grandson am Neuenburger See geblasenes heroisches Uri-Harsthorn, ein Uristier), Golfspieler (Die besten Männer spielen Golf), vierter Ehemann von Loula Lycisca Jorge, geborene de Miranda, ge-schiedene Vieira, geschiedene Herculano, verwitwete Verde – Badeschwammblond, napoleonbrainapartistische Stirnlocke, kräftige weibliche Lippen, schwarzes Netzhemd, doppelte Panzerkette mit Petschaftsanhänger, breitkragige schwarze Narbenlederjacke, Tapferkeits-Verdienst- Kriegs- Ritter- Bürger- Arbeiter- Tempel- Domkapitel- Karnevals- Blech- Gold- Silber- Gummi- Feder- Leder- Bienen- Ameisen- Adler- Schlächter- Vergewaltiger- Räuber- Intellektuellen- Wissenschaftler- Techniker- Ehren- Sportlerzeichen -orden -nadeln -kokarden -plaketten -medaillen, sehr enge, lange, weiche schwarze Lederhose, breite rote Hosenträger, glänzendschwarze Black Jack Boots 705 Natural Caiman*

Eva – *Soldatin (Panzergrenadierbrigade 99 (O invencível)), Pokerspielerin, Picasso- und Hemingwayverehrerin – Gerstenmalzblond, un-*

schuldig, starker französischer Zopf, um die erzene Stirn gebundene rote Faixa, Mutter Kaffeerösterin (La brasiliana), Vater Greißler in Wien Alsergrund

Marius Alcoforado – 62, Ostiarius S.J., Hobbyhafner mit selbst gebautem Anagama-Brennofen (Freund heiteren Dekorums) – Unbeweglich um den Schädel geordnetes helles, eichenmattes Haar, Koteletten, schüchtern standhaltende rauchblaue Augen, wohlgestalteter Mund, ebenmäßige weiße Zähne (zwei Backenzähne goldplombiert), Wattebausch im rechten Ohr, Stimme fließend krächzend sonor, Krötenbauch, lange muskulöse Arme, große Hände, steifer, loser, langauslaufender Kragen, auf einer Seite hochgewinkelter schwarzer Schaufelhut, dick und lasch gebundener kunstseidener Schlips, primelgelbe Weste, kurze, enge, neue flohfarbene Handschuhe, vitriolgrüne Stiefel, sophophil, erzählte mehrmals begeistert von seinem Palmyrabesuch im März (Baalschamin, Bel, Aglibol, Jarchibol!) und seiner anschließenden Nilreise, während der er beinahe von einem riesigen, von ihm erst im letzten Augenblick bemerkten Krokodil gefressen worden wäre, das sich ihm völlig unmerklich, leise elegant von einem flachen Schlammkissen herabgeglitten, genähert habe, wenn da nicht ein riesiger Anker gelegen wäre, in dessen riesige Schaufel (Wirklich wirklich riesig!) das Untier lieber gebissen hätte

Gabriela – 24, Teppichweberin, Marathonläuferin, Weinhandelsgehilfin, Vater aus Andalusien eingewanderter Winzer, Entscheiderin in der Familie, Cineastin, Fan des Fußballvereins Clube Oriental de Lisboa – Sehr heller, beinahe weißer Teint, im fünften Monat schwanger (Ich weiß nicht, was es wird, getrennt-, gemischt- oder gleichgeschlechtlich)

Jesus da Gloria – Zwischen 30 und 40 Jahre alt, in Me'a Sche'arim geboren (technisch, secundum carnem), hauptberuflich Fischer (Muräne, Barrakuda, Meerschwein, Thun, Krake), nebenberuflich Reliquienhändler (Heiligenreliquien, aber auch Reliquien von Göttern und Halbgöttern (Haut des Marsyas)), polyamor, dreimal verheiratet und geschieden, für Frauen bestimmter süßer Blick, ohne verführen zu wollen, Sohn des Herausgebers der Wochenzeitung El Mundo Sagrado (Beste Zeitung für Kleinanzeigen), in seinen ernsthaften Jugendjahren *ausgezeichneter Turner (Ich war der Stolz meiner Eltern), verfertigte in der Freizeit weihnachtliche Laubsägearbeiten für Freunde und Verwandte – Rissige Hände, kräftiger warmer Händedruck, glattrasiert, römisches Profil, malbec-dunkle Rastalocken, knochenharte, scharfkantige Statur, umgänglich, sonnengebräunt, polyglott (außer Portugiesisch und Englisch: Spanisch, Ivrit, demotisches Französisch, Italienisch, Rätoromanisch, Griechisch, Rumänisch, Katalanisch, Syrisch, Ladinisch, Libanesisch, Sardisch, Galicisch, Jordanisch, Okzitanisch, Asturisch (dazu einige ausgestorbene Sprachen (Faliskisch, Liburnisch, Messapisch, Oskisch, Pikenisch, Umbrisch) und eine Unzahl Dialekte)), kleine, feine, reine Jesuitenstimme, goldbrokatgefasste byzantinische Dalmatik (Sie bedeutet mir Heimat. Ich möchte nicht meine Heimat verlieren. Weißt du denn, wo deine Heimat liegt?) mit herzförmigem Hello-Kitty-Aufnäher links auf der Brust, Fer-de-Lance-Ledersandaletten im Bondage-Stil (Christian Dior (John Galliano)), goldene Halskette, Anchkreuz aus Eisen*

Magdalena – *17, Parfümeurin, Vater Lehrer für Latein und Griechisch, beide Großmütter als Mädchen begeisterte Salazar-Anhängerinnen (Eine ihnen anerzogene Begeisterung) und Mitglieder der Mocidade Portuguesa Feminina – Brandrote Haare (Sleeklook), parabelförmige Augenbrauen, scharfe, gebogene Nase, spitze Zähne, Wangengrübchen, Sommersprossen, biegsam wacher Körper, weich samtener Mezzosopran*

Maria da Gloria – *Sieben Jahre jüngere Schwester Jesus da Glorias, promovierte Hochbauingenieurin, Neckname Mary Celeste, Bordellbesitzerin (Es hat auch Vorteile, nicht verheiratet zu sein) – Barfuß ein Meter vierundfünfzig groß, riesige goldene Ouroboros-Ohrreifen, selbstgewebtes, gold- und amiantdurchwirktes, hyazinthblau-purpurviolett-scharlachrotes Halstuch aus selbstgesponnenem Leinen und selbstgesponner Seide, schillerndschwarzes Mini-Spitzen-Straußenfederkleid, goldene Spange mit fein ziselierter Jagdszene (Hund packt mit Vorderfüßen zappelndes brüllendes Hirschkalb), schwarz-blassgelbschwarzer japanischer Schirm (Kathleen Newtons Schirm auf dem Gemälde The Hammock ihres Liebhabers James Tissot) mit vergoldetem Griff (eingraviertes MdG), Claddaghring am Ringfinger der rechten*

Hand (Herzspitze zur Fingerspitze zeigend), Schlangenlederclutch (Carlos Falchi), zartblausmaragdene, zart schnalzende Point-d'Alençon-Spitzenstrumpfbänder, Mary-Jane-Pumps mit Samt-Holz-Plateauabsatz (Balenciaga)

Pedro – *Goldschmied, Aushilfsschlattenschammes, Freizeittoponomast, Mutter Inhaberin einer Haifisch- und Dorschtran-Abfüllfabrik, Vater Gesangslehrer (Nicht ganz bei Verstand, lässt seine Schülerinnen jahrelang nichts als Solfeggien und Vokalisen singen) – Goldzahn u.l. (36), kurze maisgelbe Haare, schwer über die vorstehenden Augen sich wölbende Lider, langgliedrig, selbstgefertigte Schmetterlingsbrille aus Horn mit Strassbesatz*

Saudade Espanca – *35, geboren in Mailand, Urologe (Medizinstudium in Bern), Methodist, Liebhaber alter Landsportarten (Deichselspringen, Kerzenausblasen, Steinstoßen, Steinrollen, Steinschwingen) – Ruhige Stimme, bei Erregung glänzende Falte unter der Nase, Stirnglatze, mokant stolze Haare (wie Stahlwolle), traurige Augen, lange dürre Beine, lange Taille, hohe Schultern, lange dünne Finger, cremeweißes Dinnerjacket mit moiriertseidenen Spiegeln, Schachbrettwappenschottenrock, Anstecknadel des Oxford University Boat Club, schwarze Seidenschleife, blendendweißes Satinhemd mit Knöpfen aus Perlmutter, Wickelgamaschen über derben Wanderschuhen*

Alma – *Gerichtsreferendarin, Carilloneuse – Große maurische Augen, maronenbrauner Pferdeschwanz, Sylphendiadem, rosenholzfarbene Lippen (Rouge G de Guerlain), Gelegenheitshaschischraucherin, Vater Galanteriertikelhändler für törichte, unbehaubte Mädchen und aufmüpfige Backfische (ausschließlich beste französische Ware), Mutter Chocolatière (Spezialität Chili-Schokolade)*

Bela Espanca – *Geboren 8. September 1958, Unternehmerin (Touristik), Mutter von Saudade Espanca – Niemals zuckende, geschäftstüchtige Augen (Dschungelaugen), Glengarry Bonnet, ahornrote Hose, goldgeschlitzte Jacke, breite damastene Schärpe (Schimmer und Farbe wie frische Zwiebelschalen), Christian Dior Brown Monogram Canvas Rasta Saddle Bag, goldene Armringe, griechische Sandalen, mit anämischen syrischen Juwelen besetzter Zehenring (großer Zeh rechts (GCG)), hatte in Honduras Hahnenkämpfe gesehen und träum-*

te seitdem jede Nacht, eine berühmte honduranische Kampfhahnzüchterin zu sein

Apeles – 27, Petrograph, Tamburinspieler, Sportwetter (Baseball, Galopprennen, Poolbillard, Hahnen- Hunde- Stierkämpfe), Sammler frommer brasilianischer Wallfahrtsmedaillen, Amulette, Skapuliere und Keuschheitsgürtel, Verfasser einer Kurzbiografie Candido Chagas Furacachopos' – Brillant im linken, zwei Brillanten im rechten Ohrläppchen

Clemência Céu – 33, Balletttänzerin (begeisterte Besucherin der Hamburger Uraufführung von Jérôme Bels The Show Must Go On am 29. September 2000), Bewunderin Louis-Ferdinand Célines, Mitglied der Sociedade Antroposófica em Portugal, Erfinderin welliger Melodien, Vater Kohlenhändler – Bei starker Aufregung sichtbar pulsierende Halsschlagader, brillantenbesetztes Gagatcollier, lavendellila Nappalederleggins mit laszivem Leomuster, mitternachtblauer Leder-Kegel-BH (Gianni Versace), lohrote Lackloafer, George-Gina-Lucy-Handtasche

Antónia-Paulina – Ichthyologiestudentin, Akolythin, Zeichnerin einer unveröffentlichten Graphic Novel (Odisseu se aposentou), während der letzten Sommersemesterferien Kassiererin in einem Hutgeschäft (Ich liebe schöne Frauen mit schiefsitzenden Strohhütchen) – Pony (Ich wollte keinen Pony, ich wollte ihn nur im Moment), Großeltern väterlicherseits: Heizer vor den höllischen Kesseln eines Dubliner Walfängers, Packerin am unerbittlichen Fließband einer Triester Brühwürfelfabrik; mütterlicherseits: Plongeur in der Kantine des Zürcher Rathauses, Zugführerin bei der Pariser Metro (Ligne 1: La Défence – Esplanade de la Défence – Pont de Neuilly – Les Sablons – Porte Maillot – Argentine – Charles de Gaulle – George V – Franklin D. Roosevelt – Champs Élyssée – Clemenceau – Concorde – Tuileries – Palais Royal – Musée des Louvre – Louvre – Rivoli – Châtelet – Hôtel de Ville – Saint-Paul – Bastille – Gare de Lyon – Reuilly – Diderot – Nation – Porte de Vincennes – Saint-Mondé – Tourelle – Bérault – Château de Vincennes (Ich kann die Stationen auswendig, vorwärts und rückwärts, so oft hat Oma sie mir aufgezählt))

Mario Céu – 53, Ehemann von Clemência Céu, Master of Divinity der University of Saint Mary of the Lake (Chicago) (Ich rede vor Unwissenden und Ahnungslosen), Professor für Pastoraltheologie (Mein Fach ist die Diebes-, die Betrüger-, die Mörderseele), Campanologe, Liebhaber spätmittelalterlicher Musik, versiert in zehn Instrumenten (Appenzeller Hackbrett, Gotische Harfe, Krummhorn, Laute, Rebec, Sackpfeife (Hümmelchen), Schwegel, Trumscheit, Violine, Waldhorn), hatte Anfang des Jahres in Wien eine Eierstockentzündung auskuriert – Dünne perlgraue Haare unter perlgrauer, schleifenverknoteter Rokobüffelhaarperücke, dicke perlgraue Augenbrauen, an das Meer, über das Wolken fliegen, erinnernde, etwas vorstehende perlgraue Augen, langes Kinn, Hakennase, maßgeschneiderter zweireihiger, weicher, perlgrauer Flanellanzug, blassnilgrünblauer Satinschlips (exquisit exquisiter Kontrast), orientrote Edelsteinkrawattennadeln, Armbanduhr von Patek-Philippe (CH 29-535 PS) mit perlgrauem Platinarmband

Marina – Model (Fotomädchen, schlangenartiges Strandmädchen (klassische butterweiche Kurven (Oh Gerty, oh Gerti, oh Gertyi))) – Brünett, mandelbraune Strähnchen, Louise-Brooks-Bob, slawisch hohe Wangenknochen, Maskaraaugen, Chanel N° 5

César Meireles – Etwa 1952 geboren, Odaliskenbildhauer, Kunstmaler (symbolistischfigurativ (aschebedeckte Kreuze, Messer, Gabeln, galoppierende Schweine, großohrige Buddhas), aber auch naturalistisch (Heidelandschaften (mithilfe eines Claude-Glases) und Porträts (ebenfalls mithilfe eines Claude-Glases: Es will jeder so gemalt werden, wie er sich selbst sieht))), private Sammler weltweit, Freund (Bierbankgenosse) Jorge Gattais (1987 hatten sie nach einer verlorenen Wette neunundvierzig verschiedene Biersorten innerhalb einer Woche verköstigt), Richard-Wagner- und Deep-Purple-Fan, Philanthrop, hatte mit siebzehn wegen Priapismus erwogen, Trappist zu werden – Über die Ohren zurückgekämmte lange, stumpfblonde Haare (Nicht gefärbt!), künstlerisch zerfurchter Ponem (Ungeschminkt!), glasigblau wässrige Augen, Sinn-Spezialuhr-6100-Régulateur-Rotgold, tintenschwarze Embarquement-Immédiat-Robe mit tiefem, in flüsterrosa Satin gehülltem Rückenausschnitt (Thierry Mugler), karamellbraune Acne Pistol Boots

Clara – Schauspielschülerin (Mimodramatik (Augenaufschlag wie das des perlengeschmückten, patschhändigen Mädchens auf Jean-Baptiste Greuzes Gemälde Le Souvenir (Ich liebe kleine Hündchen))), Sobriquet Ranke, Aushilfsausschankmädchen im Arete, Wohnung im sechsten Stock eines Hauses ohne Aufzug – Bubikopf mit eingeflochtenen, bunten, kurzen Maschen und Bändern, leuchtend grüne Augen, Lipgloss (Alverde Ruby Red), Liebhaberin von Apfelklößen (Venus Pippin, Der Geschmack hält himmlisch lange vor), beschwingt schwingender Schauspielerinnenschritt (Was sonst?)

Solombra Meireles – Exfrau von César Meireles (Dritthalbjahr war ich sein Weib), exakt zweiundzwanzig Jahre jünger als ihr Exmann, Franz-Schubert- und Beatles-Fan, Bankprokuristin, zwischen Abitur und Studium dreieinhalb Jahre lang Flugbegleiterin – Von einer Renaissanceagraffe zusammengehaltenes zartblaues Wickelkleid mit zartem Kirschblütenprint (Sternenfall, Federwölkchen, rosig angehaucht), rauschender seidener saphirblauer Unterrock mit Sonnenstrahlenfalten, saphirblauer Slip, Schnürkorsett (ungestüme Wespentaille), melonengelbe Nylonstrümpfe mit Naht (keine Strapse), Sinn-Spezialuhr-900-Flieger, goldene Halskette mit eingelassenen Bernsteintropfen, Mutter neapolitanische Mamma, Vater Salzburger Droschkenkutscher (Wenn Papa Amerikaner oder Chinesen fährt, singt er Liebeslieder, immer auf Italienisch, wegen Mama)

Fernando – Visagist, Schofarhornbläser, Kabbalist, Liebhaber giftgrünen Wackelpuddings mit Vanillesauce (Welch ungeheure Macht steht hinter Wackelpudding mit Vanillesauce!), Mitglied bei Attac, Kassenwart der Associação de bordéis para o ecumenismo e a paz mundial

Teodoro di Gersão – 67, Neckname Teo di G, Komparatistiker, Sammler englischer Teetassen, Pfeifenraucher (langes Bambusrohr, Frauenhaupttonkopf), Cineast (Lieblingsfilm: Der blaue Engel), Besitzer eines glücklich kastrierten Katers namens Aníbal – Teint weißen Spargels (zu wenig Schlaf (Ich schlafe, einmal geweckt, nicht wieder ein)), fächerartig über die Klippen der Stirn zur Nasenwurzel sich hinziehende Falten, todbesetzte Nasenspitze (Ich betrachte nie meine Nasenspitze), gepuderte Rokokoperücke, schwarzer Anzug, Logenmeisterschürze, Schärpe mit Großkreuz und Bruststern des Ordem da Instrução Pública

Lourenço – *Angolaner, Enkaustiker, Rechenkünstler (Spezialität: Berechnung der dreiundzwanzigsten Wurzeln der natürlichen Logarithmen dreiundzwanzigstelliger Zahlen), Mitglied der Sociedade Portuguesa para a Divulgação do Conhecimento Científico (Província dos Açores), Zeitungsannoncenakquisiteur, Street-Style-Star – Brosche (glühende Lava speiender Vulkan) aus geschwärztem Silber und Koralle (Therese Hilbert)*

Joâo Lispector – *Grundschullehrer, Organist, Cakewalklehrer, Anhänger der Gesellschen Freiwirtschaftslehre, Freimaurer, Fabianer, Free-Solo-Kletterer, Vorsitzender der Sociedade para o renascimento e promoção da cultura física tradicional e das antigas diversões, jogos e desportos de São Miguel, schlief am liebsten mit von ihren Männern ausgehungerten Richterfrauen, bis sie nicht mehr konnten, hatte Ahnungen (hatte immer Ahnungen: Hup hup, hup hup, ich ahne, ich ahne), Verfasser des Handbuchs Die Ethik des Kartenspiels unter besonderer Berücksichtigung von Piquet, Bézique und Jass (Kokain oder Karten? Karten!), Intendant der privaten São-Migueler Höhlenopernfestspiele (Die einzige Oper der Welt in einer Höhle! Mime, Siegfried, Drache, Alberich, der Nibelungenschatz!), Leiter einer Ländlerkapelle – Flachshaarig (eine Haarsträhne stand vom Hinterkopf ab wie die Feder beim Wiedehopf), klein, schmalschultrig, befehlshaberisch, kariertes, maigrünes Top mit transparenten Einsätzen (Comme des Garçons), sanftmütig*

Laura – *26, Ozeanographiestudentin, Jongleurin, Posaunistin, Eltern Inhaber einer Korbflechterei (Meine Eltern lieben und verehren mich abgöttisch), Großvater mütterlicherseits lyrischer Nagelschmied, väterlicherseits elegischer Steinbrecher – Geflochtene Kranzfrisur*

Maura Lispector – *Neckname Paloma, Herzchirurgin (Ich repariere defekte Pumpen), Ehegattin von Joâo Lispector, Sammlerin viktorianischer Post-mortem-Fotografien junger Mädchen auf Schaukeln, auf Wippen, in von spitzkuppligen Himmeln beschützten Wiegen – Dirndl (Alabasterbusen), ultramarinblaue Céline-Micro-Luggage-Tote-Bag, schwadengraues Kopftuch mit niedlichen weißen und roten Kringeln und Tupfen (Ilse-Werner-Kopftuch (Große Freiheit Nr. 7)), hohe rehbraune Schnürstiefeletten mit baumelnden Senkeln (So hab ich immer was zu erzählen), Zungenrollerin*

Ian – 26, Ire, Missionar, Drop-Shot-Angler, Feuerfachmann in Feuerwehrangelegenheiten (Feuerwehrobmann), Kohlenhandelsgeselle, Keel-Row-Tänzer, Kricketspieler

Ernesta Gattai – 49, Kommunistin, Kaminbauerin, Kommunalpolitikerin, Vielseitigkeitsreiterin (Schweinerücken, Normandiebank, Sunken Road, Trakehnergraben, Coffin, Eulenloch, Bullfinchhecke), Sportreiterin (S** Steinmauer, Oxer, Fünferhürde, Triplebarre, Hogback, Liverpool), portugiesische, spanische, russische und schweizerische Staatsbürgerschaft – Hinten geknöpftes (nicht alle Knöpfe waren geknöpft, einer war den Weg aller irdischen Knöpfe gegangen), braunes, skapulierartiges Schulterkleid (Entwurf Danilo Donati), schwarzes Samthalsband mit aufgenähten Petersburger Granaten, Vierzigerjahre Retrolook Sonnenbrille (Chanel), eisblaue Elsa Schiaparelli Topaskugelohrringe, braunlederne Reitkappe mit aufgestickter schwarzer 1 (Eins één én ena ét ett ένα jeden jedna jedničku one um un uno unu üks yksi (Die Eins ist unübersetzbar! Unununununununununununununununünübersetzbar!))

Ernesto – Ornithologe, Stimmenimitator, auf den Tag so alt wie James Joyce am achtzehnten Tag nach dem Fest der Heiligen und Ungeteilten Dreifaltigkeit im Monat der Ochsenäugigen Göttin im Jahre des Herrn Neunzehnhundertvier, aber älter aussehend, Sperberkopf auf langem, sehnigem, abgebranntem Hals, Gesicht, das von vorn etwas Lebloses und Erloschenes hatte, aber im Profil (kühn geschwungene Stirn, tiefer Einschnitt über dem Nasenrücken, scharfgeschnittene Hakennase, kurzes, gewinnend rein auslaufendes Kinn) eine eigenwillige Persönlichkeit anzeigte, fülligauskragender Brustkorb – Ein Urahn hatte beim Bau der Chinesischen Mauer als Ziegelsteinformer mitgewirkt

Jorge Gattai – Geboren 7. März 1971, Metallbildhauer, Freund (Bierbankgenosse) César Meireles' (1987 hatten sie nach einer verlorenen Wette neunundvierzig verschiedene Biersorten innerhalb einer Woche verköstigt), Anarchist (Erster Vorsitzender (Generalsekretär) der PAnaP (Seção São Miguel, Die mitgliederstärkste Sektion der Azoren)), Ehemann Ernesta Gattais, lachte manchmal grundlos (I married the girl with the strawberry curl), staatenlos – Cornrows, unterschiedlich große Filibusteraugen, verwegen aussehendes Gesicht,

Pykniker, Breguet-Armbanduhr (La Tradition), Goldmünze an heißer Stirn, Tunika (Snakelook)

Carola – *21, Fremdenführerin, Zwillingsschwester (zweieiig) Fannys, Landschaftsfotografin (dramatische Landschaften) mit Hang zu Unter- und Überbelichtung – Antoupierter Langhaarschnitt*

Gabriel Trindade – *50, Rekommandeur, Betreiber einer Geisterbahn, als junger Mann fünf Jahre lang in der Légion étrangère, einarmig (Mähdrescherunfall), Fan Peer Sloterdijks, duftete nach omanischem oder indischem Weihrauch, Briefmarkensammler, dreifaches Kinn, speckfaltiger Nacken, apoplektischer Teint, Chakrasamvara-Tantrist, Temperenzler, Immobilieninvestor, Sohn eines Knechts und einer Baroness (stolz darauf (Ich bin in einem Schloss geboren)), Vertretergattinnen- und Karaokeliebhaber, Schreiber von Leserbriefen an den Mictório do Mundo Livre – Mandarinenkimono aus mimosengelbem Nanking (Eidechsenmuster)*

Kamona – *24, Thaumatologin, Hebamme, Bijuga aus Binte – Big Hair*

Alexander Czenjechin – *49, in Kiew geborener Russe mit monegassischem Pass, Oligarch, Dollarmilliardär, moorbraunes Jackett, admiralblaues Hemd, schilfbraune Wildlederschuhe*

Hilda – *Pianistin, Diseuse, schattigblaugraugrüne Iris mit metallischen Einsprengseln, Tetrachromatin, phäakengelbroter Kurzhaarschnitt*

Cristiana *silberweiß*, Dulce *mahagonibraun*, Fátima *hellgrau*, Glória *schwarz*, Noémia *strohblond*, Veronica *honigblond*, Yohanna *brünett*, Adalgisa *fehbraun*, Adriana *hennarot*, Andréa *kupferblond*, Beatriz *schiefergrau*, Carola *zimmetbraun*, Gilda *erdbeerblond*, Lya *pink*, Marina *wüstenfarbig*, Nélida *havannabraun*, Patrícia *tizianrot*, Rachel *nordischblond*, Violante *kupferrot*

Köchinnen *rosenrote Strähnchen*, Serviererinnen *seladongrüne Strähnchen*

21

Gegen Viertel vor acht bat Vasco seine Gäste zu Tisch. Die Kerzen brannten festlich, die Deckenlampen über den Tischen waren auf ein sanftes Glimmen heruntergedimmt, die eleganten Weingläser mit einem Schluck bernsteinfarbenen Weißweins, die facettierten Wassergläser mit fein perlendem Vartry-Wasser gefüllt. Aus den Lautsprechern rieselte Manuel Göttschings *Ruhige Nervosität* der 1984 (Todesjahr Paul Diracs) veröffentlichten LP *E2-E4*.

Cela ging mit Moje zu dem an der pfefferminzbonbonweißen Fensterwand stehenden Speisetisch (*Man hätte der Wand auch ein anderes Weiß. Weiß Gott. Mauszahnweiß. Eisbeinweiß. Nashornhornweiß*), bat ihn, sich auf der Saalinnenseite auf den mittleren Stuhl mit Blick auf den Lagoa Verde zu setzen, und setzte sich rechts neben ihn. Links neben Moje nahm Marina Platz, das slawisch anmutende, zweiundzwanzigjährige, verwirrend verführerisch in den sechsundsechzig Jahre älteren, von Ernest Beaux kreierten, von Coco Chanel als Weihnachtspräsent für besondere Kundinnen glücklich ausgewählten, in einem bauhaus-dadaistischen Flacon abgefüllten, von Pierre Wertheimer erfolgreich vermarkteten Duft[220] gehüllte Model. Ihm gegenüber, hinter einem weißgrünen Schachbrett mit Staunton-Figuren in Grundstellung, Alexander Czenjechin, der russische, keinen wahrnehmbaren (weder einen natürlichen noch einen synthetischen) Geruch ausströmende Oligarch, den die angenehm fruchtig nach *Goutal Petite Chérie* duftende Pianistin Hilda und die ebenfalls

---

[220] Die von Wertheimer gemeinsam mit Théophile Bader und Coco für die Herstellung und den Vertrieb von *Chanel N° 5* (Rosenblätter, Orangenschalen, Bitterorange, Ylang-Ylang, Veilchen, Tonkabohnen, süße Akazie, Rose, Pomeranzenblüten, Mairose, Maiglöckchen, Jasmin, Iris, Gewürznelke, Zimt, Zibet, Vanille, Storax, Sandelholz, Patschuli, Moschus, Kumarin und Eichenmoos) gegründete Firma *Parfums Chanel* hatte Coco, unzufrieden mit der vereinbarten Zehnprozentbeteiligung angesichts des offenbar für sie überraschenden Erfolgs des Unternehmens, in den Neunzehnhundertvierzigerjahren unter Verweis auf ihre arische Abstammung vollständig in ihre manikürte Hand zu bekommen versucht.

nach Pfirsich und Birne, jedoch nicht nach Rosenmoschus, also nicht nach Florodora duftende Archivarin Sibila einrahmten.

Das sanfte Licht der Kerzen sprenkelte die Irisse von Alexander, Hilda und Sibila mit Lichtpünktchen.

Zwar war der im Osten über dem bewaldeten Kraterrand blassblau strahlende Himmel, Fingerabdruck des nicht an Vollkommenheits-, Wahrheits-, Gerechtigkeits-, Barmherzigkeits- und Schönheitshinweisen sparenden Gottes, noch nicht abendlich herzzerreißend eingetrübt, die leicht abfallend zum Wasser (*Ob der See im Winter zufriert?*) führende Rasenfläche aber schon nicht mehr von der Sonne beschienen. Der vom westlichen Vulkankamm geworfene, zusehends schneller vorangleitende, kühl dämmrige Sonnenschatten hatte bereits das jenseitige Ufer angegriffen. Ein letzter Schein der niedergehenden Sonne lag auf dem gegenüberliegenden Kraterhang, der unwirklich smaragdgrün leuchtete, eingerahmt von der Blässe des östlichen Himmels und dem Todesdunkel des verschatteten Sees, über den plötzlich der milchweiße Schwanenkamm einer wie aus einem Nebel gekommenen Starnberger Ludwigsgondel vorüberschwebte. *Fehlt nur, dass ein alter Schwan in sie hineinklettert. Boot, Schwan, Woge. Sterben Schwan in Schwan.*

Nachdem die Gäste sich gesetzt und eine gewaltige Standuhr aus einem entfernter gelegenen Apartment achtmal geschlagen hatte[221] (*Stunde des Hundes*), begab sich Vasco mit Yohanna und Violante, die sich rechts und links neben ihn stellten, in die Mitte des Gastraums, überblickte mit stolzer Bewunderung die ihm wohlbekannte schöne Küche, drehte sich zu den Gasttischen um und horchte dem noch nicht verklungenen letzten Uhrschlag nach.

---

[221] Es musste eine gigantische, unverdorbene Uhr mit einer Lunge aus Messing sein, so ausnehmend musikalisch (klar, klingend, tief) klangen die acht Glockenschläge, deren Wehen Moje an den Wangen fühlte. (Diese Uhr aufzuziehen, wird bestimmt nie vergessen.) Bald würde der Frühlingsabend beginnen, den Garten, den Wald, den See zu entfärben und mit einem silbernen Licht zu überstreuen, so dass Garten, Wald und See eine einzige zusammenhängende Landschaft würden.

»Ist es nicht beruhigend, dass es keine marmorne Kuckucksuhr ist, die uns die Stunde schlägt?«

Nach einer zunächst bebend resonierenden, dann leise ausschwingenden Minute war der Schlag verklungen.

»Dear friends!« Er hatte von Portugiesisch auf Englisch gewechselt. »Ich sehe zu meinem allergrößten Vergnügen, dass niemand fehlt, den ich zu unserer ästhetisch wie ethisch so überaus erfreulichen Lustbarkeit heute Abend hierher in mein kleines azorisches Refugium eingeladen habe. Alle seid ihr meiner Einladung gefolgt. Keiner hat Ochsengespanne gekauft und musste sie besichtigen oder einen Acker und musste ihn prüfen. Niemand hat geheiratet und musste in die Flitterwochen. Ich muss nicht zornig werden. Keiner von euch ist nicht da und muss sich die Küche vorstellen. Euch allen määrci, määrci, määrci vilmal!«

Kichern und Grinsen. Mario Céu lachte laut bellend, schleckig. Vasco breitete die Arme aus.

»Heute vor einhundertzweiundvierzig Jahren verließ der keine andere Sprache als Polnisch und Französisch sprechende Józef Teodor Konrad Korzeniowski mit dem britischen Kohlefrachter *SS. Mavis* die *Marseillaise*-Stadt Marseille mit dem Fahrziel Stamboul, eine für ihn hoch bedeutsame Reise, endete sie ja in Englands östlichster Stadt, in Lowestoft, in deren Outskirts das eindrucksvolle *Somerleyton Hall* liegt, ein damals in jeder Hinsicht prächtiges Country house[222]. Da ich von dieser Fahrt allerdings schon einmal berichtet habe – wie ihr euch erinnert, in meiner Begrüßungsrede unserer ersten *Caisserie* am 4. August 2004, dem achtzigsten Todestag Joseph Conrads –, werde ich euch heute von einer anderen bedeutenden Reiseabfahrt sprechen, die sich zwar erst morgen jährt, aber eminent portu-

---

[222] Gabriela, die am linken Tischende gegenüber mit ihrem vornehmbleichen Gesicht sehr malerisch neben dem braungebrannten Jesus saß, stand auf, formte ihre Hände zum Fernrohr und blickte bei geschlossenem rechten Auge mit dem andalusisch scharfsichtigen linken Auge durch das Fernrohr hindurch in Richtung Küche, den Oberkörper wie ein präzessierender Kreisel langsam im Kreis bewegend.

giesisch ist. Außerdem, wer schon will erzählen oder hören, was er schon einmal erzählt oder gehört hat?«[223]

Er besah seine Hände.

»Morgen vor dreihundertachtundvierzig Jahren«, Vasco begleitete seine Rede mit sanften, wellenförmigen Handbewegungen, »am 25. April 1662, sechsundvierzig Jahre nach der dramaturgisch ehrenvollen Grablegung Shakespeares auf dem trinitarischen Gelände der *Holy Trinity Church* und hundertzweiundfünfzig Jahre vor der militärisch ehrenhaften Abreise Napoleon Bonapartes aus Fontainebleau in die Verbannung nach Elba, schiffte sich Catarina de Bragança, die dreiundzwanzigjährige, teetrinkende, im Kloster erzogene jungfräulich ehrbare Infantin von Portugal, viertes Kind König Joãos IV, *Rei de Portugal e dos Algarves, d'Aquém e d'Além-Mar em África, Senhor da Guiné e da Conquista, Navegação e Comércio da Etiópia, Arábia, Pérsia e Índia, et cetera*, im Hafen der warmen, sonnigen Residenzstadt Lissabon mit standesgemäß stattlichem Gefolge und ansehnlicher Mitgift – ihre schimmernde Prinzessinnenbüchse enthielt gewaltige dreihunderttausend englische Pfund, das marokkanische Tanger, das westindische Bombay sowie erfreulich lukrative Handelsprivilegien für Brasilien und Ostindien –, kindlich ehrerbietig zur Überfahrt ins neblige Albion ein, um durch die schon während ihrer frühen Mädchenjahre eingefädelte höchstadelig ehrenwerte Eheschließung mit dem an englischen Ehren reichen, achteinhalb Jahre älteren, biertrinkenden, sich weniger für die Seelen als für die Körper von Frauen interessierenden englischen König Charles II, *By the Grace of God King of England, Scotland, France and Ireland, Defender of the Faith, et cetera*, Portugals ehrwürdige Unabhängigkeit vom ehrgeizigen Spanien zu sichern, was, wie wir alle wissen, ja auch absolut nötig war.«

---

[223] Hinter sich hörte Moje zwei Männerstimmen. *Pfeif mal! Warum? Zum Spaß. Wie? Wie ein Boot, und einen langen, aber leisen, sehr lufreichen, zudem unprofessionellen Pfiff, Pffffffffhhhhhffflhfh, Fatrasisch, fatrasisch, Ich liebe phosphoreszierende Insekten!*

Seine hinter den Brillengläsern gut erkennbaren Unschuldsaugen (er hatte die Sonnenbrille mit den dunkelbierflaschenbraun gefärbten Gläsern gegen eine mit hellsaphirblauen Gläsern getauscht) wanderten zu Ernesta, die, wie Moje von Cela erfuhr, Madrilenin war.

»Womit ich natürlich keine Spitze gegen unseren verehrten iberischen Nachbarn setzen möchte, von dem wir alle verstehen, dass er auf Separationsgelüste empfindlich reagiert. Zumal an einem Tag, an dem sich die Erklärung eines unglücklichen Krieges jährt, der mit dem erzwungenen Verkauf einiger wirtschaftlich und strategisch interessanter Inseln im mittleren Amerika und südöstlichen Asien an den siegreichen nordamerikanischen Kriegsgegner so unschön für ihn endete.«

Kichern.

»Ihr seht, nicht nur das fidele *Haus Österreich* hat zur friedlichen Sicherung der höheren Ehre und Souveränität seiner Herrinnenschaft seine Töchter in kalte, nasse, dunkle Länder verheiratet. Allerdings war Catarinas Ehe mit Charles – dass derselbe Anfangsbuchstabe ihrer Namen beim Ehearrangement eine Rolle gespielt hätte, kann ausgeschlossen werden – keineswegs bloß ein fortwährendes patriotisches Opfer Catarinas. Selbst wenn man in Rechnung nimmt, dass der König, als er seine Braut das erste Mal sah, erstaunt ausgerufen haben soll, sie hätten ihm eine Fledermaus statt einer Frau geschickt, und die Zahl seiner Mätressen sich im damaligen christlichen Abendland – heute erscheint uns sein sexueller Appetit fast ein wenig verhalten – durchaus sehen lassen konnte.«

»Ich protestiere!«, rief Mario Barreno mit theatralisch gespielter zitternder Empörung bei realistischstem Ausdruck resoluter Verlässlichkeit vom Ende des Tischs aus, an dem Moje saß, auch heute noch gibt es Sitte und Anstand. »Ich zum Beispiel bin meiner Frau treuherzig ergeben und immer und überall ausschließlich monogam.«

Martha, am zweiten Tisch mit ihrem ordensgeschmückten Begleiter Henrique Händchen haltend, kicherte mit pudendaler feministischer Verve.

»Tu nicht so! Ich jedenfalls bin's nicht. Du bist schließlich nicht der einzige Kiesel am Strand. Haben oder nicht haben. Du bist nicht die Beute aller Beuten. Ich will alle Farben.«

Vom linken Tischende meldete sich Marius mit zart schwingender Kardinalsstimme, auf gespreizten Fingern seinen schräg gekrempten, denunziatorischen Ministrandenbeeindruckerhut balancierend.

»Es gibt keine größere Liebe, als seine Liebschaft den Freunden hinzugeben.«

Vasco musste einige Sekunden warten, bevor sich das Gelächter im Saal beruhigt hatte.

»Kann es sein, dass das ein Zitat ist, Marius?«

Marius drückte den Wattebausch, von dem er das Gefühl bekommen hatte, dass er locker geworden war, mit dem langen kräftigen Zeigefinger der rechten Hand fester in sein rechtes Ohr und wiegte seinen mageren Büßerschädel bedächtig hin und her.

»Ein Vers aus einem irischen Auswandererlied, *Frisch weht der Wind der Heimat zu*. Wenn ich mich nicht trompiere, neunzehntes Jahrhundert.«

»Ich habe es, glaube ich, mal woanders gelesen. Aber wie dem auch sei, unser Charles, *the merry monarch*, war, verglichen mit dem ein oder anderen seiner königlichen Vorgänger und Nachfolger, kein Unmensch.[224] Er wurde geliebt von den Bleichen, den Dunklen, den Roten, den Mohren und den Piraten, die er alle adelte. Außerdem achtete er seine Frau und sorgte sich um sie. Jedenfalls, wenn sie lebensbedrohlich erkrankt im Kindbett lag. Dann war kein Staatsakt so wichtig, dass er ihn nicht abgebrochen hätte. Solche Empathie bringt nicht jeder auf.«

---

[224] Am Tisch hinter Moje wurde leise, aber mehrstimmig *For he's a jolly good fellow* angestimmt, Marius bekreuzigte sich heiligäugig.

Wieder Kichern.

Czenjechin nickte.

»Wer nun aber zur Feier des Vorabends des Jahrestags unserer Lissaboner Prinzessinnenfahrt zum Zweck des Vollzugs der hochwohllöblichen, hoffentlich hochwohllüstigen fleischlichen Vereinigung einer sinnlich geschärften katholischen Jungfrau mit einem protestantischen Lüstling – immerhin sind von Charles Kinder von acht Frauen bezeugt –, wer nun zur Feier des Andenkens an Catarinas Bräutigam heute Abend *King's Drops* erwartet, den muss ich enttäuschen[225]. Alkohol ja, der Freude, der Lockerheit und der Schlagfertigkeit halber, schließlich hat sich keiner von euch ein blaues Band ans Revers geheftet. Nicht einmal einen Amethyst sehe ich. Schädelknochen, selbst von Glossatoren, nein, wiewohl ich nicht jedem Kannibalismus Sinn und Vernunft abspreche. Ich gehe mit nicht geringer Zuversicht davon aus, dass wir außer vielleicht einem Schweißtröpfchen einer unserer lieblichen Köchinnen nichts Menschliches in unseren Speisen und Getränken finden werden. Jedenfalls keine Überbleibsel irischer Gehenkter. Nicht einmal mit Schokolade vermischte. Weder sind wir in einem Bärenzwinger noch ist das hier eine Justizfarce oder ein Studentenulk.«[226]

»Wie bei jeder *Caisserie* begrüßen wir Gäste, die uns zum ersten Mal das Vergnügen erweisen. Wir anderen waren schon mindestens einmal, einige sogar sechs oder sieben Mal dabei.«

Er trat einen Schritt zurück.

---

[225] João, der neben der phäakengelbrothaarigen Hilda saß und Moje mit mittlerweile nicht mehr nur einer, sondern vielen abstehenden Haarsträhnen an einen kleinen Felsenpinguin erinnerte, den er zusammen mit Gerti in einem Zoo gesehen hatte (*He had ten hairs on his head, five pointed north and the others pointed south*), leckte sich augenblinzelnd die fleischigen Lippen und grinste ihn auf den Stockzähnen grell an.

[226] Alle Männer außer Czenjechin und Moje warfen Pistazienschalen und Konfetti in die Höhe und riefen gleichzeitig *Saúde Sláinte Cheers Le'chájim Kanpai Salud Prost Gëzuar Cin Cin Na zdravi Skíl Noroc Gan bei Egészségedre Shereve Serefe Mogba À la votre Na zdrowie Živjeli Salut Mazel tov Salam ati Osasuna Skál Kippis Hölkynkölkyn Mahalu*. Die Köchinnen kicherten mit nach rechts geneigten Köpfen.

»Das *Caissa* ist absolut gastfrei, fröhlich liberal und umfassend indemnisiert. Hier darf jeder frei heraus sagen, was er meint oder glaubt. Jeder darf hier sprechen, wie ihm der Schnabel gewachsen ist. Niemand hat durch das, was er hier sagt oder spricht, irgendeine negative Konsequenz zu fürchten. Außer Widerworten natürlich, möglicherweise auch ironischen. Wir sind alle gefestigt genug, uns Schmonzes, Tinnef, Schmu, sogar moralische Reden anhören zu können, ohne uns verleumdet, beleidigt oder angegriffen zu fühlen. Schließlich sind wir alle erwachsen.«

Er sah zu Koons *Pink Panther* hinüber.

»Das hoffe ich jedenfalls.«

Kichern.

»Ich versichere, niemanden wegen politisch inkorrekter oder radikaler Äußerungen, frivoler oder vulgärer Bemerkungen, derber oder zotiger Blasphemien, Albereien oder Dummschwätzereien, nicht einmal wegen Espritlosigkeit von der Gästeliste zu streichen. Ich behandele alle gleich, die ich einmal eingeladen habe, unabhängig von ihren politischen, gesellschaftlichen und sexuellen Orientierungen und Orientierungswechseln, sofern sie nur über ihre Ansichten lachen können, und lade jeden, den ich einmal eingeladen habe, so regelmäßig wieder ein wie alle anderen auch. Bis auf eine Ausnahme ziehe ich niemanden vor, setze ich niemanden hintan. Jeder von euch ist mir gleich wert. Einmal Freund, immer Freund.«

Er wandte sich mit einer kleinen Halswendung zum zweiten Tisch.

»Kannst du bestätigen, Freund Sófocles, dass ich es bisher so gehalten habe?«

Sófocles streckte seinen altersmergeligen, nischigen Hals, hob scharf seinen Kopf, drückte den Zwicker, der ihm von der überraschend unimposanten Nase zu fallen drohte, fester auf den schmalen Nasensattel, zog die rechte Augenbraue hoch, dass sie wie ein struppiges Felldach über dem rechten Zwickerglas stand, und antwortete mit gezähmter Pardelstimme.

»Warum fragst du gerade mich?«

»Zufall, lieber Sófocles, reiner Zufall. Ich hätte jeden fragen können.«

Alle lachten.

»Der einzige, der von mir bevorzugt behandelt wird,« fuhr Vasco fort, nachdem er seinen Kragen gelockert hatte, »bin ich. Mich habe ich bisher zu jeder *Caisserie* eingeladen. Ich hoffe, ihr verzeiht mir.«

»Nein, das ist unverzeihlich!«, warf Sófocles mit einer weichen Neigung seines Echsenhalses ein, hob den Zeigefinger seiner überraschend großen, stark schwarzbehaarten rechten Hand und hieb damit ältlich in die Luft. »Honorificabilitudinitatibus, bei Shakespeare! Die Vorzugsbehandlung gebührte mir! Aber leider verstehst du nichts von der uns von unserem Gott in seiner Barmherzigkeit gegebenen hierarchischen Ordnung, Vasco. Es ist ein Trauerspiel. Wir leben in einer jämmerlichen, impertinenten Welt.«[227]

Vasco grinste.

»Was soll ich machen, Sófocles? Meine unüberwindliche Unwissenheit.«

Er wandte sich wieder ans Plenum.

»Liebe Freundinnen und Freunde, begrüßt nun aber mit mir unsre neuen Caissisten, Alexander Czenjechin aus dem unveränderlich heiligen, unveränderlich großen Russland, von unserer reizenden Bela als höchst innovativer Investor seit vielen Jahren freundschaftlich geschätzt und uns als charmanter Causeur und scharfsinniger Denker empfohlen. Und Dr. Rochus Moje aus dem immer überraschenden Deutschland, Kunst- und Pflanzenliebhaber, der mir von meiner bezaubernden Nichte Cela mit dem einfachen Wort, er werde mir gefallen, ans Herz gelegt wurde.«

Er richtete mit offensichtlichem Wohlwollen väterliche Augen auf Cela.

---

[227] Hinter Moje skandierten süß melodiös intonierend mehrere Stimme *Impertententententent, impertententententent, impertententententent.*

»Cela muss ich niemandem von euch vorstellen, kennt ihr ja alle den Apocalypso, den Cela zubereitet. Oder sollte ich zaubert sagen?« Er faltete die Hände und presste sie an seine Brust. »Liebste Cela, willst du mir nicht endlich verraten, was das für eine rosa Flüssigkeit ist, die du so anmutig in den Apocalypso tröpfeln lässt? Ich verspreche dir, dich und den Apocalypso weltberühmt zu machen, wenn du mir das Rezept verrätst. Alle Künstler der Welt werden Portraits von dir anfertigen. Du wirst die Suzy Solidor nicht eines Jahrzehnts, sondern eines Jahrhunderts.«

Cela lachte. »Liebster Vasco, du versuchst es aber auch immer wieder!« Sie stand auf, drehte sich zum Tisch hinter ihr. »Er hat schon ein paar Mal versucht, das Rezept aus mir herauskitzeln. Und was er mir dafür schon alles versprochen hat!«, rief sie lachend und, wieder zu Vasco gewandt, »Ich liebe dich, liebster Onkel, aber ich will nicht berühmt werden. Ich bin auch glücklich, wenn mich nicht jeder kennt.«

Vasco strahlte sie an, Cela setzte sich wieder, Vasco erhob sein Glas.

»Liebe Freundinnen, liebe Freunde, mo chairde daor! Lasst uns jetzt auf Rochus und Alexander anstoßen!«

Er richtete seinen Blick zu Czenjechin und Moje.

»Lieber Alexander, lieber Rochus, auf Ihr Wohl! Auf dass wir uns noch oft hier wiedersehen mögen!«

Die Gäste standen auf und prosteten Moje und Alexander, die ebenfalls aufgestanden waren und ihre Gläser hoben, laut und mit der blendenden Fröhlichkeit zu, die Treuen, wenn sie den Ausdruck Treue noch kennen, treue Pflichterfüllung gibt.

»Der Wein ist ja toll«, flüsterte Moje Cela zu, nachdem er sich wieder gesetzt hatte.

»*1959er Dhronhofberger Riesling Trockenbeerenauslese.*«

Moje war beeindruckt.

»Das kannst du schmecken?«

»Die Köchinnen haben mir verraten, welche Weine sie fürs Menü ausgewählt haben.«

Vasco hatte sein Weinglas geleert.

»Wie alle neuen Gäste seit unserem neunten Fest am 30. April vor fünf Jahren (er wandte sich wieder zum zweiten Tisch), Sófocles, erinnerst du dich, wie erregt wir noch von der Wahl Joseph Aloisius Ratzingers zum Papst waren? Ach, was es doch für schöne Vornamen gibt! Und du, Teodoro, wie wir zu den über Holzkohle gegrillten Hammelnierchen auf den zweihundertachtundzwanzigsten Geburtstag von Carl Friedrich Gauß mit einem Glas *1855er Steinberger Trockenbeerenauslese* aus der *Königlich Preußischen Domänenkellerei* anstießen? Vielleicht sollten wir einmal eine *Caissa*-Kollation nur aus Innereien kreieren, Gänsekleinsuppe, Gizzard Stew, Fegato alla Veneziana, gerösteter Dorschrogen, Coeur de Boeuf Farci Braisé, Geschlinge vom Kalb. Was meinst du, Maura?«

Sófocles und Teodoro riefen laut *Hooray, hooray, hooray*, Maura blies in einen bunten Luftrüssel, *Iu Iu Iu*

»Wie alle, die seit dem 30. April 2005 das erste Mal mit uns hier in dieser wunderschönen Klerisei das Leben feiern, werden auch Rochus und Alexander zum Einstand in unseren bunten Freundeskreis eine ingeniöse, ergötzliche Partie Schach auf Marcel Duchamps schönem, absolut nötigem Schachbrett spielen.«

Die Laterne über dem Schachbrett zwischen Moje und Czenjechin glomm auf. Moje, der das Brett für die Tischdekoration eines Schachbegeisterten gehalten hatte (auch auf dem anderen Esstisch stand ein allerdings normales, schwarzweißes Schachbrett), fühlte sich ein wenig fremdbestimmt. Hatte Cela tatsächlich so fest mit ihm gerechnet? Oder hätte, wenn er nicht gekommen wär, sie statt seiner mit Czenjechin Schach gespielt? Sie war ja, wenn er es richtig verstanden hatte, auch das erste Mal Gast im *Caissa*.

Vasco richtete seine erwartungsvollen Augen auf Czenjechin und Moje. Er spitzte kurz die fein geschwungenen, fülligen Lippen, bevor er weitersprach.

»Wir gehen zuversichtlich davon aus, lieber Alexander, lieber Rochus, dass Sie sich darüber freuen, vor unseren Augen eine

Schachpartie zu bestreiten, gehören ja Wettkämpfe, und dann noch vor eminenten Kennern, wie ich versichern kann, zum Lusterregendsten.«

»Vasco, mein Lieber«, unterbrach ihn Martha mit angenehm schnurrbrummender Stimme, »in Feminismus bist du leider nicht sattelfest. Schachkennerinnen sind auch anwesend!«

»Aber natürlich, liebe Martha, wie konnte ich nur!«

Seine Augen blitzten.

»Dabei ist ja, wie wir alle seit William Jones wissen, Schach, das Spiel der Spiele, erfunden worden, um eine etwas spröde Nymphe zu faszinieren. Bitte verzeih mir, Martha. Ich hätte besser die Kenner unerwähnt gelassen.«

Er verbeugte sich leicht zu Martha, deren eben noch scharfe Falten über der Augenbraue sich wieder entspannten, und wandte seinen geflügelt heiteren Blick wieder Alexander und Moje zu.

»Lieber Alexander, als der Erste im Alphabet spielen Sie Weiß, Sie, lieber Rochus, Schwarz. Sie werden die Partie in Abschnitten von je drei beziehungsweise zwei Zügen spielen. Spielzeiten sind die Pausen zwischen den Essensgängen. Die erste Spielzeit beginnt nach dem Amuse-Gueule, die letzte, zeitlich dann unbeschränkte, nach dem Dessert, vorausgesetzt natürlich, die Partie wurde nicht schon vorher entschieden. Während der Essensgänge wird nicht gespielt, sondern Raum für unabgelenkt schweifende Plauderei gegeben.«

Er nippte kurz an seinem Glas.

»Ich würde mich sehr freuen, wenn Ihre Gesamtbedenkzeit je Fünferzugfolge fünfzehn Minuten nicht allzu stark überschritte. Unsere unübertrefflichen Köchinnen« – Vasco drehte sich zur Küche, breitete die Arme aus – »Applaus für unsere Zauberinnen an Herd, Topf, Pfanne und Ofen!« – der ganze Saal klatschte begeistert – »unsere in jeder Hinsicht geradezu preußischrussisch pünktlichen lusitanischen Köchinnen haben mir signalisiert, dass sie für die Pausen zwischen den Gängen jeweils etwa eine Viertelstunde einplanen.«

Während Vasco sprach, brachten die Kellnerinnen neue Gläser und füllten sie mit murmelndem, gelblichem Wein.

»Und unsere ebenso preußischrussisch gewissenhaften lusitanischen Serviertöchter« – Armausbreitung in alle Richtungen – »bitte Krotons Ehrerbietung auch für unsere so überaus zuvorkommenden Serviertöchter« – frenetisches an-, ab- und wieder anschwellendes Beifallsklatschen an den Tischen – »ach ach ach, was liebe ich das Wort Serviertochter, drückt es ja frische, reine Unschuld aus, Unschuld und Reinheit, und was erregte und kalmierte unsere sehnsüchtigen, erregbaren, kitschig wahrhaftigen Herzen mehr als Lauterkeit« – laute Bravorufe – »unsere so hinreißenden wie galanten Serviertöchter möchten ungern Ihr geschätztes Spiel unterbrechen, lieber Alexander, lieber Rochus. Sie sind allesamt Schachenthusiastinnen« – Verbeugung Richtung der wieder stirnglatten Martha – »und wären sicherlich weniger betrübt, Ihnen ein grünes Haar in der Suppe zu servieren als das Spiel zu stören.«

Die Kellnerinnen verbeugten sich lachend.

Beatriz hielt eine zerlesene Ausgabe der *Odisseia* in Händen. Vasco trank einen Schluck Wein.

»Lieber Rochus, lieber Alexander, wir servieren à la russe acht Gänge, sodass bis zum Ende des Essens jeder von Ihnen bis zu zwanzigmal die Chance erhalten haben wird, uns durch Witz und Scharfsinn zu überraschen. Die internationalen Schachregeln sind Ihnen, liebe Ludi Magistri, wie ich weiß, bestens bekannt. Allerdings legen wir das Gebot *Berührt, geführt* ein wenig großherziger aus als bei Turnieren üblich. Jeder Zug darf, solange der Gegenspieler noch nichts unternommen hat, zurückgenommen werden. Nicht jede Narretei muss irreversibel sein.«

Er lachte.

»Wer gewinnt, lädt den Verlierer zu sich ein. *Berghain* oder *Oceania*, deutsche Geistesekstase oder russische Seelenmacht. So oder so, Sie werden Spaß haben.«

Moje fühlte sich unbehaglich. Christian hatte das Haus am Ith einmal *Berghain* genannt (aus einer albernen Laune heraus, von Ekstase war es ja galaxienweit entfernt), und nur wenige Freunde wussten davon. Und was bedeutete *Oceania*? Lebte Czenjechin am Meer? In Amsterdam? (Moje fragte sich, wie er auf Amsterdam kam. *Die Grachten?*) Auf einer Insel? (Er dachte an die Malediven, verwarf diesen Gedanken aber sofort.) Und was Seelenmacht? Worüber gebot Czenjechin? Vasco ging aber sicherlich nicht anders als ironisch mit angeblichen Nationaleigenschaften um. Bei der Vorstellungsrunde durch den Garten mit Cela hatte er, zufällig in der Nähe stehend, als sie sich Sófocles vorstellten, dessen Ausruf »Ah, aus Deutschland! Deutschland hat Seele, wie alle großen Völker« mit »Sófocles, du spinnst; kein Volk hat eine Seele, so wenig wie ein Bordell; abgesehen davon, dass Deutschland kein Volk ist« kommentiert. Und woher wusste Vasco, dass er Schach spielen konnte? Bei Czenjechin stand das außer Frage. Jeder Russe seit Iwan dem Schrecklichen spielte Schach. Aber er, Moje, ein Deutscher?

Vasco grinste verschmitzt.

»Bei Remis küren wir den zum Gewinner, der der verwegenere Spieler war.«

Er hob sein Weinglas in Richtung Czenjechin und Moje – »Wir freuen uns auf eine tollkühne Partie!« – und trank einen Schluck.

»Bevor Sie mit dem Spiel beginnen, lieber Alexander, lieber Rochus, lassen Sie uns noch ein von mir kreiertes Hors d'œuvre genießen. Ich habe mein kleines Signature Dish *Amizade alemã russa açoriana* getauft, A A R A, ein Tulaer Prjanik mit Lübecker Marzipan und São-Migueler Ananaskaviar.«

Ananas, immer wieder Ananas. Ananas für den Sterbenden, um nicht mit ihm in die Grube zu fahren.

»Auch der erste Gang wird eine Hommage an Deutschland, Russland und die Azoren sein, mein Hors d'œuvre ist schließlich nur ein kleiner Tusch. Danach werden wir uns aber kulinarischen Genüssen anderer Länder zuwenden. Schließlich sind wir keine Chauvinisten. Auf São Miguel, auf die Heimat, auf die Schöööönheit!«

Die Gäste lachten, *Auf São Miguel, Auf die Heimat, Auf die Schöööönheit*, klatschten, jemand rief laut *Potztuusig*.

Vasco verbeugte sich, rief »Voilá, amigos, avanti, let the deal go down, boys, let the deal go down!« und nahm an Mojes Tisch Platz, ganz rechts, ihm gegenüber.

Ich hab' allmählich auch Hunger, dachte Moje, *horror vacui, mal sehen, was es gibt. Scharfe Mockturtle? Stachelbeergefüllte Wandertaube in Honigsauce? Gelockte Ochsenschwanzsuppe? Mulligatawny? Heringspastete? Marzipan? Muskatkuchen?*

Von links zog zart Jasmin in seine schnuppernden Nüstern.

22

Unmittelbar nach dem hurtigen Verzehr des couragiert mit einer Kreation von Zitrus-, Honig- und Nussaromen, Sternanis, Kardamon, Ingwer, Nelke, Vanille, Muskatnuss und Zimt parfümierten, von dunkelblauvioletten Azoren-Vergissmeinnichtblüten bestreuten, auf großen, weißporzellanenen, zart mit zierlich zweifelnden Weidenzweigen (*Die Weide ist grün, die Blüten sind rot*) gemusterten Tellern servierten Amuse-Gueules eröffnete Czenjechin das Spiel, worauf aber niemand außer Moje, Cela und Hilda (die metallisch gesprenkelte Dämmerung in Hildas vielfarbigen Augen hatte sich tiefer verschattet) zu achten schien.

e2e4.

Nach der Rede Vascos hatte die Musik zu Chris de Burghs *Best Moves* von 1981 gewechselt. Nach *The Traveller* und *Every Drop of Rain* lief gerade *In a Country Churchyard (Let Your Love Shine On)*. Moje freute sich auf *Patricia the Stripper*.

Czenjechin hatte mit Moje bisher Englisch gesprochen (wenig mehr als Begrüßungsfloskeln), jetzt aber sprach er, für Moje völlig überraschend, deutsch. Die weiche, fließende, gutturale Aussprache verlieh ihm eine Tugendaura sanfter Friedlichkeit, der Moje allerdings nicht recht traute.

»Ich hoffe, Sie sind nicht irritiert, dass ich so schnell gezogen habe, Rochus. Ich verstehe zwar, dass Großmeister, um sich aufs Spiel zu konzentrieren, den ersten Zug einige Minuten lang meditierend vorbereiten, aber ich bin kein Großmeister. Jedenfalls nicht im Schach.«

Von links gegenüber prosteten Jesus, der sich zwei zarte Damentaschentücher zwischen den Kragen seiner Dalmatik und seinen Hals gezwängt und die kokett sommersprossige Magdalena, die sich Jesus mit seinen kräftigen Seemannshänden auf seinen Schoß gezogen hatte, auf dem sie, mit dem linken Arm an seinem Hals hängend, mehr lag, als saß, Moje zu, der höflich, aber ohne innere Anteilnahme zurückprostete. Seine Gedanken waren bei Czenjechins Eröffnungszug.

»Haben Sie Schachgroßmeisterwürden, Rochus?«

Moje hatte das Gefühl, von Czenjechin sherlockholmisch analysiert und eingeschätzt zu werden. Zwar nicht so niederträchtig wie, in Stefan Zweigs *Schachnovelle*, Dr. B. von jenem südslawischen Schachweltmeister, der an nichts anderem interessiert war, als hinter die entscheidende psychische Schwäche seines Gegners zu kommen, aber auch nicht allein aus menschenfreundlichem Interesse.

Außerdem erinnerte er sich, wie immer, wenn ein Spiel mit e2e4 anfing, an den beschämenden Ausgang einer Schachpartie vor zehn Jahren, die mit demselben Zug begonnen hatte. In einem engen, lauten, verräucherten Bistro in der fatalen Avenue Kléber in Paris hatte er schon mehrere schnelle Partien mit Christian, der mit ihm das Wochenende in der französischen Hauptstadt verbrachte, gespielt[228], als ihn, nachdem Christian nicht mehr hatte weiterspielen wollen, ein vielleicht achtzehnjähriger Franzose mit einer lässigen Gauloises im Mundwinkel auf Französisch ansprach, ob er Lust habe, auch mit ihm eine Partie zu spielen. Schon nach wenig mehr als einem Dutzend

---

[228] In der Nacht zum Samstag waren sie in Christians uralter, ohrenbetäubend lauter, quietschentengelber *Ente* hingefahren, in der Nacht zum Montag würden sie zurückdüsen.

Zügen war die Lage hoffnungslos und Moje gab, deprimiert und ohnmächtig zornig ob der Ausweglosigkeit, in die er hineingeraten war, mit dem Niederlegen seines Königs auf. Der junge Franzose fragte ihn mit einem spöttischen Lächeln, ob er Probleme mit Juden habe, er sei doch Deutscher. Moje war irritiert, wusste nicht, was er sagen sollte. Was wollte der Kerl von ihm? Nachdem er schließlich doch geantwortet hatte, sehr schulfranzösisch korrekt mit »No, je ne crois pas«, entgegnete ihm der Franzose auf Deutsch, »Du täuschst dich; du hast gerade gegen einen Juden verloren«, stand mit einem leisen »Salut!« auf und verließ das Lokal. Die Demütigung empörte Moje umso mehr, als ihm auch später keine Entgegnung einfiel, die ihn nicht in tiefes, beschämendes Unrecht gesetzt hätte.

»Nein, nein, ich bin weit vom Großmeister entfernt. Meine höchste Elo-Zahl war 1.894. Und das ist schon eine Weile her.«

Czenjechin nickte.

»1.894. Nicht unbeachtlich.«

Er nickte noch einmal.

»1.894. 1894 begann unser letzter Zar zu regieren, Nikolaus II. Seine Regentschaft war keine ausschließlich große Zeit für Russland, wenn auch, anders als die Bolschewiki es propagierten, keine höllische. Das unschöne, von einer das Haus Romanow verfluchenden Hexe vorausgesagte Ende dieses allerdings nicht letzten russischen Autokraten gehört natürlich zur europäischen Allgemeinbildung. Nicht mehr so allgemein bekannt in Europa dürfte aber sein, dass er schon bei den Feierlichkeiten zu seiner Krönung unglücklich agierte. Bei Katastrophen – es war bei einer Massenpanik auf dem riesigen, von Gräben durchzogenen, sonst als Truppenübungsplatz genutzten *Chodynka-Feld*, auf dem der Zar Geschenke an seine Moskauer Untertanen hatte verteilen wollen, zu vierzehnhundert Toten gekommen –, bei Katastrophen, Unglücken und Krankheiten sollte man glaubhaft empathisch wirken.«

Er hob sein Weinglas Richtung Loula und Carlos, die ihm vom zweiten Tisch aus verführerisch zutranken, trank ebenfalls einen Schluck, setzte das Glas wieder ab.[229]

»Wer ungeschickterweise den Anschein, gefühllos zu sein, nicht zu vermeiden versteht, wird diesen Ruf nicht mehr los. Bis heute hat sich Nikolaus II. als Nikolaus der Blutige im Volksgedächtnis gehalten, obwohl sein Onkel Großfürst Sergei Alexandrowitsch Romanow für die Katastrophe verantwortlich war, und trotz der höchst eindrucksvollen Erhebung des Heiligen Leibes zur Ehre der Altäre im Jahr 2000, die Nikolaus zusammen mit seiner Familie und über tausend von den Bolschewiken ermordeten christlichen Märtyrern in der nach der Zerstörung durch Stalin wiedererrichteten *Christ-Erlöser-Kathedrale* durch das Moskauer Patriarchat zuteilwurde. Der Großfürst kam übrigens 1905 bei einem hübschen Bombenattentat ums Leben, was Albert Camus zu einem erbaulichen Theaterstück anregte.«

Er lehnte sich in seinem Stuhl zurück. »1.894 Elo-Punkte also. Da muss ich mich in Acht nehmen. Meine höchste Elo-Zahl liegt zwar nicht weit von Ihrer entfernt, aber doch darunter. 1.881.«

»Ich denke, dass diese Differenz so gut wie keine Bedeutung hat.«

Czenjechin lächelte delikat. »Wir werden sehen.«

Mario Barreno hatte sein Weinglas mit beiden glitzernd beringten Händen wie ein Priester die Monstranz erhoben und sah unter seinen nach oben gereckten kurzen Armen hindurch bedeutungsvoll zu Moje hin, der mit seinem Weinglas zurückgrüßte. Czenjechin nippte am Wasserglas.

»Es wird Sie interessieren, dass im Jahr 1881 unser drittletzter Zar Alexander II., der Bauernbefreier, den bei einem 1866 verübten Pistolenattentat ein Mützenmacherlehrling unabsichtlich

---

[229] Eine hohe weibliche Stimme hinter Moje kreischte *Heilandzack, rote Sandalen, er hatte kreischrote Sandalen an!* und kicherte ein Zuchthauskichern. *Die hat er anbehalten! Kreisch-rote Sandalen!*

vor dem Tod bewahrt hatte, einem Granatenattentat zum Opfer fiel – das übrigens von einem Deutschen, dem Anarchisten Johann Most, in dessen in England erscheinender Zeitschrift *Freiheit* begeistert begrüßt wurde –, wonach sein unromanowsk muskulöser Sohn Alexander, Gründer der Geheimpolizei *Ochrana* und Vater jenes glücklosen Nikolaus II., als Alexander III. Imperator und Selbstherrscher wurde.«

Moje fragte sich, ob Czenjechin tatsächlich glaubte, dass ihn der Tod Alexander II. interessierte, oder ob er mit der historischen Abschweifung versuchte, ihn vom Spiel abzulenken. Oder hatte er einfach nur Spaß an historischen Anekdoten?

In Wirklichkeit stellte sich Moje diese Frage natürlich nicht, jedenfalls nicht wortwörtlich. Wer denkt schon in ausformulierten, komplexen Sätzen, wenn er seine Gedanken nicht äußern oder sich für später, zum Beispiel eine Prüfung oder eine gerichtliche Auseinandersetzung, merken möchte?

Dabei war es nicht einmal ein eigentlicher Gedanke, was da Moje durchs Gemüt zog, sondern lediglich eine gewissermaßen begriffslose Gefühlsempfindung, von der es überdies nicht einmal für sicher, sondern nur für möglich gehalten werden kann, dass Moje sie in jenen Begriffsgedanken transformiert hätte, wenn er sie denn hätte begrifflich fassen wollen.

Jene Formulierung ist also gewissermaßen, sub specie veritatis, bloße Spekulation, wenn auch sub specie imaginationis eine notwendige.

Aber müssen denn empathische Biografen, die nicht dünkelhaft damit zufrieden sind, nur zu beschreiben, was sicht- oder hörbar vorliegt, sondern auch Gradientenfelder in ihre Schilderung einbeziehen möchten, die den äußeren Sinnen verborgen sind, um Bilder zu zeichnen, die zu lebendigen Personendarstellungen zusammenschießen, nicht manchmal auch Gedanken- und Gefühlsanmutungen, die den Protagonisten so schnell vorüberschweben, dass sie von ihnen nicht klar und deutlich erfasst werden können, mittels geeigneter Begriffe in konkrete Sichtbarkeit heben?

Zwar wird, wer objektiv wahrnehmbare, eindeutig fassbare, empirisch überprüfbare Aufzeigbarkeit für wahrheitsunabdingbar hält, jede von Biografen gestaltete begriffliche Fassung von Stimmungs- und Empfindungsschattierungen, die die Protagonisten nur sehr kurz und beiläufig gestreift haben, rigoros ablehnen. Selbst dann, wenn die Biografinnen plausibel machen können, dass ihr von ihnen gefasster Begriff dem ihrer Protagonistinnen, wenn diese ihre Empfindungs- oder Stimmungsveränderung sprachlich gefasst hätten, vollkommen gliche. Aber diese Ablehnung scheint biografisches Tun doch allzu sehr einzuengen, ja geradezu aufklärungsfeindlich zu sein. Weshalb wir Mojes nebulöse Gemütsanwandlungen, wann immer wir es für künstlerisch sinnvoll erachten, durch ein nicht nur übersetzendes, sondern überhaupt erst zu Sprache bringendes, gewissermaßen rakelnd entbergendes Voiceover in Begriffe transzendieren.[230]

Sei es also so gesagt: Moje durchzuckte die Verdachtsempfindung, dass Czenjechin ihn möglicherweise vom Spiel ablenken wollte *(Czenjechin weiß, dass mich seine Geschichten nicht. Offenbar macht es ihm Vergnügen, mich mit historischen Daten. Ich soll mich nicht aufs Spiel. Wann wird er sterben?),* blieb aber zugewandt und freundlich.

»Sind Sie Historiker, Alexander?«

»Historiker? Nein, bloß spielerisch an Geschichte interessiert. Obwohl«, er machte eine kleine Pause, »auch professionellen Historikern dürfte Geschichte ein Spiel sein. Mich amüsiert Geschichte, ohne dass ich mich professionell mit ihr beschäftige.«

Klios Klitoris. Moje betrachtete die Konstellation auf dem Spielbrett und zog seinen Königsbauern ebenfalls zwei Felder vor. Czenjechin nickte.

---

[230] Präsentieren wir eine Sache nicht deswegen, weil wir, um einen vom schamhaarschockierten, exakt hundertachtundfünfzig Jahre vor Moje geborenen Brautbettflüchter John Ruskin überlieferten Gedanken des exakt hundertneunundvierzig Jahre nach dem Tod Cervantes' geborenen Barbiersohns Joseph Mallord William Turner zu variieren, zeigen wollen, was die Sache für uns, und nicht, was sie für Gott ist?

»Eine klassisch schöne Entgegnung, die ich gern mit einer erst seit einigen Jahren wieder öfter zu beobachtenden Verführung beantworten möchte. Sie gestatten, dass ich Ihnen ab und zu ein Bein zu stellen versuche, Rochus? Schach ohne Finten und Verlockungen ist nur etwas für autistische Programmierer, die keinen Sinn für das spezifisch Spielerische des Spiels haben.«

Er trank der augendschunkelnden Bela und dem ohrenblinkernden Apeles zu, die ihre Weingläser wie zwei aneinander hochsteigende Kampfhähne aneinander hochschwangen und ihm zuwinkten. Eine weibliche Stimme hinter Moje erzählte prustend lachend von einem erst von Zuschauern entdeckten komischen Komparsenfehler in einem Hollywood-Sandalenfilm, Moje bekam die Pointe aber nicht mit.

»Schach ist nur dann erregend, wenn beide Spieler es ungefähr gleich unvollkommen beherrschen und jederzeit bereit sind, riskante Manöver durchzuführen, um den Gegner zu Zügen zu verführen, die ihn auf die abschüssige Bahn lenken. Weshalb es nur wenig reizvoll ist, gegen einen der heutigen Supercomputer zu spielen.«

Er lächelte diplomatisch, zog *f2f4*.

Moje war wieder vergnügt, fühlte eine gewisse Leichtigkeit, ja Lässigkeit im Kopf. Sit tibi terra levis! Das Spiel lief schon jetzt völlig anders als das damals in Paris so empörend schmählich verlorene. Finte oder nicht, warum sollte er den weißen Bauern nicht schlagen? *e5xe4*.

Czenjechin trank einen Schluck Wein, ohne aufgefordert zu sein. Er schien ihm zu schmecken. »Chablis, unverkennbar. Parker würde ihm zwar nicht 100 Punkte geben, aber er ist sehr anständig.«

Cela wusste, wie er hieß, *Domaine William Fèvre, Les Clos Grand Cru 1999*. Czenjechin drehte seinen Kopf zu Cela.

»1999 wurde der Leiter des Inlandsgeheimdienstes Wladimir Putin, der 1986 seiner zweiten Tochter den Namen Jekaterina gegeben hatte, von Präsident Boris Jelzin, der 1977 als Erster

Sekretär des Gebietskomitees Jekaterinburg auf Anordnung des Moskauer Politbüros das *Ipatjew-Haus* in Jekaterinburg hatte abreißen lassen, in dem Zar Nikolaus II. in der Nacht vom 16. zum 17. Juli 1918 zusammen mit seiner Familie von den Bolschewiki unter der Leitung des Tschekisten Jakow Jurowski erschossen worden war, zum Ministerpräsidenten ernannt.«

Er erhob sein Glas. »Auf alle schönen, gebildeten, klugen Frauen!« *Das Schön-, Gebildet-, Klugseinmüssen der Frauen.*

Nachdem Czenjechin einen zweiten und dritten Schluck getrunken hatte[231], wandte er sich wieder zu Moje. »Meinen Sie nicht auch, Rochus, dass wir zum Chablis Meeresfrüchte erwarten dürfen?« Moje hielt die Frage für rhetorisch. Czenjechin löste seine Hand vom Glas und zog mit ihr seinen weißen Läufer auf *c4*, worauf er die Hand zum Glas zurückgehen ließ, wo sie verhielt.

Die Sonne (*Die Sonne, und man glaubt in diesem Augenblick, das Wesentliche begriffen zu haben*), die Sonne war untergegangen, aber selbst der gusseiserne, mit Händen greifbar scheinende Himmel im Osten noch nicht völlig dunkel. Die dunstigtintige Eintrübung über der Abbruchkante des mit tief smaragdgrünem Wasser gefüllten Vulkankraters erinnerte Moje an das eine endlose, nachtgrelle Nacht verkündende Grauen des am oberen Rand ausgefranztausschweifenden, französischblauen Himmelsabschnitts über dem Horizont in Caspar David Friedrichs *Mönch am Meer*, und, unmittelbar darauf, einen gekräuselten Wimpernschlag lang, an den entsetzten, einäugigen, ohnmächtigen Blick des von drei Dämonen mit Händen, Armen

---

[231] Nicht nur Cela, deren Miene einen Augenblick lang der der steinernen Uta von Naumburg glich, hatte ihm zugeprostet, auch die anderen an den beiden Esstischen sitzenden Frauen, Clemência, Maura, Quinta, Marina, Antónia-Paulina, Carola, Solombra, Magdalena, Clara, Eva, Hilda, Kamona, Eugénia (mit einer brennenden *Parisienne* in der Hand), Sibila, Gabriela, Laura, Floresta, Maria, Célia, Ernesta, Loula, Fanny, Bela, Alma, Martha, hatten sich erhoben und ihre Gläser in seine Richtung gehalten, wie Automaten. Ohne sichtbares Mienenspiel die Frauen des mojeschen Tischs, die des anderen Tischs mit unerbittlich weißen Stangenbautas vor den Gesichtern.

und Zähnen an den Beinen gepackten, sich das andere, linke Auge mit der Hand zuhaltenden Verdammten auf Michelangelos *Giudizio universale*.[232] *Als ob einem die Augenlider weggeschnitten wären.*
Wachsende Dunkelheit, wachsende Finsternis.
Nichts mehr ohne Hintersinn.

---

[232] Die Spannbreite des gerade noch an Leid und Schmerz Aushaltbaren und das Arsenal an Aktionen und Haltungen, das Menschen zur Verfügung steht, um existenziellen Bedrohungen auszuweichen oder zu begegnen, ist groß. Der eine, irr geworden am Verlust des Sinns des Lebens, verübt Suizid (mancher schon, wenn er es gerade erst für möglich hält, dass sich eine bestimmte Gefährdungslage bilden könnte (*Leiden oder Nichts: Nichts*)), eine andere friert psychisch ein oder minimiert ihr Leidempfinden und lässt selbst das Schlimmste über sich ergehen, bis in die Existenzauslöschung hinein. Eine Dritte versenkt sich in eine ablenkende Aufgabe oder private Riten, webt einen Erinnerungskokon, einen tröstlichen Glauben oder eine konkrete oder abstrakte Zukunftshoffnung, worin sie sich einspinnt, oder kümmert sich um Alte, Kinder, Kranke, Verwirrte, Verzweifelte. Manch einer kollaboriert mit den ihn Terrorisierenden, seien's Götter, Geister, Menschen, Tiere, Pflanzen, Dinge oder Gewalten, und verschreibt sich ihnen als gehorsamster Diener und treuester Anhänger oder gibt sich ihnen vollkommen hin. (*Sie können mit mir tun, was Sie wollen, ich werde glücklich sein. Welche Phantasien solches Angebot bei Herren freisetzt!*) Es gibt Menschen, die psychisch ungebrochen Auschwitz, Jasenovac, Goli Otok, Tuol Sleng, Workuta, Kaechon oder Masanjia überleben (Menschenschlachthäuser, keine poetischen Theaterbühnen, deren Antihumanität mittels rhetorischen Schönheitsklangs in Schach gehalten werden könnte), anderen geht schon eine Nacht in einer sauberen, warmen, ruhigen Untersuchungshaftzelle eines zivilisierten, wohlmeinenden, die unanzutastende Würde auch von Verbrechern achtenden Menschenrechtsstaats über ihre Kraft. *Wie stark sind Ihre Schmerzen auf einer Skala von eins bis zehn? Wie stark Ihr Weh?*

23

Chablis und Meeresfrüchte (*Echte Meeresbewohner, keine Nonnengänse*), Czenjechin hatte richtig geraten. Als erster Gang, gut zehn Minuten nach dem letzten Zug Czenjechins aufgetragen (Czenjechin und Moje hatten keine fünf Minuten für ihre fünf Züge gebraucht), wurden Percebes und Azorische Stachelaustern *à la russe-prusse* serviert. *Austern, Aphrodis. Wirkung auf die Geschlechts ... Weil man sie so schwer auf ...? Weil sie so aussehen wie ...? Haben Austern Augen? Perlenaugen? Quatsch.* Das pikant zitronig Pfeffrige der Relishs korrespondierte anspielungsreich mit dem Feuersteinaroma des Chablis'.

Moje dachte beim Betrachten des in seinen offenen Perlmutthöhlen liegenden, so anspielungsreich glitschigen Meeresgetiers an den unverändert lebendig vor ihm stehenden *Nausikaa*-Traum, an Gertis Tattoo über ihrem verlockend atlasseidenen Busen und an ihr obszönes Arschgeweih.

Einen Augenblick lang stellte er sich vor, wie Mais-Schmidt, grinsend und vor Erregung sabbernd in seiner im Latz ausgebeulten Lederhose, das Qof auf ein Labium majus Gertis tätowiert.

Er dachte aber auch an Steffi, seine Freundin vor Gerti.

Austern musst du fühlen.

Am 15. Juni 2002, der Tag, an dem Moje Gerti im *Museum Schloss Fürstenberg* kennenlernte[233], war er, Rochus Ernst Moje[234], zweitjüngstes der fünf Kinder des mittlerweile ergrauten Saatgutunternehmerpatriarchen Dr. Dr. h.c. Ludewig Ernst Moje (*Vorsicht beim Leihen!*) und seiner immer noch schimmernd bronzeblonden Ehefrau Dulcia Georgine, geborene von

---

[233] Der Tag, der entschied, dass sich Mojes Leben während der nächsten Jahre im von seinen Eltern erwarteten großbürgerlichen Rahmen bewegte.
[234] Seit Generationen trugen die männlichen Mojes den Zweitnamen Ernst, die weiblichen Augusta.

Mirpau[235], exakt neuntausendzweihundertachtundfünfzig Tage alt.[236] Und er war solo.

Anfang April 2002 (*So viel passiert im April. Die Knospen der Eichen treiben*) hatte sich Stefanie, mit der er knapp drei Jahre in einer erotischen Beziehung gewesen war, von ihm getrennt, nachdem sie sich leidenschaftlich in einen sieben Jahre älteren Maler der *Neuen Leipziger Schule* verliebt hatte.

Der charismatische, neo-magischrealistische Künstler pflegte zwar theatralische Allüren, hatte aber wilde, rückenmarkerregende Visionen und feurig-ungebärdige Freunde, die bürgerliche Moral- und Sittenregeln mit grandioser Selbstverständlichkeit verachteten.

Zudem war er spürbar stolz auf sie.

---

[235] Auf dem raffiniert komponierten Farbfoto, das Ludwig von der damals mittzwanzigjährigen Dulcia auf ihrer Hochzeitsreise auf Zypern am Strand (*Immer der Strand*) vor der Πέτρα του Ρωμιού gemacht hatte und während Rochus' Kindheit prominent auf dem Kaminsims des elterlichen Salons in einem goldenen Zierrahmen aufgestellt war (sehr schön der Komplementärkontrast des smaragdgrünen Sommerkleids Dulcias und eines am Strand liegenden weißen Ruderboots mit roten Dollbord- und Kielplanken), hat Dulcia mit ihren damals goldblonden Haaren eine verblüffende Ähnlichkeit mit Botticellis geträumter Venus.

[236] Fünfzig Jahre zuvor hatte Annie Thérèse Blanche Ernaux' Vater seine Frau, Annies Mutter, mit einer Axt umbringen wollen. Dreiundachtzig Jahre zuvor war Charlie Chaplins *Sunnyside* in die US-amerikanischen Kinos gekommen. Hundertvierzehn Jahre zuvor hatte Kronprinz Friedrich Wilhelm Victor Albert von Preußen als Wilhelm II. den deutsch-hunnischen Kaiserthron bestiegen, nachdem sein Vater Friedrich III. nach neunundneunzig Tagen Regentschaft an Kehlkopfkrebs gestorben war. Hundertdreiundvierzig Jahre zuvor war auf den zwischen dem britischen Vancouver und dem US-amerikanischen Seattle gelegenen San Juan Islands, die einer zweideutigen verbalen Grenzbestimmung wegen weder dem imperialen britischen Königreich noch der imperialen US-amerikanischen Republik, die beide die hundertzweiundsiebzig Inseln und Inselchen und die Hunderte aus dem Meer ragenden Felsen für sich reklamierten, eindeutig zugewiesen waren, das große schwarze Schwein des bei der britischen *Hudson's Bay Company* angestellten britischen Schafhirten Charles Griffin vom US-amerikanischen Landwirt Lyman Cutlar, in dessen Garten es nach Kartoffeln wühlte, erschossen worden. (*It was eating my potatoes. It is up to you to keep your potatoes out of my pig. I did all a white man could.*) Der Grenzkonflikt wurde erst 1872 durch einen Schiedsspruch Kaiser Wilhelms I., des Vorgängers Friedrichs III., beigelegt, der die Inselgruppe den USA zusprach.

An seiner Seite fühlte sie sich wie ein einmaliger Diamant, eine königliche Trophäe, das Goldene Vlies.

Dieses britzelnd-erregende Gefühl hatte ihr Moje nie gegeben. In seinem ängstlichen Bemühen, niemanden spüren zu lassen, eine unattraktivere Freundin zu haben als er, hatte er, nachdem ihm angesichts der beschämenden Gewaltausbrüche seiner Mutter Liebesstolz schon fast ausgetrieben worden war, bald auch noch das Wenige an übriggebliebenem Sinn dafür verloren, dass sichtbar stolzer Stolz auf die Geliebte unverzichtbar ist, soll die Liebe knistern und dauern.

Moje hatte Steffi am 7. Mai 1999[237] auf der Feier zum zweiundzwanzigsten Geburtstag Christians kennengelernt, der wie er Jura studierte, aber in Hamburg, und auch sonst ironischer, lockerer, weltläufiger, quecksilbriger war.

Moje hatte nach der gut zweistündigen Fahrt von Hannover in die Hansestadt seinen drei Jahre alten schwarzen *VW Golf bon Jovi* gegen siebzehn Uhr in der Nähe der *Hamburger Kunsthalle* geparkt, um sich vor Christians Geburtstagsfeier Caspar David Friedrichs *Der Wanderer über dem Nebelmeer* (*Landschaftliches Denken*) anzusehen.

Eine fotografische Abbildung dieser Ikone des deutschen Bewusstseins in einer der von seinem Vater abonnierten Kunstmagazine (seine Mutter las Jagd- und Angelzeitschriften) hatte ihn während einer Zeit schwerer existenzieller Verunsicherung (dreizehnjährig (*My extra-dark teenage year*), pickelhässlich, mysteriös dumm, scheu, unbeholfen, ohne Homie) durch die

---

[237] Die NATO traf abends um dreiundzwanzig Uhr sechsundvierzig bei einem Bombardement mit GPS-gelenkten JDAM-Raketen die Belgrader Botschaft der Volksrepublik China statt, wie möglicherweise vorgesehen, das jugoslawische Bundesamt für Nachschub und Versorgung, was zum Tod dreier chinesischer Journalisten, zur Verwundung zwanzig weiterer Personen und, nach einigen Verhandlungen, zur Zahlung von viereinhalb Millionen Dollar durch die USA als Opferentschädigung an China führte. Hundertfünfundsiebzig Jahre zuvor hatte Beethoven, gänzlich ertaubt, im *k. k. Hoftheater nächst dem Kärnthnertore* an der Leitung der Uraufführung seiner *Neunten Symphonie* Anteil gehabt. Moje bekam, wenn er die *Hymne an die Freude* hörte, unweigerlich Tränen in die Augen.

ihn gänzlich überwältigende Anschauungsausstrahlung eines ihm in Worten nicht darstellbar scheinenden Sinns jenseits allen vexierenden Chaos' zutiefst getröstet. Und sein die nächsten zwei Jahrzehnte anhaltendes, gleichsam begeistertes Interesse an Gemälde, Zeichnung, Malerei und Skulptur, am künstlichen Bild überhaupt entfacht, die einzige Erkenntnisweise, die Rationalität und Irrationalität, Sein und Nichtsein, Geist und Materie, Subjektivität und Objektivität, Transzendenz und Immanenz, Heiliges und Profanes, Fiktion und Natur zu einer höheren Logik zusammenzubindenden weiß, also zugleich sowohl vollkommen konkret sinnensinnlich als auch vollkommen konkret verstandesverständlich ist.

Das Wetter war verführerisch schön (18 °C, wolkenlos, schwach windig (3 Bft)), weshalb er sich kurz unsicher war, ob er nicht einen Spaziergang durch die Sonne machen sollte. Doch Friedrich siegte.

Nach dem Museumsbesuch fuhr Moje zu seinem Freund nach Harvestehude. Das nach Nordosten gelegene wilhelminisch schwarzeichengetäfelte, ächzende Treppenhaus, durch das er in die dritte Etage des wohlanständigen Stadthauses hinaufstieg, war wegen seiner kirchenrotblaugetönten Fensterscheiben nur schwach erhellt.

Als die Tür zu Christians Wohnung aufging, sah er daher vor dem blendend leuchtenden Sonnenschein, der ihm vom spiegelnden Parkettfußboden des hinter der offenen Diele liegenden Salons in die dämmerlichtigen, großpupilligen Augen geworfen wurde, zunächst nur die hieroglyphische Kontur einer schlanken, etwa 1,75 Meter großen Person mit wuscheligem Haar.

Erst einen Augenblick später erkannte er eine hübsche, sogar sehr hübsche junge Frau. Das Dunkelblond ihrer Haare, das Tannengrün des grünweißgestreiften T-Shirts, das Nebelblau des morgenblauen Jeansrocks schienen ihm das Wirbelblond der Wandererhaare, das Forstgrün des Wandererrocks und das unerfüllte Blau der ragenden Berge und Felsen zu sein, die sich in der Ferne vor dem das wogend streichende Wolkenmeer betrachtenden Wanderer auf Friedrichs Gemälde erheben.

Moje brachte kein Wort heraus, sah die Frau nur mit ungläubigen Augen an. Lachend bat sie ihn hereinzukommen.

»Ich bin Steffi. Krischi ist in der Küche.«

Noch während der Geburtstagsfeier erzählte Moje ihr von den Farbkongruenzen. Zwar stellten sie sich bei einer Überprüfung vor Friedrichs Gemälde eine Woche später als bloß ungefähre heraus[238], aber Moje nahm die Ähnlichkeit gleichwohl als Beweis, dass Stefanie und er füreinander bestimmt seien.

Doch schon bald fühlte er, dass diese Beziehung wohl nur ein Interludium werden würde. Zwar verhieß ihm Stefanies offener, sanfter Gesichtsausdruck Heiterkeit und Umgänglichkeit, die mystisch wilde Frisur aber, die ihn an Leonardo da Vincis *Scapigliata* erinnerte (*Was für eine Kühnheit, eine Madonna mit wildem, züngelndem Medusenhaar. Eine Rhodogune*), einen Lebenshunger, von dem er ahnte, dass er ihn nicht würde stillen können.

Obwohl er während ihrer drei gemeinsamen Jahre Stefanie gegenüber nie anders als freundlich, aufmerksam und zuvorkommend gewesen war und sich weder patriarchalisch noch machistisch oder chauvinistisch gezeigt hatte (soweit ihm möglich, war er Feminist), wurde er von Stefanie am 19. April 2002[239] mittels eines kurzen deklarativen illokutionären Akts[240] wieder zum Single erklärt: *Ab heute sind wir kein Paar mehr,*

---

[238] Das grelle Gegenlicht und Mojes vom Museumsbesuch produktiv angeregte Einbildungskraft hatten ihm die erinnerten Farben des Bildnisses mit den präsenten Stefanies verschmolzen.

[239] Konrad Adenauers fünfunddreißigster Todestag. Mojes Vater hat seinen Kindern an den Geburts- und Todestagen der von ihm verehrten großen deutschen Kanzler Adenauer und Bismarck gern Anekdoten aus deren staatsgründenden Leben erzählt, weshalb Moje der 19. April, der 5. Januar, der 30. Juli und der 1. April als Gedenktage fest im Gedächtnis verankert waren.

[240] Und nicht, wie es trennungswillige, befangen beklommene, ängstlich oder feig einfühlsame Männer und Frauen gerne tun, angeblich gewissensautorisiert (*Mein inneres Telefon hat geklingelt, da muss ich ran*), mithilfe eines künstlich herbeigeführten Zerwürfnisses oder einer Selbsterniedrigung.

Rochus. Sie hatte nicht aufgehört ihn zu mögen, ja zu lieben (vielleicht sogar inniger als die meisten, die drei Jahre mit einem einzigen Partner oder einer Partnerin zusammenleben), aber ein Leben ohne Wendungen und Überraschungen, ohne Versuchungen und Risiken, ohne Verzückungen und Herzrasen, ein, wie es sich mit Moje abzeichnete, ruhiges, ordentliches, vorhersehbares Leben wollte sie nicht leben, so großbürgerlich angenehm es auch sein mochte.

Stefanie also, Mojes zweite große Liebe, die natürlich auch eine erste große Liebe war, wäre sie ja sonst keine große Liebe gewesen. *The second is never so sweet, but it's sweet is just the same.*

24

Statt jedoch einen Blick auf Mojes erste erste große Liebe zu werfen (Anna, Mitschülerin im Internat eine Klasse unter ihm (*Anna log nie*): das erste Händchenhalten, der erste Kuss, das erste Petting, die erste Eifersucht, die erste Trennung), müssen wir uns, wenn wir uns nicht verlieren wollen, wieder dem 24. April 2010 zuwenden[241], an dem nicht nur die denkwürdige Schachpartie Mojes gegen Czenjechin stattfand, sondern sich auch, wie *arabnews.com* am 12. Jumada al-awwal 1431 mitteilte, ein Erdbeben der Stärke 6,1 ereignete, zweihundert Kilometer nördlich der Molukkeninsel Ambon, einer der wirtschaftlich

---

[241] *Euch und euren Kindern gilt diese Verheißung und allen, die fern sind, so viele der Herr, unser Gott, herzurufen wird.* Neunundvierzig Jahre zuvor war die Galeone *Vasa* im Stockholmer Schärengarten gehoben worden. Vierundneunzig Jahre zuvor hatte sich die IRA erstmals österlich formiert. Fünfundneunzig Jahre hatte der türkische Völkermord an den Armeniern begonnen. Siebenundneunzig Jahre vorher hatte Kafka die korrigierten Korrekturfahnen von *Der Heizer* aus Prag an den Leipziger Kurt-Wolff-Verlag gesandt. Dreihundertdrei Jahre zuvor hatte Johann Sebastian Bach im Rahmen seiner Bewerbung als Organist an der Mühlhausener *Divi-Blasii-Kirche* auf der Orgel der dreischiffigen, kreuzförmigen Hallenkirche ostersonntäglich vorgespielt.

bedeutendsten Außenposten Portugals im sechzehnten Jahrhundert.[242]

Nach dem ersten Gang (zur Erinnerung: Percebes und Azorische Stachelaustern *à la russe-prusse*) standen nach und nach, ohne dass irgendwer etwas gesagt oder ein Zeichen gegeben hätte, alle Gäste außer Moje und Czenjechin (Cela hatte sie gebeten, sitzen zu bleiben) von ihren Stühlen auf und setzten sich um. Es sollte keine Einseitigkeit und keine Langeweile entstehen. Der Plätzetausch verlief geschmeidig leicht (keine Aus-

---

[242] Die Lusitaner waren erstmals im Jahr des Herrn 1512 auf diesem von Europa so fernab gelegenen Eiland gelandet, dem Weltzentrum des so erfreulich lukrativen Gewürznelkenhandels. Neun Jahre später gründeten sie einen Handelsposten, den sie zwar gegen unzivilisierte Angriffe alteingesessener malayischer, chinesischer und javanischer Händler zu verteidigen wussten, nicht aber gegen den handfesten Holländer Steven van der Hagen, der sie, ohne einen einzigen Schuss abgeben zu müssen, 1605 verjagen konnte, worauf die *Vereenigte Oostindische Compagnie* den Handelsposten übernahm. Doch schon zehn Jahre später siedelten sich, ihre Seele zu retten, Engländer in Ambon an, die von den listigen Holländern zwar im Amboyna-Massaker 1623 dezimiert werden konnten (nach einem unter artiger Folter, in erster Linie Waterboarding, erzielten Geständnis, an einer Verschwörung gegen die nach alter holländischer Sitte rechtschaffenen Holländer beteiligt gewesen zu sein, fielen zwanzig Männer (Angehörige und Angestellte der *Honourable East India Company*, zehn Engländer, neun Japaner, ein Portugiese) dem Fallbeil, dieser Medizin für alle Fälle, zum Opfer (nach Ansicht der EIC ein veritabler Justizmord)), aber um den Preis (*Alter Frevel liebt jungen zu zeugen*), der britischen Propaganda (*Rule, Britannia, Britannia, rule the waves!*) für die vier Englisch-Niederländischen Seekriege, die neunundzwanzig Jahre nach dem Amboyna-Massaker begannen und, unterbrochen von drei Phasen knirschenden Schlachtenfriedens, nach hundertzweiunddreißig Jahren mit dem für die *Vereenigte Oostindische Compagnie* überaus nachteiligen Pariser Frieden von 1784 endeten (noch ein Pariser Frieden), einen sowohl hochmoralischen wie tiefemotionalen Beweis für die Behauptung geliefert zu haben, einen notwendigen, herrlichen, weil absolut gerechten Krieg (*Gerechter Krieg ist Liebe, fiddledeedee!*) gegen einen unmenschlichen, nachgerade teuflischen Feind zu führen, der nicht nur unschuldige, allein ihre Pflicht tuende Engländer gefoltert und getötet, sondern mit der Aufspießung des abgeschlagenen Kopfs des englischen Niederlassungsleiters Gabriel Towerson auf einen Pfahl und seiner schändlichen Zurschaustellung aufs rattigbösartiggemeinste das ewige Engländertum insgesamt und überhaupt in seiner allerheiligsten kolonialistischen Ehre (*Buy, fight, catch!*) beleidigt habe.

breitung, keine Wandlung ist leichter, eine schnelle Übung, ein rascher Ritus, eine eingeübte Freiheit.

Carola, die einundzwanzigjährige Festbegleiterin des Anarchosyndikalisten Jorge, wechselte sogar zu den Serviertöchtern. Statt ihrer schlüpfte Rachel an Mojes Tisch.

Rechts und links neben Alexander ließen sich der braungebrannte Pilot Ly, der seine Lederjacke auszog, bevor er sich setzte[243], und Célia nieder, die atemnehmend groß gewachsene Abiturientin. Neben Moje aber Quinta, Sófocles' platinblonde Gattin mit der Jagdpeitsche, und Sibila, die coelinblaue Wasserwellennymphe, die Moje höflich fragte, ob der Sitz neben ihm noch frei sei.

Als alle Gäste wieder saßen[244], flüsterte die jungmädchenhaft nach Veilchen duftende, ihre Raupenboa streichelnde Quinta dem etwas verunsichert scheinenden Moje ins Ohr, dass er an der Reihe sei und eine Figur ziehn dürfe.

»Seien Sie courageous, proposez des échecs!«

Moje nickte unkonzentriert, schob seine Dame auf *h4*.

Czenjechin lächelte Quinta, die ihre Hände in den Muff gesteckt hatte, unter ihrer zierlich wippenden Barettfeder warm an. *Sicherlich weiß er, dass er warm. Er weiß, dass sein Gesicht ein warmes Lächeln. Er hat gelernt, bei jeder Gelegenheit, bei der ein Lächeln passt, ein passendes Lächeln. Ob er auch innerlich?*

---

[243] Die unter dem straff sitzenden, schwarzen Netzhemd sichtbar sich spannenden Brust- und Bauchmuskeln, die braunen, unter den Hosenträgern nur halb verborgenen Brustwarzen und der schattendunkle Bauchnabel (Boxerbrust, Boxerbauch, Boxerleib) irritierten Moje, zumal die durch das Hemd schimmernde Haut vollkommen glatt rasiert zu sein schien. Schön, leiblich, anfassbar, kein transzendenter, kein beschwiegener, kein verinnerlichter, ein griechischer Gott.

[244] Cela nahm ihren Sitz auf der Moje gegenüber liegenden Tischseite, drei Plätze links von Alexander, zwischen Alma mit dem Rosenknospenmund (griechisch perfekter Amorbogen) und der neben der französisch selbstbewussten Eugénia (*J'en veux plus!*) sitzenden brandroten Magdalena. (Wir wundern uns, dank des Beispiels Grenouille jedoch nur ein wenig, dass Magdalena, obwohl erst siebzehnjährig und noch ohne Diplom, Moje von ihrem Begleiter Jesus da Gloria als Parfümeurin vorgestellt worden war, aber vielleicht hatte sich der Fischer nur einen Scherz erlaubt)

»Recht so, die Dame an die Front! Ist Ihnen aufgefallen, Rochus, dass uns Vasco wie nebenher an eine Schachkonvention erinnert hat, die Spielzeitregel, die man leicht für ein freiheiteinschränkendes Korsett halten könnte? Überschreitungen der empfohlenen fünfzehn Minuten für unsere jeweils fünf Züge würden zwar sicherlich nicht geahndet, aber unser Gastgeber scheint darauf zu vertrauen, dass wir nach seiner beiläufigen Erwähnung auch ohne weiteren Druck das Zeitreglement einhalten werden.«

Moje kamen Zweifel, dass *Dh4* der bestmögliche Zug gewesen war. Alma, Cela und Magdalena lächelten ihm azoranisch empathisch zu. Cela hatte ihnen vom Eyjafjallajökull und dem Brand auf der schönen *Nausikaa* erzählt. Czenjechin schien sehr vergnügt zu sein. *Gefräßiges Vergnügen. Heiter, heiter.*

»Ich glaube allerdings nicht, dass Vasco davon ausgeht, dass wir uns an Regeln halten, weil wir befürchten, Verstöße mit unangenehmen Gefühlen zu büßen. Ich jedenfalls würde keine haben.«

Er sah Moje beschwingt an.

»Die Vernunft der von Vasco angesprochenen Zugzeitregel scheint mir nämlich nicht in der Berücksichtigung der gewiss nur wenig flexiblen Zeitordnung der Menüzubereitung zu liegen. Eher, denke ich, nimmt die Küchenplanung auf unsere fünfzehn Minuten Bedenkzeit Rücksicht.«

Er trank einen Schluck Wasser.[245]

»Im Turnierschach wird auch eine bestimmte Zugzeit vereinbart«, wandte sich Czenjechin an die etwas unnahbar wirkende Célia rechts neben ihm, »häufig hundert Minuten für die ersten vierzig Züge. Diese Zeitregeln sind jedoch nicht ersonnen

---

[245] Hinter Moje glucksten drei Frauenstimmen. *Das arme arme Geierlamm! Fühlt sich unschuldig. Unschuldig? Wirklich? Völlig, absolut! Behauptet, nie einen Pinsel in der Hand gehalten zu haben! Gewissenlos ist er also auch. Ein Dreckskerl! Aber das hat er jetzt davon. Ich gönn's ihm. Zack die Bohne! Liebe ist Dekor! Ornament! Wo kein Ornament, da keine Liebe! Nein nein! Wo kein Schmuck, da keine Liebe! Juwelen, Diamanten! Dieses Miststück! Eseltreiber! Kann froh sein, wenn er einen Tostão kriegt.*

worden, damit das Spiel durch Zeitdruck spannender würde – schlichte Spannungserzeugung wäre bei einem noblen Spiel wie Schach auch allzu vulgär –, sondern beruhen auf nichts anderem als der Beobachtung, dass Schach spielende Könige sich pro Zug so gut wie nie mehr als drei Minuten Bedenkzeit nehmen, meistens weniger. Schach war ursprünglich« – er drehte sich nach links zu Ly, der, die Daumen unter den Hosenträgern, aufmerksam zuhörte – »ein fürstliches Spiel.«

Czenjechin trank sein Weinglas aus, das, wie alle anderen leeren Weingläser auf dem Tisch auch, durch ein neues, kleineres ersetzt wurde.

»Unangefochtenes, heriditär beglaubigtes Königtum kennt keine Hast, nicht einmal Eile. Das Lebensumfeld eines wahrhaft fürstlichen Königs ist so eingerichtet, dass es dessen Gepflogenheiten und Wünschen in allen Belangen entgegenkommt und seinen natürlichen, ihm angenehmen und zuträglichen Zeitablaufsbedürfnissen korrespondiert.«[246]

Czenjechin blickte Moje, der das Gefühl nicht loswurde, dass ihn Czenjechin abzulenken versuchte, freundlich an.

»Bauern und Arbeiter, Beamte und Angestellte, Wissenschaftler und Unternehmer sind gewöhnlich fremdbestimmt und haben sich an Zeiten und Fristen zu halten, die nicht die ihren sind. Einem König aber ist eine Welt bereitet, die ganz auf ihn und sein Wohlergehen ausgerichtet ist.«

Czenjechin machte einen sehr entspannten Eindruck.

---

[246] Loula glitt elegantgleitenden Schritts wie eine Ballerina, mit strebend vorgeneigtem Oberkörper und sehnsuchtsvoll vorgestreckter Ringhand, zu Koons *Ushering in Banality* und blickte mit schmalen, ringenden Händen am Herzen (*Ach der Ruf des Herzens!*) und verzückten Augen die beiden Engel an, die das mit der Schleife geschmückte Schwein führten, als erwarte sie eine translunare Erlösung. Carlos aber schlenderte ihr nach, ließ, als er bei ihr war, ihren G-String schnalzen, kitzelte sie mit dem Zeigefinger zwischen den perfekten Halbkugeln ihrer Brüste und geleitete sie behutsam zurück zu ihrem Platz. Ihr wieder säkulares Gesicht mit den runden, sanftflaumigen Wangen, den Lachfältchen um die langbewimperten Augen, dem Grübchen im unauffälligen Kinn und der *à l'anglaise* aufgeworfenen Oberlippe war von großen, dicken, fröhlichen Tränen glänzend überströmt.

»Die aufs Wohlbefinden ihres Königs bedachten Höflinge beobachteten, dass sich ihr Herr für die Bestimmung seines nächsten Schachzugs nie mehr als zwei bis drei Minuten Zeit nahm. Eine Zeitspanne die, wie ich überzeugt bin, die natürliche Bedenkzeit eines selbstbewussten Schachspielers ist, der niemandem etwas beweisen muss, das Spiel auch, wie Castiglione empfiehlt, nicht allzu ernst nimmt und während des Spiels ein anregendes Gespräch über Kunst, Poesie, Freundschaft und Liebe mit seinem Gegenspieler führt, dem Kanzler oder dem Großwesir, der selbstverständlich diese königliche Bedenkzeitspanne übernimmt. Ein wahrer König agiert ausschließlich in den Vorgaben seiner eigenen Bedürfnisse und Wünsche. Kein wahrer König richtet sich nach Regeln. Alle Regeln richten sich nach ihm.«

Augusto und Francisco prosteten Czenjechin zu, Francisco artikulatorisch klar und deutlich: *svˈudə*. Augusto philosophisch klar und deutlich: *svˈudə*. Czenjechin trank ebenfalls einen Schluck.[247]

»Es trifft also nicht zu, dass wir von Vasco in ein zeitliches Zwangskorsett gesteckt würden. Das Gegenteil ist der Fall. Vasco wollte uns höflicherweise lediglich versichern – nicht allzu direkt, das wäre ordinär –, dass wir spielen dürfen, wie es unserer noblen Natur entspricht.«

Er sah Moje, den die elegante Eloquenz Czenjechins faszinierte, wohlwollend in die angeregten Augen.[248]

---

[247] Eugénia, neben sich ein halbleeres kanariengelbes Päckchen *Parisienne (Rauchen ist tödlich. Fumer tue. Il fumo uccide)* und einen kleinen marmornen Aschenbecher, hielt sich einen in syrahrotes Leder geschlagenen Taschenklappspiegel vor die selbstverliebten Augen, so dass sie ihre französischroten Lippen sehen konnte, ließ auf der Spitze ihres Bambusstöckchens ihre Scheschia kreiseln, ahmte den Ruf eines heiseren Hahns nach und murmelte leise *Á première vue, à la deuxième vue, à la troisième vue. Tu es un homme sacrément bon, ma sœur!* Czenjechin verfolgte die feinen Drehungen des Hütchens mit interesselosem Wühlgefallen.

[248] Die cenosillicaphoben Serviertöchter gossen Wein in die blinkenden frischen Gläser. Rachel spielte mit Lys Händen, zog ihre Finger zwischen seinen hin und her, schien die Länge ihrer Finger zu vergleichen.

»Bestätigen wir Vascos wohlwollende Präsumtion, dass wir königlich denken und fühlen, indem wir uns fürstlich verhalten. Vielleicht fließt ja tatsächlich blaues Blut in uns. Mächtige waren in der Streuung ihrer Gene gewöhnlich wenig zurückhaltend.«

Fürsten bei einem fürstlichen Spiel bei einem fürstlichen Mahl.
Fürst Czenjechin strich mit dem Zeigefinger der rechten Hand über seine weichen Lippen.
»Möchten Sie den letzten Zug zurücknehmen, Rochus?«
»Vielen Dank, Alexander, aber ich wüsste nicht, warum.«
»Dann lasse ich meinen König ein wenig beiseitetreten.«
Er schob seinen König mit dem ausgestreckten, fürstlich feingliedrigen Zeigefinger der rechten Hand behutsam auf *f1*.
Célia und Ly sahen gespannt auf Fürst Moje, der nach kurzer Überlegung *b7b5* zog.[249] Czenjechin hob den fürstlichen Kopf.
»Rochus, haben Sie schon einmal darüber nachgedacht, dass das moderne Schach auf einer Inbesitznahme beruht, die mit arrogant und empathielos nicht völlig falsch bezeichnet wäre? Dass die europäische Aneignung des Schachspiels also als eine arrogante Sinnentleerung und empathielose Vergewaltigung des ursprünglich indischen Kriegsspiels angesehen werden kann?«

Carlos cincinnte Czenjechin tänzerisch zu, Czenjechin cincinnte elegant zurück.

»Prallten im alten Indien mimetisch zwei zweiflüglige Armeen aufeinander, Infanterie, Kavallerie, Streitwagen und Kriegselefanten unter der Führung von König und Erstem Minister, ist Schach uns Heutigen ein diegetisches Strategiespiel mit abstrakten Figuren, die wir nach einer zwar äußerlich simplen, aber innerlich höchst komplexen Logik bewegen. Diese

---

[249] Solombra, die rechts neben Sibila mit dem kindlichfaltenlosen Gesicht saß, beugte sich, leicht mit der linken Hand auf den durchtrainierten rechten Oberschenkel Sibilas sich stützend (Moje sah, dass sie weniger sich abstützte, als den schwellend gespannten Schenkel streichelte), ein wenig nach links, um einen besseren Blick auf das Schachbrett werfen zu können.

Logik halten wir für den alleinigen Grund der Schönheit des Spiels, weshalb es, unserer modernen Meinung nach, völlig zurecht von allen spirituellen und historischen Anspielungen und Überhöhungen befreit worden ist.«

Quinta, duftend, schlank, nickte zustimmend, zog ihre Unterarme aus dem Muff, glättete das über ihren Schoß gelegte Plaid und öffnete die feuchten Lippen, um süß nachdenklich zu zwitschern.

»You are absolutely right, was das anconzernt, Alexander. Ich kann in der Reduktion des Spiels aufs logisch Wesentliche auch nichts Negatives erkennen. Ich liebe Ajedrez. En el oriente se encendió esta guerra cuyo anfiteatro es hoy toda la tierra. Como el otro, este juego es infinito.«

Czenjechin schenkte ihr ein hinreißend offenes, zaristisch zugewandtes Lächeln, sah sie einen Augenblick lang mit undurchsichtigen Waranaugen an.

»Vielen Dank für Ihre Beipflichtung, liebe Quinta.«

Quinta glättete ihr Haar unter ihrem Barett mit einer flinken, automatisierten, vielerfahrenen Handbewegung. Czenjechin senkte den adelig undurchsichtigen Blick ins lichthelle Gold seines Weinglases.

»Erkenntnisproliferation heißt immer auch, dass jemand die Erkenntnis annimmt, übernimmt. Nun erfolgt aber jede Erkenntnisübernahme ausschließlich vermittels derjenigen sprachlichen, kulturellen und intellektuellen Mittel, die dem Übernehmenden zur Verfügung stehen. Wie auch sonst?«[250]

Czenjechin lächelte satyrisch verfänglich in sich hinein, nachdem er einen von einer weitausholenden, luftkurvigen Armbewegung begleiteten freundlichen Zutrunk Henriques erwidert hatte.

»*Die Entführung aus dem Serail* Mozarts, die *Grosse Odaliske* Ingres', der *Royal Pavilion* John Nashs in Brighton, jede Erkennt-

---

[250] Eugénia klopfte gedankenvoll eine Parisienne auf ihrem Daumennagel zurecht, bevor sie sich die Zigarette mit einem kleinen silbernen Damenfeuerzeug anzündete.

nis, die aus der Betrachtung von Fremdem resultiert, unterliegt diesen Übernahmebedingungen, weshalb kaum eine Aneignung im Sinne des Originals vollkommen richtig ist.«

Moje war fasziniert und irritiert. Ihm kam Casanova in den Sinn, Venedig, Byzanz. Ob Czenjechin das Thema wirklich wichtig war? Er sprach allzu beschwingt.

Und woher hatte Czenjechin diese elaborierte, gelenkgeschmeidige, geradezu philosophische Sprache?

»Schach nun, wie wir es spielen, ist ein auf sein logisches Wesen reduziertes altes indisches Spiel, ist zur Diegesis geläuterte, destillierte Mimesis.«

War ihm Sprechen auch nur ein Spiel? Eine akrobatische Übung?

»Nun korreliert die Relevanz eines Kunstwerks mit seiner existenziellen Relevanz in der Welt überhaupt. Die geistige, die metaphorische Schönheit eines Kunstwerks ist der Tiefe und Weite seiner existenziellen Weltdurchdringung proportional.«[251]

Czenjechin schienen Marias Liebkosungen zu gefallen. Seine Zunge züngelte kurz zwischen seinen weich aufeinanderliegenden weichen Lippen hervor.

»Allein das existenzielle Wurzelgeflecht, das das Kunstwerk mit den Urgründen der Welt verbindet, verleiht ihm dauerhaftes Interesse und bleibende Überzeugungskraft. Wenn wir vorurteilslos analysieren, erkennen wir, dass wir bei nichtsubjektiver, objektiver Betrachtung von Mozarts Oper, Nashs Residenz und Ingres Odaliske die Welt und nicht eine relative, eine eingeschränkte Provinzwahrheit beurteilen. Die Oper Mozarts,

---

[251] Solombra stand auf, zog Kleid und Unterrock hoch bis über die Strumpfenden und besah sich die Form ihrer schlanken, wohlgeformten Beine durch ihre melonengelben Nylonsheers hindurch. Ein Traum von wohlgefüllten Strümpfen. Maria, rechts daneben, ließ ihre promisken Augen über Solombras Beine gleiten, befeuchtete sich die Lippen mit der Zunge und befingerspitzte, tätschelte und koste die hinteren, nackten, glatten Rundungen Solombras (Creme Mouson) oberhalb der Strumpfsäume professionell mit sichtbarem Vergnügen.

die Odaliske Ingres, die Residenz Nashs gelten wegen der gewaltigen Breite und Tiefe der Logik ihrer abstrakten Welt- und Weltenverflechtung zurecht als Werke welt- und weltenumspannenden musikalischen, künstlerischen und architektonischen Genies.«

Sófocles, der am Tisch hinter Moje saß, hatte nach einem Blick auf seine *Moser Perpetual* aus einer goldenen Pillenschachtel eine Kapsel mit Pulver gefingert, die Kapsel geöffnet, das Pulver in seinen Wein geschüttet und das Weinglas in Richtung Czenjechin erhoben, der Sófocles' freundliche Geste erwiderte und ebenfalls sein Glas hob.

»Saúde, Sófocles.«

Czenjechin sprach jetzt zwar beinahe leise, aber theaterbühnenperfekt prononciert, so dass er sehr gut zu verstehen war. Nach jedem Satz machte er eine kleine Pause, die ihm, nahm Moje an, dazu diente, seine Gedanken, die ihm beim Reden gekommen waren, zu genießen.

»Bei geistiger Aneignung – und geistige Aneignung gehört unabdingbar zum Evolutionsprogramm des Geistes –, bei geistiger Aneignung also, die immer auch eine Art Assimilation der Bedeutung und des Sinns des Anzueignenden an die Sinn- und Bedeutungsfähigkeit des Aneignenden ist, übernimmt der Aneignende das ihm wichtig Erscheinende des ihm geistig und emotional Zugänglichen. Geistige Aneignung ist nämlich nicht bloß Imitation und gleicht bloßer scholastischer Imitation, die nur nachmacht, höchstens anfänglich, bleibt aber nicht bei ihr stehen. Dieses dem Aneignenden Wichtige gehört nun aber notwendig zur Form des Anzueignenden, weil nur Form geistig und emotional angeeignet werden kann.«

Czenjechins in seinen Mundwinkeln aufblühendes Lächeln war spitzbübisch.

»Aneignung geschieht nie vollkommen im Sinn des Schöpfers der Originalidee, ganz gleich, ob es sich um eine Erkenntnis, ein Kunstwerk oder einen Glauben handelt. Zuweilen missfällt es dem Originalschöpfer, seinen Epigonen oder seiner Peer-group, dass das Produkt der fremden Aneignung die ursprüngliche Intention, den ursprünglichen Sinn, die ursprüngliche Bedeutung nicht nur nicht adäquat trifft, sondern, in ihren Augen, sogar karikiert, verdunkelt oder verfälscht, sei es, dass der Aneignende die ursprüngliche Intention nicht richtig erfasst oder dass er ihr gleichgültig gegenübertritt.«

Er machte eine kleine Bewegung mit der Hand, eine Geste, deren Sinn Moje aber nicht verstand.[252]

»Das kann dazu führen, dass diejenigen, die das Idiosynkratische, das Kultur- und Zeitgebundene, also das Gebundene ihres Verständnisses für heilig ansehen, verlangen, dass kein fremder Sinn es antaste. Sie erleben die Widerspiegelung ihres Glaubens, Erlebens, Erkennens in einem anderen, ihnen fremden Spiegel als Kränkung ihres Selbstbewusstseins und ihrer sogenannten Identität[253] und halten das Aneignungsprodukt für grundverwerflich und dessen Produzenten, Erwerber und Konsumenten für zutiefst verderbt.«

Er hob sein Weinglas wie etwas sehr Leichtes, hielt es sich unter die Nase.[254]

»Genies aber übernehmen das von ihnen als neu und revolutionär Erfasste fremder Werke, sei es eine Form oder eine Methode, ein Material oder eine Atmosphäre, um mit ihm neue, unbekannte, gedankenvolle Konversationsräume, vulgo neue, ungeheure, noch nie gesehene oder gehörte Werke zu schaffen. Gegenüber Neuem haben Genies keine Hemmungen. Sie geben ihrem Gestaltungswillen *carte blanche*, üben weder Zensur noch Zurückhaltung. Genies haben keine Gestaltungsmoral außer der, mit allen zur Verfügung stehenden intellektuellen, mate-

---

[252] Es war Moje fraglos gewiss, dass die Bewegung, die er sah, eine in sich abgeschlossene Geste war, so künstlich und für sich bedeutungsvoll schien sie ihm. Trotzdem gelang es ihm nicht, ihren Sinn zu erfassen. (*Vielleicht soll ich mich nur mit der Suche nach ihrem Sinn beschäftigen. Er spielt nicht nur, wenn er Schach spielt.*)
[253] *Meine Nase, meine, meine, meine!*
[254] Am zweiten Tisch sangen mehrere Frauen und Männer leise *É tudo decoração*. Moje war die Melodie unbekannt.

riellen, technischen und künstlerischen Mitteln noch nie dagewesene, überwältigende Werke zu schaffen, die noch nie dagewesene, aufregende Denk-, Gefühls-, Gesprächsreiche auftun. Es braucht zielgerichteten Willen, zartes Verführungsgeschick, glückliches Zugriffstalent, aber auch das Fluidum einer bestimmten Zeit, um ein bestimmtes göttliches, ein gegenüber allem Gewesenen, Vergangenen, bloß Vorhandenen zutiefst ungerechtes Kunstwerk mit einem neuen, unermesslichen Horizont zu erschaffen, das alle Fasern des für das Werk bereiten Betrachters in intensiv nervöse Spannung versetzt. Italiener wissen das schon lange. Vielleicht ist es auch kein Zufall, dass meine drei genannten Genies alle während einer großen Zeit des geistreichen, leichten, galanten Salongesprächs lebten, dass meine Exempla …«

Hinter Moje brach lautes Gelächter aus. *Der Löli wollte, dass ich für ihn bete! Bet für mich, bet für mich! Ich! Ich!* Moje drehte sich auf seinem Stuhl um und sah, am schimmernd cremeweißen Dinnerjacket Saudades vorbei, der direkt hinter ihm saß und seine Glatze theatralisch, mit schmeichelnder Ehrerbietung an die kantige Schulter des laut krähenden Theologieprofessors Mario Céu schmiegte, dass die Figuren auf dem Schachbrett des zweiten Tisches genauso standen wie auf ihrem.

Spielt also der zweite Tisch unsere Partie mit.

Als Moje sich wieder zu seinem Tisch zurückdrehte, hatte Czenjechin den Bauern *b5* mit dem Läufer geschlagen. *Und weg mit dem Bauern, die Felskaskaden des Bachs hinunter oder auf den Steinstrand geschnipst.*

Moje antwortete mit *Sg8f6*.

Chris de Burghs *Best Moves* endete mit *Jerusalem is lost – Jerusalem*, dem Schluss des Songs *Crusader*. *Playing to Win* der Little River Band schloss sich unmittelbar an.

Im Osten war die Tageshelle fast völlig verschwunden. Über den Wipfeln der Waldesruh links neben der Rasenfläche versuchte eine abwechselnd auf- und absteigende, plötzlich explosionsartig auseinanderflatternde, dann wieder eng sich zusammenziehende, schließlich in einen schwarzen Baum hinabschwebende, aber aus dem schwarzen Baum wieder in die Höhe stiebende, dann wieder in einen anderen schwarzen Baum hinabsinkende Wolke Krähen zu entscheiden, auf welchem schwarzen Baum sie für die Nacht sich niederlassen sollte.

Am Ufer der Seeseite gegenüber blitzte ein blitzendes Bodenfeuerwerk auf (*Fümms bö wö tää zää Uu*), Vulkane spuckten (*Dll rrrrr beeeee bö fümms bö wö tää zää Uu*), Fontänen spien (*Pögiff kwii, Ee, pögiff kwii, Ee, pögiff kwii, Ee*), Sonnenräder spritzten leuchtenden Rauch, glühenden Pfeilregen, flammende Funken (*Dedesnn nn rrrrr, dedesnn nn rrrrr, dedesnn nn rrrrr*).

Seltsam: Im Rot ist weder Gelb noch Blau, im Gelb weder Blau noch Rot, im Blau weder Rot noch Gelb. Ich preise die Seltsamkeit.

Über dem Ufer aber zickzackzickte ein zickzackzickendes Raketenfeuerwerk (*Rinnzekete, rinnzekete, rinnzekete*), glitzerte silbrig glitzerndes Hexenmehl (*Uu zee tee wee bee Fümms*), stiegen explodierten sanken blaue grüne violette Sterne (*RrRrRrRrRrRrRrRrRrRrRrRrRrRrRrRrRrRrRrRrRrRrRrRrRrRrRrRrRrRrRrRrRrRrRrRrRrRrRrRrRrRrRrRummpff*), Trauerweiden (*Mpiff, mpiff, mpiff*), Palmen (*Tillff toooo, tillff toooo, tillff toooo*), Päonien (*Kwiiee kwiiee, kwiiee kwiiee, kwiiee kwiiee*), goldene Chrysanthemen, karminrote Kugeln, metallweiße Kometen (*Ooka ooka ooka ooka*), Ringe, Polypen und Schmetterlinge (*Ooooooooooooooooooooooooo*), ein überm spiegelnden Spiegelsee in sausenden zappelnden schallernden zackigen scheppernden säuselnden zitternden sirrenden spritzenden zündenden spratzenden summenden zischenden sengenden zehrenden sistierenden säbelnden zuckenden saftigen simmernden singenden sonnenden sämigen süßen scharfen schütteren zarten zauseligen zystigen surrenden schillernden zagenden sündigen zuckrigen südenden schwebenden farbigen Lichtern leuchtendes Feuerwerk.

Zuletzt ein Zeppelin, glosend über die zu einem finster schweigenden Chor zusammengedrängten Bäume, eine lange Leuchtzigarre, die höher stieg und höher, höher und höher, hoch hoch hoch, außer Sichtweite fast, so hoch, so hoch, oh oh oh, und explodierte (*Kekerikeke*), plötzlich explodierte (*Kekerikeke Kokorikökö*), plötzlich plötzlich (*Kekerikeke Kokorikökö Kukurikükü*). Und es ergoss sich ein Strom Rot Blau Gold Weiß Rot Blau Gold Weiß, ergoss sich strahlend glühend pulsierend, ergoss sich erobernd sich breitend auseinanderfließend, ergoss sich atemberaubend überwältigend unbeschreiblich, ergoss sich ergoss sich ergoss sich (*Rinnzekete bee bee nnz krr müüüü, ziiuu ennze ziiuu rinnzkrrmüüüü*), eine Ewigkeit, eine ewige Ewigkeit lang, um langsam zu vergehen, langsam langsam in sich zusammenzufallen, langsam langsam langsam langsam.

Que c'est beau ces fusées qui illuminent la nuit. Ob sie wohl Musik dazu…? Händel? Was auch sonst. Wie wohl Vögel Feuerwerke erleben? Reiher, Möwen, Seeadler?

25

Nach dem nächsten Gang, einer cremigen Crème d'orge[255], zu der *Blandy's Madeira Terrantez 1977* gereicht worden war (niemand trank ihn ohne Lachen), setzten sich alle Gäste außer Moje und Czenjechin erneut um. Jorge, der Metallbildhauer mit den Cornrows, und die lackledergestiefelte Clemência zu Czenjechin. Pedro, der maisgelbhaarige, goldzahnige Goldschmied, und Henrique, der vermutlich mosambikanische Apnoetaucher, zu Moje. Cela aber weit rechts von Moje auf die gegenüberliegende Tischseite, zwischen die Teppichweberin Gabriela und den schofarhornblasenden Visagisten Fernando, der am Tischende saß, wo vorher Vasco gesessen hatte.

Czenjechin zog wieder, ohne zu zögern.

Sg1f3.

Moje hatte den Zug erwartet und zog ebenfalls sofort.

Dh4h6.

---

[255] Fast alle hatten knusprigfrisches Baguette dazu gegessen, abbeißend oder -brechend, nur die Agronomin Fanny, die wildkatzenäugige Loula, die auf ihre Figur achtende Clemência und der aus nostalgischer Sympathie für die azemytischen Elkesaïten gesäuertes Brot meidende Mario Céu nicht.

Czenjechin sah Moje an.

»Unsere beiden letzten Züge waren, wenn ich mich ausnahmsweise einmal schöngeistig ausdrücken darf, kein brennendes Geheimnis. Damen müssen ihre Buben schützen.«

Er schob seinen Damenbauern ein Feld vor, *d3*, Moje antwortete mit *Sf6h5*, Czenjechin, der anerkennend nickte, parierte mit *Sf3h4*.

»Das ging rasch, ganz nach meinem Geschmack.«

Moje war nicht so zufrieden.

»Sie scheinen Schnelligkeit zu lieben, Alexander.«

»Ist Schnelligkeit nicht eine Form von Intensität? Und trägt Intensität nicht zur Lebensqualität bei?«

Moje antwortete nicht. Cela war gekommen und hatte sich hinter ihn gestellt. Sie beugte sich zu ihm hinunter.

»Nach dem nächsten Gang setze ich mich wieder neben dich.«

Moje sah ein wenig verstört aus.

»Was hast du, Rochus?«

»Warum hast du mir nicht schon gestern Abend gesagt, dass du mit mir ins *Caissa* wolltest?«

»Mama meinte, dass es so etwas wie ein Gottesurteil sein würde, ob du dich von Acácio überreden lassen würdest, ins *Caissa* zu kommen.«

Sie lächelte, nahm Mojes Serviette, die ordentlich zusammengefaltet vor ihm auf dem Tisch lag, tupfte sich schelmisch die schelmisch lächelnden Lippen.

»Ich muss mich korrigieren. Mama sagte nicht Gottes-, sondern Göttinnenurteil. Göttinnen, Mehrzahl.«

Auch Moje lächelte wieder. Vom lebhaft hin und her wogenden Gespräch, das Pedro, Henrique und Czenjechin unter gelegentlicher Teilnahme Jorges und Clemências während des nächsten Gangs führten (vor der Küste Westgrönlands geangelter zweijähriger Atlantischer Wildlachs, Sauce Mousseline und fein geschnittene Gurkenscheiben), nahm Moje jedoch kaum Notiz, obwohl das Thema, von Henrique ins Spiel gebracht

(*Let's stay woke*! *Gibt's unschuldige weiße Kunst?*), seine Aufmerksamkeit einen Moment lang auf sich zog. Schon nach ein zwei weltverlierenden Minuten versank er in Grübelei.

Nachdem der nach der Ikejime-Methode getötete, picassoesk melancholierosa pochierte, von seinem japangelben Sauce-Chantilly-See zartcremig umflossene Lachs verspeist war, setzte sich Cela wieder neben Moje. Links von ihm nahm Lourenço Platz, der, wie Moje überrascht bemerkte, in einem kleinen broschierten Notizbüchlein, auf dessen Plastikeinband William Turners *Sunrise with Sea Monsters* abgebildet war, die bisherigen Spielzüge mit einem *Parker Duofold Big Red Füllfederhalter* aufgeschrieben und in einer Kurzschrift aus eigenwilligen Zeichen, die Moje an phönizische Buchstaben erinnerten, kommentiert hatte.

Czenjechin wurde von Sófocles und Ernesta, die ihre rauchquarzgetönte Brille trotz des gedämpften Lichts nicht abgenommen hatte, eingerahmt. Sófocles schob, mit feinem Raubtierlächeln, Ernesta den Stuhl unter, bevor er sich selbst setzte.

Vom See her bellte roh eine rallige Rohrdommel. Ernesta erinnerte sich an einen hässlichen Vorfall vor siebenunddreißig Jahren, der sie tief verletzt hatte, riss die verschatteten Augen auf und sah einen Moment lang wie ein erschrecktes, verstörtes Kind aus.

An Ernestas freier Seite (*Bei mir herrscht allemal Freiheit!*) nahmen Acácio und Phaon Platz. Moje dachte an Sokrates und Alkibiades, gewissermaßen mit vertauschten Rollen. Der stürmisch Werbende war der Ältere, Acácio, der zurückhaltend Bedächtige der Jüngere, Phaon.

Nachdem die Rohrdommel wieder ruhig geworden war, schlug das dröhnende Messingwerk der unermüdlichen alten Uhr, die vorhin so durchdringend acht geschlagen hatte, zehn. Stunde des Ebers.

Moje wunderte sich, dass er sie nicht das Ende der Stunde des Hundes hatte schlagen hören.

Während der letzte Ton verklang, sah Czenjechin auf seine *Tourbograph Pour le Mérite* von *Lange,* die elf Uhr dreißig zeigte, und nickte. Moje sah fasziniert zu. *Wie zufrieden, ja glücklich er auf seine glatte Uhr schaut.*

Cela aber legte ihren linken Arm um Mojes sehr geraden Rücken.

»Dreh dich bitte nicht zu mir, Lieber, sieh nach vorn, ich möchte dich im Profil ansehen. Mir gefällt dein Profil. Es ist ein gutes Profil.«

Nach ein paar Sekunden, während derer Moje seinen Kopf nicht einen Fingerbreit wendete, aber seine gehorsamen Augen auf Koons *Bear and Policeman* richtete, die hinter Czenjechin aufragten (*Wie drohend gönnerhaft dieser sich gemütlich gebende russische Vergewaltigerbär dem armen kleinen englischen Bobby mit dem edlen Profil die Pranke auf die schmale Schulter legt*), rückte sie näher an ihn heran, beugte sich nah an seinen Kopf.

»Ich muss dir etwas ins Ohr flüstern. Ich glaube nicht, dass du wirklich weißt, was das heißt, aber du sollst es trotzdem hören. Ich liebe dich. Voi que sapete.«

Ihre Stimme klang wie gestern im Park, als sie in dem von den Gelben Azaleen umsäumten Winkel auf der gusseisernen Bank saßen.

»Ich möchte dir keinen Schmerz zufügen. Ich möchte mit dir leben. Ich möchte mit dir zusammenleben.«

Sie sprach sehr leise. Niemand sonst am Tisch konnte hören, was sie sprach.

»Ich war gestern Abend bei Lucas und habe die Verlobung aufgelöst.«

Moje drehte seinen Kopf jetzt doch zu ihr, setzte an zu sprechen, so, als hätte ihr Arm ihm Wärme gegeben, die er jetzt nicht mehr entbehren könne, aber Cela legte ihm den rechten Zeigefinger auf die Lippen.

»Nicht jetzt. Später, Lieber. Spiel das Spiel erst zuende.«

Moje, dessen Gedanken sprangen (*Warum hat sie gesagt, dass sie mich liebt, und nicht, dass sie sich in mich verliebt hat? Was meint sie mit zusammenleben? Soll ich antworten ja ich will Ja? Wie hat Lucas auf ihre Auflösung der Verlobung reagiert? Wissen ihre Eltern davon?*), drehte langsam seinen Kopf wieder zurück zum Schachbrett und machte den Zug, den er sich schon während des Essens überlegt hatte, *Dg5*. Cela aber senkte ihren Kopf ein wenig und drückte leicht ihre Zähne in die Haut von Mojes Hals.

Rechts neben Koons verängstigtem Wachtmeister und dem herablassend lüsternen Bären ohne Hose flatterte eine hoffnungslos verwirrte Nachtmotte hinter der Fensterscheibe entlang, hin und her, hin und her, hin und her, zwischendurch vor Erschöpfung kurze Pausen einlegend.

Czenjechin sah Cela, die ihren Arm von Mojes Schulter genommen hatte und wieder gerade saß, einen Moment lang nachdenklich an, bevor er auf Mojes Damenzug mit dem Springerzug *Sh4f5* antwortete.

»Haben Sie schon einmal darüber nachgedacht, Rochus, wie die westliche Kunst sich entwickelt hätte, wenn Hitler den Brücke- und Blauer-Reiter-Expressionismus zu genuin deutscher Kunst und die deutschen Expressionisten Nolde, Macke und Marc zu Vollendern der deutschen Romantik proklamiert hätte?«

Statt Moje antwortete Ernesta.

»Das hätte nie passieren können, Alexanderrr. Der Gebirglerrr auf dem Obersalzberg hatte keine Phantasie, so wenig wie der Gebirglerrr im Kreml.«

Sófocles starkes Gebiss grinste.

»Ein solches Urteil über Väterchen Stalin aus deinem Mund, liebste Ernesta?«

Moje zog *c7c6*.

Ernesta lächelte jakobinisch sanft.

»Marrria Santissima, ich bin Marrrxistin, mein lieber Sófocles, keine Stalinistin, das weißt du doch.«

»Das höre ich immer wieder gern, obwohl ich zugeben muss, dass ich, was mich betrifft, keinen entscheidenden Unterschied zwischen Marxisten und Stalinisten erkennen kann. Am Ende knüpften beide mich auf.«

»Chabis, allerliebster Sófocles. Du bist ein unverbesserlicher Rrromantiker. *Ah! ça irrra, ça irrra, ça irrra, les aristocrates à la lanterne!*«

Sie skandierte den Anfang der Melodie.

»Oder würde der Herrr verhinderter Sklavenhalter einen Sauerapfelbaum vorrziehn? Aber weder die Stalinisten noch wir werden dich aufhängen. Die Stalinisten, mit denen es allerrrdings vorbei ist, würden dich erschießen, und von uns wirst du eine schöne Stelle als Pförtner oder Nachtwächter einer Mülldeponie oder eines Spielzeugmuseums erhalten. Umgangsformen hast du ja.«

»Du bist garstig. Aber du könntest es wiedergutmachen, Lady Godiva, nachher im Blauen Salon. Ich habe einen Traum.«

»Nein nein, mein Lieber!«

Sie kicherte.

»Selbst wenn du mir einen Zelter schenken würdest. Ich möchte nicht als deine Pompe Funèbre in die Geschichte des *Caissa* eingehen.«

»Wenn ich an deine Lippen denke, Belladonna. Es wäre ein glücklicher, ein fabelhafter Tod. Tu felix Francia.«

Seine wässrigen Augen blickten verschwommen ins Weite.

»Ach, mein genusssüchtiger Sófocles, du Jägerrr immerdarrr. Aber nächste Woche bekomme ich ein paar neue Kleiderrr, Vivienne Westwood, ohne Nadeln und Nägel, keine Sorrrge. Dann lasse ich dich holen.«

»Aber, meine süße Ernesta, ich verstehe doch nichts von Frauenkleidern.«

»Aber das macht doch nichts, du Löli, du sollst die Kleiderrr ja nur bezahlen.«

Sie lachte wie ein Schiffshorn, männlich.

Czenjechin zog *g2g4*.

Moje zog ohne längere Überlegung *Sh5f6* und drehte sich zu Cela, die aber mit ihrem rechten Nachbarn im Gespräch war. Wahrscheinlich ging es um Science-Fiction-Romane, vielleicht auch um Filme. Moje hörte die Worte *unsterblich* und *Bladerun-*

ner. Er konnte sich nicht erinnern, wie der Nachbar hieß, der Ähnlichkeit mit Kaulquappe, dem Salemer Lateinlehrer, hatte[256], schwenkte sein Weinglas und vertiefte sich in das leuchtende, intensive, nicht zu haltende Ultramarinrot des Weines.

Der Wein, den man mit Augen trinkt. Dunkles Licht. Weinfeuer. Wein aus Scham, Lust, safranfarbenes Blut. Wein dämpft Schamesröte. Starke Getränke, zum Beispiel Kutschergetränke, dämpfen besser. Joyce, Majestic. Meine Erlebnisse in einer Kutscherkneipe. Weingärten. Herz des Lichts. Einmal Hölle und zurück. Wozu, Margarete? Unfug, Hölle!

Aus dem gekippten Fenster links vor Moje zog es plötzlich. Die beiden Kerzen neben dem Schachbrett flackerten zitternd, an der rechten rann eine wohlgestaltete Wachsträne herunter. Vasco strich mit Zeige- und Mittelfinger zwischen seinem Hals und dem hochgerutschten Hemdkragen entlang, erhob sich von seinem Stuhl am Tisch hinter Moje, umkurvte die Tische, glättete eine umgeschlagene Ecke eines Teppichs und schloss das Fenster. Moje sah nach oben. Unter der Zimmerdecke lief über alle vier Wände ein breites, sechsliniges, blasskretischpinkes Mäanderband entlang, das er bisher nicht bemerkt hatte.

Als Cela ihn ansprach, zählte er die Mäanderknoten.

»Willst du nicht mit mir anstoßen?«

Ihr rechter Nachbar war aufgestanden, um die Küchenbrigade für ihre Kochkünste zu beglückwünschen.

»Den Claret habe ich ausgesucht. Ein *1977er Chateau Haut-Brion.*«

Moje spürte sein Herz klopfen. Vielleicht würde er sich an diesem Abend doch noch nicht erklären müssen. *Es ist weniger wert als sein Ruf.*

Cela lächelte ihn an.

---

[256] *Kam sich immer viel wichtiger vor als die andren Lehrer. War vielleicht kein guter Einfall gewesen, deutsches Latein zu lernen, diese blökende Sprache, die die Bildungsgläubigen hält wie Vogelleim. Wo hab' ich das bloß gelesen? Hätte Griechisch lernen sollen, die Sprache des Geistes, die Emanation des niemals nachlassenden Intellekts. Obwohl …*

»Dein Jahrgang, Lieber.«

»Oh, das ist ja toll!«

Sie schien sehr fröhlich.

»Wusstest du, dass Samuel Pepys einen *Ho Bryon*, den er am 10. April 1663 in der *Royal Oak Tavern* in London getrunken hatte, in seinem Tagebuch erwähnt? Der außergewöhnliche Geschmack sei ihm vorher noch nie begegnet.«

Gut, dass Cela auf ein unschuldiges Themenfeld gewechselt war.

»Hast du auch Önologie studiert?«

»Nein nein, von Wein verstehe ich nichts. Ich habe nur kürzlich Pepys gelesen. Ein witziger Mann. Als er so alt war wie ich, war er Privatsekretär bei einem reichen Cousin, und in deinem Alter war er wegen Veruntreuung angeklagt. Er hatte sich Prisengelder gekaperter holländischer Schiffe in die eigene Tasche gesteckt, aber so wenig, gewissermaßen in so bescheidenem Maß, dass es ihn nicht sein Amt kostete.« Sie sah ihn schelmisch an. »Ich nehme an, dass du noch nichts unterschlagen hast.«

Sie gab ihm einen zarten, nicht zu leichten, nicht zu festen, nicht zu langen, nicht zu kurzen, nicht zu trocknen, nicht zu feuchten Kuss auf die Wange.

Offenbar erwartete sie tatsächlich nicht, dass er sich auf der Stelle zu ihrer Liebeserklärung äußerte.

26

In seinem *Gefängnistagebuch* berichtet Moje unter dem Datumseintrag *Sonnabend, 1001. Mai 11111011110* nicht nur vom Fortgang des Fests[257], sondern auch, mit ergreifenden Worten, von seiner damaligen dramatischen Gefühlslage.

Der Eintrag soll daher direkt und ungekürzt zitiert werden, hat Moje ja, trotz aller Ellipsen und Enthymeme, zu Formulierungen gegriffen, die zwar, würde ein Biograf sie verwenden, möglicherweise Stirnrunzeln hervorrufen würden, als selbsteigene, gewissermaßen unmittelbar authentische Äußerungen aus einem Heute, einem Jetzt aber mit einer tief berührenden Kraft daherkommen.

Nie wieder war ich so glücklich, so himmelhochjauchzend glücklich.

Was sonst war? Kann mich an wenig erinnern, nachdem du mich umarmt, geküsst, mir zugeflüstert hast, du liebest mich.

Der Abend die Nacht.

Der lange, unerbittlich sinnende Film-Noir-Blick Acácios über Phaons Schulter hinweg zu Koons' St. John the Baptist.

Der Kasatschok Alexanders.

Der Aufgang der Sonne über dem Rand des Vulkankraters am nächsten Morgen. Der allererste Sonnenstrahl der Schöpfung.

Aber dreiundsechzig Jahre nach der Erstaufführung des Zeichentrickfilms Gertie the Dinosaur geboren, in dem der Zeichner und Erzähler Winsor McCay die vierte Wand durchbrach, war ich noch nicht reif für eine Liebe, die mehr war als sensationelles Wohlgefühl.

Du liebest mich, hast du gesagt.

Der Abend, die Nacht, der folgende Tag.

That's the way it should have begun.

Dein Haar, dein Haar.

---

[257] Vasco habe in einer launigen Rede zum Auftakt der den Abend beschließenden Musikdarbietungen erwähnt, dass vor zweihundertachtundsechzig Jahren der *Messiah* Georg Friedrich Händels in Dublin uraufgeführt und vor sechsunddreißig Jahren Paulo de Carvalhos *Liebeslied E Depois do Adeus* im Rádio Clube Português ausgestrahlt worden sei.

I miss you, I think about your hair.
Ich fühle mich so einsam.
Kein Kraut, das heilt, Schweigen nicht und Sagen nicht.
Deine Nähe ist der einzige Traum, den ich träume.
Ich träume allein deinen Schatten, Schmerzenskönigin.
Meine Augen sind leer, Aphrodite hat mich verlassen.

Nach dieser vielleicht doch nicht absolut unschuldigen Anrufung Celas[258] wechselte Moje in seinen gewöhnlichen, erzählend erzählerischen Stil.

Zum von Cela ausgewählten Rotspon gab's Filet à la Wellington und Filets Mignons Lili. Die rauchig-fettig-erdigen Aromen des gebratenen Fleischs, des Foie gras, der schwarzen Trüffel ließen mich an wilde Abenteuer und halsbrecherischen Übermut denken, an Ikarus, an Odysseus, aber auch an Ewigkeit und Vergänglichkeit, an prasselnde Lagerfeuer unter wunderbaren, weiten Sternenhimmeln (strahlende Gebieter, herrlich in der Luft), an einsame Wanderungen durch herbstduftende burgundische Kastanienwälder.

Danach gab's britzelndfrisches Zitronenlimettenlimonensorbet.

Das Schachspiel hatte sich, wie ich meinte, erfreulich entwickelt. Vor dem gebratenen Täubchen, zu dem ein vorzüglicher roter Burgunder serviert wurde, besaß ich zwar einen Bauern weniger als Alexander, aber einen Läufer mehr. Nach dem vorletzten Gang, Spargelsalat an Champagner-Safran-Vinaigrette (sonderbar, dass mir der Name der Sauce eingefallen ist; ich dachte, ich würde mich nicht mehr an ihn erinnern können), ahnte ich allerdings, dass es nicht so gut um mich stand, wie ich eben noch gedacht hatte, trotz Bauerngleichstands und obwohl ich ohne weitere eigene Verluste Alexanders Türme hatte schlagen können. (Hat nicht Pierre Menard, der Neuschöpfer des Don

---

[258] Obwohl ihm das *Reflektiere!* vermutlich einen Augenblick lang als Forderung durch den Kopf ging (er merkte ja, dass er zitierte), reflektierte er sein Sehnsuchtsbedürfnis (ein ihm fremdes Sehnsuchtsbedürfnis, das er sich gleichwohl sehnsüchtig wünschte) beim Sprung ins Schreiben dann eben doch nicht (*Oh! Hegel!*), nicht anders als der Gläubige, der beim wild beherrschten Kunstsprung in den Glauben seinen bisherigen Zweifel als Sünde erkennt (*sin sin sin, zinzin zinzin zinzin*) und für immer (aber was heißt das?) hinter sich lässt (*Carammbâ! Flaubert!*).

Quixote, erwogen, das Schachspiel durch Abschaffung eines der Turmbauern zu bereichern?) Zu raffiniert hatte Alexander seine ihm verbliebenen Leichtoffiziere platziert.

Nach der Süßspeise (frische Pfirsichscheiben auf einem Chartreuse-Gelee-Bett; Vasco brachte einen Toast auf Paracelsus aus) war's dann nur eine Sache von drei Zügen und ich war matt.

Ein Ende, das mich deprimiert hätte, wenn meine glückliche Verliebtheit nicht jede negative Emotion verhindert hätte. Zuletzt hatte mir Alexander noch seine Dame geschenkt – das heißt richtiger, er hatte mich gezwungen, sie zu nehmen –, um mich trotz meiner grandiosen Streitmacht mit seinen drei ihm verbliebenen Leichtoffizieren matt zu setzen.

Er hatte mich glauben lassen, das Heft des Spiels in der Hand zu haben. Ich hatte mich von Figurgewinnen, von denen ich auch noch glaubte, dass ich sie durch meine überlegene Spielweise herausgespielt hatte, in die Falle locken lassen.

Ist es nicht merkwürdig, dass es fast bei jedem Schachspiel Figuren gibt, die bis zum Ende nicht bewegt wurden?

Hier enden Mojes *Gefängnistagebuch*-Aufzeichnungen zum Abend im *Caissa*, seine São-Miguel-Schilderungen überhaupt. Vom folgenden, dritten Heft an, dessen erster Eintrag unter der US-amerikanischen Datumsangabe *May 19, 2014* steht, finden sich nur noch wenige kurze, unbedeutendere Bemerkungen zu seiner São Migueler Zeit.

Vom weiteren Verlauf des *Caissa*-Abends wissen wir daher mit angemessener Sicherheit nur, was Moje zwei Jahre nach Malmesbury in seinem *Römischen Tagebuch* aufgezeichnet hat. Da wir nicht wie Verfasser historischer Romane aus mehr oder weniger gut begründbaren ästhetischen oder edukatorischen Gründen Wissensleerstellen durch pseudoteichoskopische Konjekturen füllen wollen (der trügerische Luxus der Fiktionen), fassen wir nur zusammen, was Moje in seinem *Römischen Tagebuch* explizit erzählt, zumal uns weder eine weitere Quelle noch ein weiterer Zeuge, der uns irgendetwas Bedeutendes außer dem, was wir ohnehin schon wussten, hätte sagen können, für unsere Recherche zur Verfügung stand[259].

Immerhin können wir dem *Römischen Tagebuch* entnehmen, dass nach dem Essen[260] noch getanzt wurde[261], dass Pedro, Henrique, Ian und Lourenço sich über eine Schachaufgabe, einen Sechszüger, beugten, bei dem vielleicht einer der weißen Springer eine wesentliche Rolle hatte, die Lösung aber nicht fanden, dass Maria sich mit einem dreihundertvierundzwanzigzügigen Miniatur-Bauhaushaus-Himitsu-Bako beschäftigte, tippend, schiebend, drückend, ziehend, leise süße *Ach-ach-achs* hauchend, dass Acácio, glühend, von Phaon, gelockt, auf einer alten gewölbten siebenchörigen Laute begleitet, einen Reigen *Airs de Cour* aus den *Airs de Differents Autheurs, Mis en Tablature*

---

[259] Keiner der von uns im Jahr 2020 befragten ehemaligen *Caissa*-Gäste wollte uns etwas über den weiteren Verlauf des damaligen Abends im *Caissa* mitteilen. Czenjechin und Vasco empfingen uns nicht, Acácio war unauffindbar. Und von Cela konnten wir lediglich in Erfahrung bringen, dass sie 2017 das *Ogygia* verkaufte und, so Ana Ferreira und Zara Alho Marquês, die neuen Eigentümerinnen des Hotels, nach Brasilien ziehen wollte, nachdem ihre Eltern nach dem Tohoku-Erdbeben 2011 nicht aus Japan, wo sie, um den Fuji zu besuchen, Urlaub gemacht hatten, zurückgekehrt und 2016 für tot erklärt worden waren. Sie hätten am Tag des Tsunamis einen Ausflug zu den Kieferninseln unternehmen wollen, um böse Dämonen, unter deren Einfluss sie geraten seien, zu verscheuchen, hatte die Rezeptionistin des Hotels *Palace Matsushima*, in dem sie die Nacht zuvor verbracht hatten, den Behörden zu Protokoll gegeben, und wären auch mit dem grün-schwarz gestreiften, orangerot gefleckten Kieferninselbus losgefahren, aber nicht zurückgekehrt.

[260] Es endete mit arabisch duftendem, tiefschwarzem, süß aromatischem, grünteegelbem, mildwarmem Gyokuro aus Yokode-Kyûsu- und höllisch heißem Kaffee aus langstieligen Kupferkannen (*I hätt gärn es Chacheli Gaffee. Sugar? One? Two? Three. My my! My Sugardaddy! Good? Marvelous!*), mit sämigen Likören aus geistvoll vergeistertem Obst aus langhalsigen Bouteillen (Vasco empfahl mit schnalzender Zunge Bätziwasser), mit schmeichelndem Brandy aus blitzenden Rautenflacons und süßbitterdunklen, proust-joyceschen Schokoladentrüffeln, als die Aprilnacht tiefschwarz in den Fenstern stand.

[261] Zu *It's a Game* der Bay City Rollers, *With A Little Bit Of Love (Music For Intelligent Young Ladies)* von Willy Albimoor And His Orchestra, Gene Chandlers *I'll Follow (You Stroll On With The Duke)* und *Imperial Zeppelin, Candle, Solitude* und *Sunshine* von Peter Hammill (*Fool's Mate*) wirbelten, quirlten, kreiselten alle. (*Mind the music and the step and with the girls be handy!*)

de Luth des älteren Gabriel Bataille vortrug[262], dass Teodoro, der sich, im Gedenken an Emil Jannings, die Perücke ausgezogen, das schüttere Kopfhaar nach hinten gekämmt, einen künstlichen silbergrauen Kinnbart und einen künstlichen silbergrauen Schnurrbart angeklebt und eine randlose Brille aufgesetzt hatte, dem ehrfürchtigen Henrique bedächtig die Karten legte[263], dass João rhythmisch verrätselte Schwyzer Alpenweisen auf der Handharfe spielte, frisch dazu jodelte und als Zugabe *Oh Mister Porter* sang, dass mit Ruhe und Würde zugehört (*Hört, hört! João singt!*) und begeistert *Da capo, da capo* gerufen, aber auch süß geschäkert und süßer noch, süßer noch als süß, geküsst wurde und manche Hand leise über die Kleidung (die Hose, die Bluse, den Rock), über die ein und wohl auch andere zärtlich erregte Stelle der begeisterten Nachbarin, des begeisterten Nachbarn strich, auch einmal beherzter zugriff[264], und dass sich die Festgesellschaft Punkt Mitternacht, unmittelbar nachdem die unsichtbare alte Standuhr dröhnend ihren zwölften langtönenden Schlag geschlagen hatte (*Ob sie in einem schwarzen Zimmer steht?*) In beschwingtester Stimmung auflöste, nicht ohne sich bei Vasco, der jedem seiner Gäste mit Grazie noch eine revolutionsrote Revolutionsnelke überreichte und graziös gute Nacht wünschte (*Guet Nacht, schlofet gut!*),

---

[262] *Zauberkräftige, über Haut Glieder Nerven, durch Herz Seele Rückgrat flutende Sehnsuchtslieder, Ozeane strömenden Schluchzens, zitternd pulsierende Sorgenlöser, schwellend pulsierendes Leben, quellend pulsierende Liebe (Liebe Liebe Liebe, oh Liebe), zärtlich pulsierendes Pochen, karminrot pulsierendes Delirium (Mehr mehr mehr! Mehr! Mehr! Oh mehr!).*

[263] Offenbar ging es um Siebenerreihen, die Pik 10, drei Damen, die Karo 8 und zwei rote 8er. Henrique, der an seiner Elefantenordenkette nestelte, hoffte auf die Herz 9 oder wenigstens die Kreuz-Nell, aber Teodoro erwiderte mit geschwellter Brust, auf dem der Ordensstern breit funkelte, in Englisch mit deutschem Akzent, t*hat Henrique should not hope anything, it comes as it comes, that it comes, that he, Teodoro, will not manipulate anything and must always tell the involuntary truth when laying cards, the truth and nothing but the truth.*

[264] Alle, Vasco, Gäste, Bedienerinnen, Köchinnen, waren sehr heiter, ausgelassen, ja beinah albern, keiner kämpfte dagegen an, doch niemand entblößte sich, niemand zeigte wie Baubo oder Priapos Möse oder Schwanz, niemand wurde vulgär, niemand kroch unter den Tisch.

überschwänglich für die Einladung zu dem wieder absolut unvergleichlichen, wieder vollkommen unvergleichlichen, wieder unvergleichlich unvergleichlichen Fest bedankt zu haben, *A charming, unforgettable evening. Besten Dank, besten Dank, besten Dank!*

Zwar hätten nicht alle, die als Paare gekommen seien, das *Caissa* auch wieder zusammen verlassen, aber niemand sei allein gegangen. (*Ángel, ¿terminado? ¡Y cómo, mi amor!*)

Auch von Mojes und Celas Nacht im Turmzimmer des *Caissa* (innen war, bemerkte Moje, nichts von einem Riss zu sehen) wissen wir so gut wie nichts.

Wir wissen nicht einmal, ob sie sich innig geküsst haben[265], geschweige, ob sie sich nackt sahen[266], Kupplers Willen taten[267] und sich zu einem innigen Symplegma zusammenfanden[268]. Zeigte sie ihm Cochinchina (*Yoyoyooh, saa*), das gleichschenklige, magische Dreieck, den Erdbeermund im Haar verwahrt, *sugar in her watermelon?* Bot sie seinem Lingam mit süßer Scham ihr allfeuchtes Yoni? Freiwillig? Oder bedurfte es Tarnkappenzaubers? *Hicha hicha gucha gucha, yuchyuu chyu guzu guzu suu suuu. Did she do it? O Pleitho, did she do according to your wish?* Hat sie's Kätzchen ins Säcklein gelassen? Hat sie's Kaninchenpfötchen ins Kätzchen gelassen? Hat sie's Schlänglein ins Kaninchen gelassen? Hat sie mit ihm die Planken gerieben? Hat sie seiner Brechstange die Gunst ihrer kreiselnden, kreisenden, kreiselnd-kreisenden Schenkel geboten? *Pink cut pink?* (Oder

---

[265] Ein erster Zungenkuss. Ein Kuss, der hinuntergeht bis zur Seele, ja fast lähmt.
[266] *Wenn du dich auszieht, sehe ich mich nackt. Darf ich? Vês os meus pés no espelho? Achas que são bonitos? E os meus tornozelos, gostas deles? Achas que os meus joelhos são bonitos? E as minhas coxas? Vês o meu rabo ao espelho? Achas que o meu rabo é bonito? E os meus seios, gostas deles? De que gostas mais, dos meus seios ou das pontas dos meus seios? E os meus ombros, gostas deles? E os meus braços? E o meu rosto? Todo ele? A minha boca, os meus olhos, o meu nariz, as minhas orelhas? Então amas-me totalmente?*
[267] *Jetzt ins Bett, das große weiße breite Bett! Und, weißt du, es gibt etwas sehr Wichtiges, das wir so schnell wie möglich tun müssen. Und das wäre? Ficken. Was wartest du? Das Liebchen leuchtet selbst den Weg dir.*
[268] *Two-in-the-bush*, das keuchende Tier, *hours of intercourse.*

WAP? (*WAP? Was WAP? WAP halt. Yadgana-Yoni. Hinterher Hintern her.*)) Did he do it (*Zuu sufu sufu chyu chyu chyu tsu zuu fufufuuu*), das Wenige von Männerwerk (*Nura nura doku doku doku*), into her (*Chyu chyu*)? Vielleicht am Fenster mit Blick auf den See? *Der Blick, der Blick, der Blick.* Welche Modi wählten sie? Welche er, welche sie? *Venus pendula? Venus pendula aversa?* In welcher Reihenfolge? Verflochten sie ihre Beine? *I kissed your feet, Senhorita.* Schwoll ihr scharfes Hahnenfüßchen? Brannte der Lüster in ihrer Wirbelsäule? *I felt fire inside me.* Summte sie, schrie sie, sang sie? Volle Töne, Trillertöne, Nachtigallentöne? *Itys Itys Itys.* Sang sie ihm etwas vor, damit er stolz auf sich sein konnte? Oder trillerte sie aus selbstvergessener Lust? Schrie sie den äonenalten Liebesschrei? Eine Kadenz von Liebesschreien? Ließ sie sich gehen? Wie eine Schwachsinnige? Were their hearts going like mad? *Oh ich zerfließ. Und ich zerplatz. Oh ah ohh ahhh ohhhhh ahhhhhhhhhh ohhhhhhhhhhhhh ahhhhhhhhhhhhhhhhhhhh.*[269]

Oder war's ein trockener Rutsch? Oder hatte er (*Tandaradei tandaradei schlaff schlaff schlapp*) Erektionsstörungen? (*Den Sti-Sta-Ständer hat man oder hat man nicht. Ene mene fix, Ene mene nix, Ene mene muh, Und draus bleibst du.*)

Fotografierten, filmten sie einander?

Dachten sie an Kinder? Dachte sie an Kinder, dachte er an Kinder? Sprachen sie über Kinder? Wie das Gesetz es befiehlt?

Aßen sie Schokolade? Im Bett? Vorher? Hinterher? Zwischendurch? Währenddessen?

Oder hat sie sich ihm nur gezeigt, in all ihrer wunderbaren unverhüllten Schönheit, gezeigt gezeigt gezeigt, nur gezeigt, nicht mehr? (Obwohl's vielleicht Größeres, Verheißungsvolleres, Aufregenderes als Sehen ja nicht gibt)

---

[269] Die zwischen den Turmfenstern hängenden Pochoirs aus Gerda Wegeners *Les Délassements d'Eros* (*Nach dem Ball, Feenkuss, Das Mädchen und der Schwan, Mädchen und Fauna mit Pfauenfeder*) werden ihre Lust aufeinander nicht gedrosselt haben. Allerdings tickte über ihrem Bett Graf Tolds kubistisch-expressionistische Sonne-Mond-Komet-Sterne-Uhr.

Oder nicht mal das? Schliefen sie nichts als einen Schlaf, einen gesunden, natürlichen, schlafenden Schlaf ohne geschlechtliche Erkenntnis, schlafend schlafend schlafend schlafend, Kopf bei Fuß, Fuß bei Kopf, Fuß bei Kopf, Kopf bei Fuß, Kopf bei Fuß bei Kopf bei Fuß? (Wo ist oben, wo ist unten, wo ist ein Mann ein Mann, wo eine Frau eine Frau?)

Mojes Eintragung im *Gefängnistagebuch*, er erinnere sich an die rosenfingrige Eos, den Aufgang der Sonne über dem Rand des Vulkankraters am nächsten Morgen, diesem wunderbaren Sonntagvormittag im schönsten Frühjahr, an die Erneuerung der Welt, ist, abgesehen davon, dass an diesem Tag der Himmel über São Miguel bei Sonnenaufgang dicht verhangen war und es regnete, denkbar nichtssagend, was die Nacht mit Cela betrifft[270], und in seinen anderen Aufzeichnungen erwähnt Moje die Nacht nicht, weder ex- noch implizit. Den einzigen Anhaltspunkt, wie jene Nacht verlaufen sein könnte, haben wir in einer Bemerkung, die Moje, sentimental gestimmt, ein wenig weinerlich, gegenüber dem leicht übergewichtigen Mann, für dessen Namen und Beruf wir leider nur Indizien haben[271], der auch kein Komödiant, Gorilla oder Braunbär war, am 31. Januar 2020 in der übel beleumundeten Amsterdamer Kaschemme *Mexico-City* in der Sweelinckstraat nach einem letzten von mehr als einem Dutzend alten holländischen Genevers, der wie's Leben brannte, gemacht hat[272]: »Ich habe ein einziges Mal in

---

[270] Auch die Anmerkung im *Römischen Tagebuch* im Anschluss an die Beschreibung der Gefühle, die er während des Besuchs des Petersdomdachs empfand, dass Gerti sich einmal gewünscht habe, auf der obersten Plattform eines alten toskanischen Geschlechterturms geliebt zu werden, von unvergänglichen weißen Schmetterlingen umflattert, vornübergebeugt über die von der oberitalienischen Sonne beschienene warme Brüstung, mit weitem, unbehindertem Blick über das Gewusel der Welt (*Urbi et orbi. Wie lange ist das her! Wie schnell Gerti mir nichts mehr von ihren Wünschen erzählt hat*), halten wir nicht für einen Hinweis auf die hohe Nacht im achteckigen *Caissa*-Turm.

[271] Er trug einen alten, grün paspelierten schwarzen Boxermantel mit der grünen Rückenaufschrift *Seymour Bushe* über einem verwaschen marineblauen Trainingsanzug.

[272] Ein altes *Hupfeld-Phonola* spielte Cole Porters *Let's do it*, ein Gast sang leise den Text dazu. Bei *The Dutch in old Amsterdam do it* schluchzte er.

meinem Leben nicht mit der Geliebten, mit der ich im Bett war, geschlafen, und ausgerechnet diese Geliebte war meine wahre große Liebe, mon seul désir, my only love.«

Wir dürfen annehmen, dass er Cela im Sinn hatte.

Als Moje nach dem immer wieder von seltsam belanglosem Beschweigen unterbrochenen Gespräch mit jenem rätselhaften Mann[273] die Spelunke verließ[274], murmelte er *Veilchenbusige, wassermelonenzuckrige Cela*, bevor er den Kragen seines Trenchcoats hochschlug, um mit fiebrigem Herzen hinaus in die dunkelsilbrige, kaltfeuchte, von schwachen bläulichbeigen Gaslaternen und blassorange leuchtenden Fenstern zweifelhaft illuminierte, stern- und mondlose Nebelnacht zu gehen, eine wattig lautlose Nebelnacht ohne Nebelgeschmack, wie im Hollywoodfilm, wenn nachts auf dem Rollfeld, auf dem das rettende Flugzeug wartet, züngelnde Nebelschlangen lockend sich drehen.

Ob er eine der mit Spezereien reich parfümierten Damen hinter den großen blankgeputzten Scheiben aufsuchte (Man kann sich in einen Geruch verlieben. *Sag mir doch, welches Parfüm benutzt deine Schöne!*), eine der lichten linnen-lifting Fensterdirnen aus aller Herren Länder (*The dames of France are fond and free, and Flemish lips are willing, and soft the maids of Italy and Spanish eyes are thrilling*), eine der bonnes à tout faire mit ihren Leibern voll kühner Finesse und lockenden Schwungs, eines der Bettmädchen, deren gastfreundliche Lippen *Nepenthe*,

---

[273] Weniger ein Zwiegespräch als eine von kurzen, lakonischen Kommentaren des nicht sehr interessiert sich gebenden Mannes begleitete monologische Lebensbeichte Mojes. (Wenn die Kellnerin einen Genever brachte, tätschelte der Mann ihren Hintern, was die Frau jedesmal mit einem kichernden *Oeps* beantwortete.)

[274] Kurz vor Mitternacht, das Wetter war stimmungsgemäß. Wenn Moje sich auch nicht dafür entschieden hatte, herrschte das Wetter zu dieser Stunde an diesem Ort vermutlich immerhin physikalisch notwendig, 11 °C, 94 % Luftfeuchtigkeit, leichter Niesel, 5 Bft. Der aus der im Département Cantal gelegenen Dreihundert-Seelen-Gemeinde Saint-Jacques-des-Blats stammende, leicht übergewichtige Mann hatte noch angemerkt, *que la femme était la seule chose qui restait aux hommes du jardin d'Épicure.*

ignorance of pain, schenken gegen Trauer, Kummer und Groll und alle schmerzenden Kreiselerinnerungen, eines der neckischen Mädchen ohne Höschen?

Cherchez la flamme, fammfamm fammfamm!
Um noch ein letztes Glück zu kaufen, zu erhalten, zu holen? Sicherlich kein selbstmörderisches.

Kommt kommt, hier ist alles voll Gelegenheiten! Berühre berühr mich, küsse küss mich! Gesicht Hände Brust Bauch Rücken Arme Schenkel Mitte. Küsse küss mich! I hope you like kissing me kissing me, I like kissing you kissing you.

Ob er den Traum, den wohlfeilen Traum, die Reise nach Indien, zum Garten der Welt, in die vergängliche Ewigkeit der irdischen Freuden antrat, der Spur der Huris folgte?

Auf Flügeln des Gesanges, Herzliebchen, trag ich dich fort, fort nach den Fluten des Ganges, dort weiß ich den schönsten Ort.

Ob es ihn zur rothaarigen Kohlenkaihure zog? Zu den Selbstständigen außerhalb der Lupanare, den Apachinnen, Irokesinnen, Komantschinnen, Phäakinnen, Stricherlmetzen, Hurenutten, Bordsteinbienchen, Branntweinschwälbchen, Wodkaflitscherln, Sakestrizzis?

Atem atmen. Lebendigen Atem atmen. Drosselsüßen Atem atmen.

Wann immer du dort bist, gibt's dorten ein Sein.

Ob er, oh Teiresias, davon träumte, eine von Krakententakeln träumende Frau zu sein?

Sklavin der Schönheit. Plötzlich erstarrt die züngelnde Zunge, läuft ein zuckender Blitz durch den bebenden Leib, ist's vor den weit geschlossenen Augen spiegelschimmernddunkel, gellen die Ohren nach Mehr, nach Genug, nach Genug, nach Mehr; kalten Schweiß auf Brust und Bauch, durchbebt mich ein göttlicher Schauer, blasser als die welkste Blume bin ich, und wenig noch fehlt, dass ich nicht atemlos sterbe.

Oder ob er sich, genevernächtig, hirnneblig, dem wattigen Nebel, der filzigen, gelben, fetten Nachtluft hingab?

Ob ob ob. Wir wissen es nicht.

Den nächsten Tag, 25. April 2010[275], Dia da Liberdade, verbrachte Moje unspektakulär.

Cela stand kurz vor Sonnenaufgang auf. Bevor sie das dunkle Turmzimmer verließ, erzählte sie Moje, der im großen, runden Bett liegengeblieben war, dass sie Francisco einen *Gingko biloba* als Lebensbaum und Erató eine *Robinia pseudoacacia* (*Eine rectissima, Jean Robin zu Ehren, der heute vor 381 Jahren gestorben ist*) als Bienenweide in den Garten und beiden ein schmales Beet *Ipomoeae albae* neben das nach Süden gehende Schlafzimmerfenster pflanzen werde, und gab ihm zum Abschied einen kurzen leichten Kuss auf den Bauch.

»Ζωή μου, σᾶς ἀγαπῶ.«

Nachdem Moje, der plan und glücklich wieder eingeschlafen (*Ich spürte den Sonntag, das Morgenrot*) und erst drei Stunden später, gegen halb zehn, wieder aufgewacht war[276], sich

---

[275] Vierhundertsechsundvierzig Jahre zuvor hatte Johannes Calvin sein Testament fertiggestellt. Zweihundertachtzehn Jahre zuvor war der Straßenräuber Nicolas Jacques Pelletier als erster Mensch auf einer Guillotine hingerichtet worden. Siebenundsiebzig Jahren zuvor war Ludwig Müller, Pfarrer für den Wehrkreis I in Königsberg und Landesleiter der Deutschen Christen in Ostpreußen, von Hitler zum Sonderbeauftragten für evangelische Kirchenfragen ernannt worden. Fünfundsechzig Jahre zuvor, zwei Wochen vor Ende des europäischen Teils des Zweiten Weltkriegs, hatte um dreiundzwanzig Uhr fünfundvierzig mit der Bombardierung der auf der norwegischen Halbinsel Vallø gelegenen, von den Deutschen betriebenen Erdölraffinerie die letzte größere Attacke der Royal Airforce Bomber Command auf strategische Ziele der Deutschen begonnen, was durch Fehlabwürfe zu dreiundfünfzig Toten unter der in der Nähe der Raffinerie wohnenden norwegischen Zivilbevölkerung führte. Sechzig Jahre zuvor war von ehemaligen Offizieren der aufgelösten Koninklijk Nederlandsch-Indisch Leger in Ambon eine Gruppe von gut einhundertfünfzig Inseln und Inselgruppen in der Banda-See zwischen Sulawesi, Timor und Neuguinea zur Republik der Zuid-Molukken ausgerufen worden, die allerdings innerhalb von fünf Jahren von Indonesien vollständig zurückerobert wurde. Drei Jahre zuvor war Boris Jelzin nach einem prachtvollen Requiem in der Moskauer *Christ-Erlöser-Kathedrale*, an dem auch Wladimir Putin teilnahm, auf dem *Nowodewitschi-Friedhof* nach russischorthodoxem Ritus beerdigt worden.

[276] Er hatte weder von einem geistabwesenden Krieg geträumt noch war er von Presslufthämmern geweckt worden.

geduscht, angezogen[277] und im Saal[278] von Vasco verabschiedet hatte[279] (*Uf baldigs Widerluege!*), fuhr Moje mit Acácio, der zusammen mit Phaon, der, wie Cela, im Morgengrauen aufgestanden und abgefahren war, gleichfalls im *Caissa* übernachtet hatte, durch vage wellendes Terrain nach Ponta Delgada zurück. Weder Moje noch Acácio, der seine Sunvisor-Kappe im *Caissa* vergessen hatte, war nach Gespräch, sodass sie, von einem kurzen *Boa tarde* abgesehen, bis zur Ankunft kurz vor Mittag am *Ogygia* nicht miteinander sprachen. Auch nicht, als ein stattliches Helmperlhuhn direkt hinter Relva so unvermutet aus einer Lücke der Ligusterhecke, die die Straße säumte, auf die Fahrbahn vor ihnen trippelte, dass Acácio scharf bremsen musste, um den Vogel nicht zu überfahren. Nicht einmal, als Acácio das Auto anhalten, aussteigen und einen schwanzwedelnden Hund wecken musste, der kurz vor der Einfahrt nach Ponta Delgada mitten auf der Straße schlief, lang ausgestreckt.

---

[277] Boxershorts, T-Shirts, Socken und merzerisierte Baumwollhemden seiner Größe lagen im Bad bereit.

[278] Aus dem Restaurant war ein französisch anmutender Salon mit Empire-Möbeln geworden. Die Kunstwerke waren nicht entfernt worden, aber aus Koons *Metallic-Venus-Vase* quoll statt Narzissen ein üppiger, dichter Strauß hokusaiweißer Chrysanthemen.

[279] Er hatte Vasco bitten wollen, die *Flora Graeca* ansehen zu dürfen, aber die Bitte in einer Mischung von Verlegenheit und schlechtem Gewissen nicht mehr zu äußern gewagt, nachdem ihn Vasco fest umarmt und, nach einem tiefernsten, fast traurigen Blick in die Augen, auf Deutsch ermahnt hatte, Cela nicht unglücklich zu machen. Mach Cela nicht unglücklich! Rasch wendet ein Schatten das rosa Glück! (Offenbar war Vasco auf dem Sprung zu einem festlichen Empfang. Gekleidet in Cut und Klappzylinder, schwebte neben ihm auf glänzendschwarzen Pokkuri-Geta mit sündroten Samtriemchen eine junge, in einen achtfarbigen, feierlichen Seidenkimono gehüllte Japanerin (*Ob sie ein Korsett trägt? Ein Korsett aufschnüren ...*), am Obi ein Kobra-Netsuke aus Elfenbein und ein mit makellosen Kirschblüten bemalter Inrô. Sie trug einen kamelienroten Federfächer in der zarten, ätherischen rechten Hand und einen anmutig schief gehaltenen, orientgrünen, kamelienölgetränkten Sonnenschirm, der Moje an Francisco Goyas *El quitasol* erinnerte (*Kein mütterlicher Schirm*), in der ebenso ätherischen Linken, die Kordelschlaufe fest ums Handgelenk geschlungen.)

Erst beim Abschiednehmen vor dem *Ogygia* wechselten sie einige Worte. Acácio war ausgestiegen und hatte Moje die Tür geöffnet. Moje fragte, was er Acácio für die Führung schuldig sei, aber Acácio weigerte sich, Geld anzunehmen. Er habe die Fahrt mit dem allergrößten Vergnügen durchgeführt und sei mit dem gestrigen Abend und der schmuckreichen venezianischen Nacht im *Caissa* schon überreich belohnt. Er verbeugte sich leicht, sagte ernstlächelnd Ihr ganz ergebener Diener, stieg zurück in seinen *Prefect* und fuhr leise davon.

Moje aber ging in sein Zimmer. Auf dem Schreibtisch barg eine schwere silberne Glosche mit Greifengriff ein kräftig kräftigendes, männlich nährendes Frühstück. Die Schokolade, das getrüffelte Rührei und die *Dobrada à moda do Porto* waren noch warm.

Abends um acht traf er sich mit Cela in der leeren Lobby des *Ogygia*, um mit ihr auf Czenjechins sagenhafte Yacht zu gehen. Czenjechin hatte als Sieger des Schachspiels nicht nur ihn, sondern, meerlächelnd, auch Cela eingeladen. (*Mitten im Ozean hab ich ein Haus erbaut.*[280])

Vorbei an letzten Abendmahl-Pflastermalern, kollabierten Kokainisten, in Hauseingängen lungernden, auf den goldenen Schuss wartenden Fixern (*Immer warten wir, warten wir, warten wir. Morituri non salutant*), dumpf dämmernden Morphinisten, einäugigen, die Hände in flache Schüsseln mit Haferbrei klatschenden Gauklern in hafermehlfarbenen Jogginghosen, alten, zahnlosen Huren in fleckigen Pareos und zerrissenen Netzstrümpfen (*Por dez euros chupo e lambo*), falschen Fünf-Euro-

---

[280] Cela hatte, nachdem Moje die Einladung, die Czenjechin direkt nach Ende des Schachspiels ausgesprochen hatte (*Dann darf ich Sie jetzt einladen, Rochus, gleich für morgen Abend; mein momentanes Heim liegt im Hafen direkt neben der havarierten Nausikaa; wenn es Ihnen und Cela passt, um acht Uhr dreißig*), lachend und wie nebenher angenommen hatte, zwar gegen Ende der Caisserie versucht (*und, am nächsten Abend, noch auf dem Weg zum Hafen*), ihn vom Besuch der *Oceania* abzubringen (*Die Oceania ist kein guter Ort. Lass uns morgen Abend lieber irgendwo allein einen Wein trinken. Ich kenne eine wunderbare taberna. A friendly face in a friendly place is what I like to see. I know what tomorrow will bring*), aber er ließ sich nicht umstimmen.

Jüngferchen in Miniminiröckchen und omphalosfreien Tops, mittellosen, sabbernden Pornosophen in Fässern, in Krücken hängenden krätzigen Bettlern[281], vorbei an frech grinsenden, goldzahnigen Hütchenspielern, schwarz gekleideten Gedankenlesern, goldkettenklimpernden Drogendealern, Bordellschleppern in schrillbunten Nylonblousons, leeren Schnapsflaschen, fettigen *McDonald's*-Tüten, zerknüllten Papiertaschentüchern, zerrissenen Kartons, Papiergirlanden und Flugblättern (*Elias super pellem*), Zigarettenkippen, olivbraun dampfenden Gullys, Erbrochenem[282], vorbei an zwei altertümlichen Wassersprengwagen und einer Gruppe Straßenfeger mit breiten hölzernen, gummibelippten Wasserschiebern, stiegen Moje und Cela[283] Punkt halb neun[284] die mit rotweißen Revolutionsnelkengirlanden üppig geschmückte Gangway der am Ende des Überseekais liegenden metaphysisch physischen *Oceania* hinauf. Vor der futuristischen Yacht lag die *Empusa*, ein mit seltenen Erden

---

[281] Unter einem der trostlosen Arkadenbögen eines langen, aschbraun getünchten Lagerhauses, vor dem ein Mädchen in einem kurzen Trägerkleidchen mit einem kurzen Stock einen Hula-Hoop-Reifen über das Katzenkopfpflaster trieb, drängten sich in einer Ecke fünf zerlumpte, verängstigte Fortgeworfene, Blinde mit verklebten Augen (*vile jellies*), während von irgendwoher eine asthmatische Dampflokomotive keuchend pfiff. Eine in grobes braunes Wolltuch gewickelte Hökerin mit violettem Gerstenkorn pries leise murmelnd ziegelrote Gummihandschuhe, die sie mit Sicherheitsnadeln an die Hauswand geheftet hatte (*Luvas de borracha usadas, acabadas de lavar, o par dois euros, três pares cinco euros, luvas de borracha usadas*). In einem dunklen Hauseingang kniete eine junge Frau sehr nah vor einem Soldaten, der über sie hinwegsah. Ein auf dem Straßenpflaster sitzender, irr blickender Alter mit einem Heftpflaster quer über der freiheitsliebenden russischen Nase glättete die zerknitterte Feiertagsausgabe des *Jornal Do Homem Li*vre.

[282] Es roch, wenn man unterscheiden wollte, nach Joints, Urin, Hundekot und billigem Pommes-frites-Fett, nach karger Gier und primitiver Lust.

[283] Moje fasziniert, Cela (Kajal um die Augen, Augenbrauen dunkel nachgezogen, das köstlich duftende Haar gescheitelt und mit dünnen roten, blauen und weißen Bändern zu zwei starken, von den Schläfen bis zur Hüfte reichenden Zöpfen geflochten) melancholisch schweigend, bangen Herzens. (*Yeah, take me from this garden of evil, deliver me over yonder, well I don't have long to hang around here, I don't have long to ponder.*)

[284] Eine eherne Kirchglocke schlug gelangweilt 8½. (*Ist in keinem andern Heil, ist auch kein andrer Name den Menschen gegeben denn ... Dass sich beugen sollen aller derer Knie, die im Himmel und auf Erden ...*)

beladener schwarzer Bulk Carrier mit zwei hohen, senkrecht aus dem schweren Rumpf in den Himmel ragenden Schornsteinen, hinter ihr die havarierte schöne *Nausikaa*.

Der Luftdruck betrug 1016 mbar, die Temperatur 16 °C, die Luftfeuchtigkeit 87 %, die Stärke des aus Südost wehenden Windes 4 Bft.

Die hundertfünfzigeinhalb Millionen Kilometer entfernte Sonne war um zwanzig Uhr siebenundzwanzig (Hora legal) bei 288° im Atlantik untergegangen. Astronomisch dämmern würde es bis zweiundzwanzig Uhr vier, danach wäre es sieben Stunden und vierzehn Minuten lang nachtschwarze Nacht.

Der immer noch gut dreihundertsiebenundsechzigtausend Kilometer entfernte Mond stand groß am Himmel. Er war um siebzehn Uhr sechsundzwanzig aufgegangen und würde am kommenden Morgen um fünf Uhr sechzehn untergehen. Seine zur Erde gewandte Seite war, von der Erde aus betrachtet, zu 91,5 % beleuchtet. *Irdene Erde, Himmel ohne Mond. Sieh ab von den physikalischen Konsequenzen.*

Am Ende der Gangway wurden sie von Czenjechin mit offenen Armen herzlich begrüßt. Cela und Moje hatten drei letzte gemeinsame Stunden vor sich. Als Moje am nächsten Tag aufwachte, befand er sich ohne Cela auf hoher See.

27

So enden wir denn unsere Prostasis (*Es nehmet aber und gibt Gedächtnis die See*), fügen aber zwei bisher unveröffentlichte Texte Mojes hinzu, als Post-Credit gewissermaßen, zur Entspannung und Beruhigung.

Denn dass der vorliegende Bericht trotz seiner eine geradezu sophokleisch-mythische Spannung aufbauenden Plot-Line nicht mit einer mythischen Schürzung, sondern einem offenen Schluss, einem Nonfinito endet (*Komm! ins Offene, Freund!*), wird zweifellos ein leises, abwehrendes Unbehagen bereiten (es ist ein Wirrwarr, aber eben Mojes Geschichte), das zwar durchaus wünschenswert ist, weist es ja darauf hin, dass wir uns und die angebliche Ordnung der Welt immer wieder philosophisch infrage stellen sollen, aber nicht länger als eine erträglich kurze Zeit lang und keinesfalls als Letztes vor dem Schlafengehen. Schließlich möchten wir keinem unserer Leser, von denen wir zuversichtlich annehmen, dass sie nicht dazu neigen, abends Laudanum, rohes, saftschwitzendes Fleisch oder gänzlich Unverdauliches zu verzehren, apokalyptische Träume bereiten.

Fuji, der erste Text, stammt aus dem *Römischen*, *Americana*, der zweite, aus dem *Gefängnistagebuch*.

Was kann eine beunruhigte Seele mehr kalmieren als die Betrachtung eines in den schimmernden, offenen Himmel ragenden Bergs oder die Lektüre einer uferlosen Namensliste? Selbst jemand, der während der Betrachtung des Flugs einer nichteuklidischen Fliege an sich und der Welt zu zweifeln begonnen hätte[285], würde Seelenfrieden finden. Kein Suchen mehr, keine Komplimente mehr.

Shanti, shanti, shanti.
Slan leat.
Good night, ladies, good night, gentlemen, good night, good night, good night.
Procul recedant somnia et noctium phantasmata,
hostemque nostrum comprime, ne polluantur corpora.

---

[285] *Ich brauch einen Schnaps, dann ertrinkt sie.*

28

Fuji

Mit dem ewig emporragenden Fujisan kann man sich auf vielerlei Arten und Weisen befassen.

Man kann ihn aus unendlich vielen unterschiedlichen Richtungen und Entfernungen betrachten, im Wntr Smmr Frhlng Hrbst, stehend sitzend liegend gehend laufend rennend, aus einem Eisenbahnzug Flugzeug Fesselballon Auto Bus Hotelfenster heraus (mit Kopfhörern auf den Ohren Alone in Kyoto von Air hörend), von einem Schiffsdeck Hochhausbalkon Parkplatz Weg Garten Park (zum Beispiel dem Arakurayama Sengen Park) aus, ruhig unruhig melancholisch heiter wütend traurig verbittert nachdenklich beiläufig erwartungslos zufrieden glücklich, als Sterbender Liebender Einsamer Versicherungsmathematiker Handwerker Künstler Vulkanologe Tänzer Bäcker Schriftsteller Filmregisseur Kassierer Ethnologe Japanologe Arbeitsloser, durch Häuserschluchten und Bäume hindurch, über eine Stadt oder Blumenwiesen oder raues Felsgeklüft hin, im Morgengrauen oder Abendrot, bei Regen Schnee Sturm Windstille Kälte Wärme, von der Sonne beschienen, halb verborgen hinter Wolken (weiße Früchte, geschwellt um die chaotisch schwebenden Keimkörner des Regens), allein mit Freunden unter Unbekannten, als Japaner Deutscher Kenianer Nepalese Chilene Grieche, als General oder Deserteur, als Frau (als intelligente freie zupackende wortgewandte witzige gelehrte starke selbstbewusste kämpferische sexuell aktive aufgeklärte leidenschaftliche Frau), als Mann Kind Greis, als Hetero- Homo- Trans- Bi- Inter- Poly- Pan- Para- Asexueller, als Bischof Papst Heiliger Häretiker Atheist (wenn man das sein kann), als Buddhist Muslim Hindu, als Philosoph oder als nie müder nie schlafender nie uninteressierter Narr, zum ersten oder zum tausendsten Mal.

Man kann ihn vom Gipfel des Kitadake, von den Ufern der Fuji-Seen oder, Kuro-Tamago essend, vom Tal Owakudani aus betrachten. (Allerdings zeigt er, wenn es nieselt und nebelt am Gipfel des Kitadake, an den Ufern der Fuji-Seen oder im Tal Owakudani sein Schneeantlitz dort nicht.)

Man kann ihn mit einem Flugzeug oder Hubschrauber umfliegen.

Man kann mit einem Heißluftballon an ihm vorbeifliegen.

Man kann ihn, wenn man den Weg über den Pazifischen Ozean das Japanische Meer durch die Tsugarustraße die Straße von Shimonoseki und das Setobinnenmeer um die japanische Hauptinsel Honshû herum nimmt, mit einer Yacht in ein bis zwei Wochen umsegeln.

Man kann sich auf einem Floß von der Meeresströmung Kuroshio an ihm vorbei tragen lassen.

Man kann ihn besteigen.

Man kann in eine seiner Wind- Eis- Fledermaushöhlen (keine Liebeshöhlen wie der an der südlichen Steilkante des Eyjafjallajökull gelegene Paradisarhellir) eindringen.

Man kann ihn fotografieren.

Man kann ihn wie Fiona Tan fotografieren.

Man kann einen Film über ihn drehen.

Man kann, wie Akira Kurosawa, an seinen Hängen einen Film drehen, in dem ein wandernder Wald eine Hauptrolle spielt.

Man kann, wie Doris Dörrie, einen Film drehen, in dem er der Sehnsuchtsort einer Frau ist, die ihn aus Liebe zu ihrem Mann, der nicht nach Japan möchte, nicht besucht.

Man kann ihn nach Fotos malen.

Man kann Skizzen von ihm anfertigen.

Man kann einen Schattenriss von ihm schneiden.

Man kann ihn malen, während man vor ihm steht und ihn immer wieder unbestechlich betrachtet. (Wie Paul Cézanne die Montagne Sainte-Victoire.)

Man kann aus seinem Gestein Künstlerfarben herstellen.

Man kann seine Steine bewundern.

Man kann von seinen Steinen diejenigen bewundern, auf denen gelegentlich ein Gott sitzt und schweigend aufs Unendlichkeitsgefühle hervorrufende Meer schaut.

Man kann ihn aus dem Gedächtnis malen.

Man kann unter seinem Gipfel eine Dialektik des Gedächtnisses und Vrgssns schreiben.

Man kann ihn als Miniatur in Ton formen.

Man kann vor seinem Antlitz durch gewaltige sich fingrig überschlagende Wellen rudern, flüchtige Wolkenstudien betreiben (Schaut die Wolken, die Wolken!), über zierlich ragende Bogenbrücken gehen, zentnerschwere Säcke tragen, mit Mätressen und Huren mit Turmfrisuren picknicken, hoch mit verfaulter Mahd beladene Zossen an der Leine führen, mit ruderlosen Pfeilbooten über Flüsse setzen, schleimiglockende Hügel besteigen, morsche Eschendauben zu einem Destillatfass zusammenfügen, glotzäugige Papierdrachen steigen lassen, auf kühnen Kähnen kriegslüstern Konterkunde kolportieren, ein vernachlässigtes Leben lang hausen, onanierend kopulierende Reiher beobachten, dynamitfischen, vertrocknete Bäume umarmen, in einer verlausten Hütte sterben, sämtliche Ausweispapiere durch einen Windstoß weggeblasen bekommen, mit schartigen Fuchsschwänzen Nute in Galgenbalken sägen, aus löchrigen Töpfen pestilenzischen Unrat ins tote Meer schütten, Klippschuldächer mit Kommissbrotziegeln flicken, Falschgeld waschen, in aufgelassenen Tempeln Satansmessen feiern, auf den Teeweg pissen, einen roten räudigen Falken beizen, gegen klappernde Wassermühlen anrennen, abends gerade noch lebend aus dem Steinbruch ins Nachtdorf zurückschleichen, vom tobenden Meer an die Felsküste geschmettert werden, zu Tode erschöpft darniederliegen, segeln, Mädchenhandel treiben, auf einem tollwütigen quadratischen Schlachtross im Kreis herum jagen, rosaroten mohnroten scharlachroten weißen Mohn pflanzen, Atombombenwolken mit offenem Maul begaffen, ohnmächtig sein, durch verstrahlte Kieferwäldchen reiten, fremdes Bauholz stapeln, einer Geißlerprozession sich anschließen, mit Yakuza Hanami feiern, ein ehernes Joch mit Tragkörben voller gewaschener Steine tragen (trockene, temporär übermütige), in kalter Mrgndmmrng zur verhassten Arbeit schleichen, ins Gebirge ziehn um nie mehr zurückzukehren, verzweifelt Bullengespanne zu dirigieren versuchen, von Nematoden zrfrssnn Tee ernten, schwarze Schiffe beladen.

Man kann seine Geschichte (seine Geologie Flora Fauna Mythen Legenden, die sich um ihn ranken) wissenschaftlich erforschen.

Man kann ihn anaxagoreisch für eine Quelle des Lebens halten (ohne Wasserrauschen).

Man kann sich in einer Gefängniszelle, aus der heraus er durchs Gitterfenster sichtbar ist, mit dem Problem der Quadratur des Quadrats beschäftigen.

Man kann über ihn nachsinnen.

Man kann über ihn nachsinnen, während man Wolfgang Rihms Magma, Die Vorzeichen, Spur, Grat, Abkehr, Abgewandt, Abschieds-Marsch, Dunkles Spiel, Skoteinós, Lichtzwang, Nachtordnung, Kalt, Gejagte Form, Segmente, Cuts and Dissolves, Gebild, Fetzen, Splitter, Nucleus, Sub-Kontur, Dionysos, Quo me rapis, Verwandlung, Tristesse d'une étoile, Deploration, Apokryph, Sine nomine oder Styx und Lethe hört.

Man kann ihn besingen.

Man kann sich von ihm zu einer Sinfonie einer Oper einer Klaviersonate einem Orgelpräludium inspirieren lassen.

Man kann sich von ihm zu einer Symphonie des Grauens inspirieren lassen.

Man kann ihn in Gedichten (Tanka (Haiku)) feiern.

Man kann ihn für die Verkörperung der alles überragenden Gerechtigkeit in der Welt halten.

Man kann zu seinem Gedächtnis Gedichte von Wilhelm Albert Włodzimierz Apolinary de Wąż-Kostrowicki (Guillaume Apollinaire AAaa') rezitieren.

Man kann ein Parfüm (Restaurant Kaufhaus Auto Computerfirma) nach ihm benennen.

Man kann ein banales Parfüm nach ihm benennen.

Man kann von ihm aus in den Nachthimmel hinaufschauen.

Man kann von ihm aus das Sternbild des Drachen sehen.

Man kann ihn sich als Glücksbringer vorstellen (am Neujahrstag über einem bunten Takarabunebild unterm Kopfkissen).

Man kann, den Kopf auf einem runden Stein, von ihm träumen.
Man kann über ihn meditieren.
Man kann ihn für schön halten.
Man kann sein Aussehen für schön halten.
Man kann ihn auf eine vergessene Art für schön halten.
Man kann sein Aussehen auf eine vergessene Art für schön halten.
Man kann ihn für heilighalten.
Man kann seinen Asamaschrein besuchen.
Man kann ihn verfluchen.
Man kann den Sonnenaufgang (Goraiko) von seinem Gipfel aus beobachten. (Man könnte den Sonnenaufgang von seinem Gipfel auch beobachten, wenn er nicht im Osten stattfände, sondern im Nordwesten.)
Man kann mit einem Gleitschirm über seine Hänge hinunter in die Ebene fliegen.
Man kann die Etymologie seines Namens erforschen.
Man kann ihn vermessen und kartographieren.
Man kann ihn mit anderen Vulkanen vergleichen.
Man kann an seinem Fuß tanzen, sich das Seepferdchen oder den Hippogryph zum Wappentier wählen, Harmonieakkordeon mit zwölffaltigem Balg spielen, Flusspferde halten, Malerpinsel auswaschen, Skorpione fangen, tonsurierte Priester beten sehen, mit einem Gewehr in der Hand durch erkaltete Lava laufen, behände auf Krücken gehen, auf einem Blumenstängel kauen, in Gesellschaft von Kameraden herumwandern, zusammen mit anderen von großen, breiten Ruderbooten aus aufs hohe Ufer einer Bucht steigen, vor Gesslerfelsen den kleidsamen Hut ziehen, den Grundstein eines Gebäudes legen, sich mit der Geliebten auf dem Erdboden wälzen, von der Geliebten getrennt werden, Visionen spritzenden Schlamms haben, getreten werden, einem zufällig vorbeikommenden verlegenen ängstlichen erschrockenen kleinen hilflosen verzweifelten möglicherweise musikalischen wolligen weißen Hund einen kräftigen Fußtritt geben, sodass er jaulend durch die Luft fliegt, staatstragende Reden halten, Hirschkäfer zerquetschen, von

Männern geschubst werden, sich das katholische Rom der neunzehnhundertzwanziger Jahre vorstellen, Briefe schreiben, sich hellen Staub vom Anzug klopfen, Geigen zertrümmern, einen Stein auf dem Kopf tragen, Plakate und Fotografien anschauen und dabei an die Geliebte denken, uninteressiert Zeitschriften lesen, unkonzentriert in Büchern blättern, den Ringfinger der rechten Hand mit Mull verbinden, mit der Mutter, dem notwendigen Vorfahr, sprechen, Arzneimittelfläschchen schütteln, eine stirnwaffentragende Kuh vom Bett verscheuchen, sich die Fingernägel feilen, bellende Hunde hinter einem Staketenzaun hin- und herlaufen sehen, einen Windhauch genießen, eine Herde Wolken am Himmel ziehen sehen, langgeschwungene leere Straßen entlanggehen, eine in einem festlichen zeremoniellen Akt überreichte Bescheinigung über die Zugehörigkeit zu einer bedeutenden Gesellschaft bei sich tragen, einen blinden Mann malträtieren, in ein Taxi steigen, Gast bei einem Empfang in einem vornehmen Haus sein, auf dem Gesicht Fliegen krabbeln haben, auf einem zweirädrigen Pferdefuhrwerk Wein aus der Flasche trinken, den jungen Sohn freudig mit Offenheit bezeugendem Handschlag begrüßen auf den Schoß nehmen herzen erschießen, Karaffen putzen, uninteressiert uninteressante Gespräche führen, zusammen mit anderen von einem langbreiten Balustradenbalkon aus in einen weiten Hof hinabschauen in dem ein toter Junge liegt, auf die Geliebte warten, Wein auf den Anzug geschüttet bekommen, die Mutter der Geliebten ohrfeigen, ein Riechfläschchen unter die Nase gehalten bekommen, zur Geliebten in den Garten gehen (GGG!), eine Geige stimmen, ins Kleid der Geliebten beißen, die Hand der Geliebten in den Mund nehmen, die Geliebte gierig streicheln, sich durch aufwühlende Musik vom Küssen abhalten lassen, mit dem Kopf an den der Geliebten stoßen, ein Hauskonzert dirigieren, die Geliebte leidenschaftlich küssen, über eine die Landschaft zierende hohe Brücke gehen, für einen kurzen Moment in eine kleine Verzweiflung fallen, in einem Orchester musizieren, sich rufen lassen, am großen Zeh einer schamhaarlosen Marmorstatue lutschen, sich mit der Hand die Wange halten, telefonieren, sich an Filmszenen erinnern, sich erschießen, sich die Geliebte als alte Frau vorstellen, die Geliebte in den Arm nehmen, mit kräftiger Stimme laut Mon amour rufen, die Geliebte einen anderen

Mann küssen sehen, sich den Kopf an einer Pflanzenschale stoßen, sich ins Bett werfen, gipserne Büsten fallen lassen, brennende Bäume Bischöfe Pflüge Giraffen aus dem Fenster werfen, Orgien feiern, Mädchen massakrieren, Skalpe massakrierter Mädchen an ein Kreuz nageln, Jesus folgen.

Man kann auf seinem Gipfel die Marseilleise singen.

Man kann auf seinen Hängen Schach spielen.

Man kann auf seinen Hängen Schachspielen lernen.

Man kann in seinen Hängen Schachfiguren vergraben.

Man kann sich aus seinem duftenden Granit einen Sarg anfertigen lassen.

Man kann ihn wie Maya Deren zum Ort der Ausstreuung der eigenen Asche bestimmen.

Man kann bei seinem Anblick an Tamara de Lempicka denken, deren Asche auf dem Popocatépetl ausgestreut wurde.

Man kann bei seinem Anblick während einer wolkenlosen Mittfrühlingsvollmondnacht die ideale Frau erträumen. (Der Mond der Mond der Mond der Mond. Die Sichelmonde über den Köpfen von Männern mit Chapeaux melons. Der romantische Mond. Moon river. Narcissus reaching for the moon. Der junge Mai-aienmond. (Glotzt nicht so romantisch, ihr Rinnsteinwucherer! Es ist kein Maiwal, nicht einmal ein Maifisch!) Der Mond über Edo. Der rot glühende Mond. Der strahlende Mond, der mit seinem Hof am Himmelszelt thront. (Hat Mondschein irgendeine Bedeutung für Sie, Caspar David? Der Mond hat keine Gezeiten. Stört Sie das Mondlicht, Estragon? Bringt es Sie in Bewegung? Es ist ein wenig ungeschickt heute. Ich esse Baguette und Greyerzerkäse und trinke alten Vouvray. Haben Sie den Mond im Kopf, Wladimir? Als leuchtenden Kreis? Als Sichel am orientalischen Himmel? Dampflokomotiven werden nur noch aus nostalgischen Gründen eingesetzt mit ihrer Kraft und dem Wasser, das auf allen Seiten über sie fließt und aus ihnen heraus. Are you talking to the moon, Suzanne? Ach, meine liebe launische Mondforelle, man muss aufpassen, nicht einer Nichtigkeit wegen erschossen zu werden. Fürchten Sie sich vor der dunklen Seite des Monds, Natsuki?

Do you see the bad moon a-risin'? There's someone in my head but it's not me. (Brother Paul! the moon! the moon!) Wahnsinnig vom Mond werden Sie uns aber nicht, Dottoressa lunatica! Hüten Sie sich vor den silbernen Kyklopenpfeilen der hundertbrüstigen, mädchenmordenden Artemis! Tanz und sing mit mir auf den Dächern der Häuser! Carmina caelo possunt deducere lunam! Dinge gehen vor im Mond, die das Mondkalb nicht gewohnt, Tulemond und Mondamin liegen heulend auf den Knien.))

Man kann sich in einer an seinem Fuß gelegenen einsamen, aus Schlacke gebauten Hütte Georges Méličs' Film Le voyage dans la Lune ansehen.

Man kann an seinem Fuß unter hundertjährigen Baumriesen philosophieren.

Man kann an seinem Fuß den herbstlichen Vollmond in einer Sake-Schale sich spiegeln sehen.

Man kann an seinem Fuß zu dem auf dem herbstlichen Vollmond Reiskuchen stampfenden Hasen hinaufsehen.

Man kann in einer an seinem Fuß gelegenen einsamen, aus Schlacke gebauten Hütte einen Roman schreiben.

Man kann in einer an seinem Fuß gelegenen einsamen, aus Schlacke gebauten Hütte einen Roman schreiben, ohne zu wissen, wie er endet.

Man kann in einer an seinem Fuß gelegenen einsamen, aus Schlacke gebauten Hütte einen Roman schreiben, ohne davon beunruhigt zu sein, nicht zu wissen, wie er endet.

Man kann in einer an seinem Fuß gelegenen einsamen, aus Schlacke gebauten Hütte einen Tampen, einen Chûhen oder einen Chôhen Shishôsetsu schreiben, ohne davon beunruhigt zu sein, nicht zu wissen, wie er endet.

Man kann sich an seinem Fuß auf einem einsamen, runden, nach oben sich geradewegs verjüngenden Turm, nachdem man mit einem Wakizashi Seppuku begangen hat, von einem Kaishakunin mit einem Katana den Kopf abschlagen lassen.

Man kann in seinem Schatten wiedergeboren werden.

Man kann einen Roman schreiben, in dem er genannt wird.

Man kann sich, während man ihn besteigt, Illusionen über sich machen.
Man kann sich, während man ihn besteigt, Illusionen über Gott und die Welt machen.
Man kann, um nicht an ihn zu denken, an Andy Warhols im Nationalmuseum Neapel hängenden Vesuv denken.
Man kann, um nicht an ihn zu denken, ein Schaumbad nehmen.
Man kann, um nicht an ihn zu denken, mit einer inspirierenden Schönheit schlafen.

29

Der vorletzte Eintrag in Mojes Gefängnistagebuch (der letzte, sehr kurze lautet *Ich komme frei! Jetzt bloß kein Pathos!*) ist eine Liste indigener nordamerikanischer Völker. Moje hat sie weder mit Anmerkungen versehen noch kommentiert. Vermutlich hat er sie dem *Handbook of North American Indians* entnommen, dessen Bände 5 bis 15 sich aus uns unbekannten Gründen zur Zeit seines Malmesbury-Aufenthalts in der dortigen Gefangenenbibliothek befanden.

Weshalb er diese Namen aufschrieb und warum einige in Lautschrift, ist uns allerdings unbekannt. Wir wissen auch nicht, warum er fast ausschließlich die Selbstbezeichnungen der Völker und Volksgruppen notierte und nicht die im Handbuch gleichfalls angegebenen spanischen, englischen oder französischen Namen.

Um aber unseren Bericht nicht allzu sehr anschwellen zu lassen (immerhin finden sich fünfhundertachtundneunzig kalligraphisch gezirkelte Namen im letzten seiner Gefängnishefte (nach zehn Wochen Haft war ihm ein Füllfederhalter mit breiter Feder und schwarze Tinte zur Verfügung gestellt worden), was zusätzliche Seiten bedeutet hätte (zweihundertsechsundsechzig Seiten sind genug), und weil wir Kallimachos von Kyrene zustimmen, dass ein großes Buch ein großes Übel ist (jede

Geschichte hat ihr Gericht (Welch ein Beben durchfuhr den Lorbeerbusch des Apollon! Apollon, Fürst, lass deinen zornbefiederten Pfeil im Köcher!)), führen wir nur hundertdreiunddreißig Namen aus Mojes Liste an:

Qayqayt, Carantouan, Só'taétaneo'o, Cheyenne, Eyak, Mi'kmaq, Tú'é'diné Ndé, Mariame, Attaock, Wolastoqiyik, Accomac, Notameohmésêhese, Tindi Ndé, Tsétsêhéstâhese, Passamaquoddy, Tsésh Ke Akwinoshioni, Atquanachuke, Tcha"shka Ózhäye", Ná'kuimana, Heviksnipahis, Atra'kwa'e, Panawahpskek, Shawnee, Shéndé, Heévâhetaneo'o, Susquehannock, Arosaguntacook, Wəlastəkwewiyik, Chesapeake, Masikota, Wotápio, Tu'tssn Ndé, Hesé'omeétaneo'o, Totoemanaho, Mattaponi, Missiquoi, Oo'kóhta'oná, Te'l Kóndahä", Hónowa, Apamatuck, Anskówînîs, Vóhpoométaneo'o, Pequawket, Moiseo, Tsés Tsembai, Pestemohkatíyek, Pennacook, Powhatan, Moktavhetaneo, Weapemeoc, Nashaway, Ononeo'o, Inuit, Borrado, Cowasuck, Shá'i'ánde, Pamunkey, Pauaquachin, Tche Shä, Omisis, Ndáwe Qóhä, Nishnaabe, Haisndayin, Alnanbal, Qualicum, Kóke Metcheskó Lähä, Secotan, Tsoyaha, Cowichan, Nʉmʉnʉʉ, Roanoke, Yazoo, Kó'l Kukä'", Hʉpenʉʉ, Nokoninʉʉ, Neusiok, Westo, Yaparʉhka, Penatʉka Nʉʉ, Machapunga, Coahuiltecan, Kwaarʉnʉʉ, Cannecí N'de, Hatteras, Kʉhtsʉtʉʉka, Yupik, Chowanoke, Waxhaw, Dene, Esquimalt, Naskapi, Algonkin, Nipissing, Waccamaw Siouan, Néndé, Naishan, Tséral tuétahä, Nipmuc, Puyallup, Dilzhẹi'é, Tindi, Paskwâwiyiniwak, Yesan, Thóqàhyòp, Kaw, Attiwandaronon, Sálqáhyóp, Ayisiniwok, Mashgalénde, Narraganset, Penelakut, Ka'igwu, Tocobaga, Tohome, Sekani, Muheconneok, Nanticoke, Hiraacá, Numahkahke, Bah-Kho-Je, Duwamish, Timucua, Awadixá, Amahami, Miccosukee, Hiraacá, Pequots, Pentlatch, Tequesta, Wiekagjoc, Paiute, Yamasee, Potawatomi.

Über den Autor

Jost Merscher wurde 1952 in Montreal/Kanada geboren. Er studierte Mathematik & Physik, nach erfolgreichem Abschluss Philosophie & Geschichte. Einige Jahre arbeitete er kaufmännisch.

Heute lebt und arbeitet Jost Merscher in Hannover. Zuletzt erschien bei Ganymed sein Roman ›*Letzter Reigen*‹ (2020), zuvor bereits, zusammen mit Martin Murch, der Roman ›*Tage der Tauben*‹ (2017).

Mehr von Jost Merscher bei Ganymed

Tage der Tauben
Roman von Jost Merscher & Martin Murch
Originalausgabe, 268 Seiten
Hardcover mit Schutzumschlag und Lesebändchen:
18,- Euro, ISBN 978-3-946223-65-8
eBook:
4,99 Euro, ISBN 978-3-946223-69-6

Blick hinter Kulissen, die zuvor noch keiner sah

Über Nacht taucht er auf: ein rätselhafter weißer Kubus. Wie vom Himmel gefallen, besetzt er eines Morgens einen Platz mitten in der Provinzhauptstadt Hannover – und verändert alle und alles. Jost Merscher und Martin Murch erzählen in ihrem Roman vom Irrwitz, der hinter dem Vorhang der Alltagswirklichkeit seine Streiche spielt, vom Zauber der Kunst und von der geheimnisvollen, bislang verborgenen Parallelgesellschaft der Tauben.

www.ganymed-edition.de

Letzter Reigen
Roman in achtzehn Begegnungen
von Jost Merscher
Originalausgabe, 152 Seiten
Hardcover mit Schutzumschlag und
Lesebändchen:
16,- Euro, ISBN 978-3-946223-85-6

Ein tödlicher Reigen - grotesk und unerbittlich

Zufall? Fügung? Verhängnis? Angela, Frank-Walter, Peter, Hulda, Lars, Jacky, Götz-Georg, Veno, Justine, Donaldine, Vicco, Wladimir, Lutz, Mimi, Franz, Evelyn, Fabian, Falco – achtzehn Menschen begegnen einander in wechselnden Paarungen, mal vertraut, mal skurril, mal tragisch, mal banal, immer aber: fatal. Nach und nach entsteht so ein grotesker Todesreigen von seltsam unerbittlicher Mechanik. Ein für alle Beteiligten letzter Reigen, in dem zu allem Überfluss auf vertrackte Weise immer wieder Tauben eine verhängnisvolle Rolle spielen – bis sich der Kreis schließt.

www.ganymed-edition.de

Aus dem Programm der Ganymed Edition

AUDERY, Marie & Jean
BALLMANN, Tod im Nichts
–, Tod im Schatten
–, Bestie
BAUMEISTER, Herr van der Meer$^{\text{hoch drei}}$
BECK, Eine Zitrone für Fabian
BODEM / KLOTH / MÜLLER, Worte und Bilder des Lebens
BRANDTNER, Doppelschwarzadler
–, Signatur des Menschlichen
–, 1689: Per Streitschrift gegen Ludwig XIV.
BOULÉ / BRANDTNER, Der liebe kleine Löwe
–, Von Pol zu Pol
CHAPPUZEAU, ›Sorglos habe ich gesammelt …‹
DOMINIK, Die Macht der Drei
ELFELD, Des Menschen bester Freund
HERRNLEBEN, DoppelDecker
–, PillePalle
–, BachBlüten
–, Oma Sharif oder Die Karawane des Schreckens
HESSELMANN, Collagen – das Leben kleben
KELLERMANN, Der Tunnel
MARYANA, Das Lied der Papierblumen
MERSCHER, Letzter Reigen
–, Vulkane, Paradiese und andere Zumutungen (Moje I)
MERSCHER / MURCH, Tage der Tauben
POSER, Echsenkönig
–, Feuerkopf
SAMJATIN, Wir
SCHATZ, Sing und stirb
SCHNITZLER, Erotische Novellen
SZNAJDER, Warum Csokor?
XENOPHON, Memorabilia
ZACKER, Korkesel & Sardinenblüte

www.ganymed-edition.de